쉽게 배우는

무역 영어 기본 실무

쉽게 배우는

무역영어 기본실무

| 권영구 지음 |

중앙경제평론사

머리말

영어를 잘 못하는 사람이 용기를 내어 무역영어 책을 씁니다. 30년 이상 무역 현장에서 쌓은 다양한 실무 경험과 지식을 바탕으로 무역비즈니스 컨설팅과 강의를 하고 있으므로 필자를 아는 대다수의 사람들은 필자가 영어를 잘하는 사람이라 알고 있을지도 모릅니다. 그래서 처음에는 무역영어 책을 쓴다는 것에 두려움이 있었습니다.

글로벌 시대입니다. 최근 들어서는 중소기업들도 해외로 눈을 돌리고 있습니다. 정부는 일자리 창출 방안의 일환으로 글로벌 창업 지원책을 마련하고 글로벌 창업을 권장하고 있습니다. 이와 관련하여 많은 기관에서는 무역업 창업 또는 글로벌 창업과정의 강좌를 개설하여 교육도 하고 있습니다.

많은 사람들이 무역업 창업 또는 글로벌 창업에 관심을 가지고 있습니다. 그러나 외국어를 잘 못해서 아니면 무엇부터 어떻게 해야 할지 몰라서 포기해 버립니다. 그런가 하면 해외로 눈을 돌리는 중소기업들도 영어는 물론 무역실무를 아는 직원이 없어서 무역비즈니스를 시작하지 못하고 망설이다 포기해 버립니다.

이 같은 상황이 영어를 잘 못하는 필자에게 이 무역영어 책을 쓰도록 용기를 주었습니다.

아직도 무역이라 하면 영어를 잘해야 한다고 생각하는 사람이 많은 것 같습니다. 분명히 영어를 잘하면 어느 정도 유리한 입장입니다. 그러나 영어에 대한 두려움을 조금만 떨쳐버리고 핵심 포인트만 이해할 수 있으면 영어를 잘 못해도 무역을 할 수 있는 시대입니다. 통역과 번역기의 발달은 영어를 잘 못하는 사람들이 무역을 하는 데 크게 도움을 줍니다.

무역을 잘하려면 먼저 무역실무지식을 숙지할 필요가 있습니다. 무역업무는 크게 거래 제의로 시작해서 매매계약, 화물의 운송 그리고 대금결제로 끝납니다. 무역은 국경을 초월한 매매거래입니다. 따라서 문화와 상관습의 차이에서 발생할 수 있는 문제, 그리고 운송 도중에 화물의 손상이나 행방불명 등과 같은 위험들이 도처에 있습니다. 그러한 문제와 위험을 방지하기 위해 무역업무에서는 독특한 룰이 설정되어 있으므로 이 룰을 포함한 실무지식을 숙지해야 합니다.

다음으로 무역을 잘하려면 무역영어를 알아야 합니다. 무역업무의 독특한 룰이 모두 영어로 되어 있습니다. 이를 포함해서 무역 분야에서만 사용하는 영단어를 모르면 아무리 영어를 잘해도 무역업무는 할 수 없습니다. 무역의 내용을 숙지하고 무역영어를 사용할 수 있어야 무역실무를 하는 데 어려움이 없습니다.

이 책에서는 무역비즈니스를 시작하려는 사람들을 위해 무역실무 및 무역영어를 쉽게 이해할 수 있도록 수출과 수입실무의 전 과정을 각각 스토리로 엮어서 설명하였습니다. 그리고 무역실무에서 꼭 필요한 분야인 인코텀즈, 수출입 대금결제, 신용장, 무역운송, 무역보험, 수출입 통관, 무역계약의 기본조건, 무역계약, 수출입상품 가격책정, 무역거래와 외국환, 클레임, FTA, 전자무역, 무역업 창업 및 해외직구 등의 분야까지 이해하기 쉽게 설명하였습니다.

따라서 무역에 입문하려는 사람들이 이 책 한 권으로 무역영어는 물론 무역실무지식을 습득할 수 있도록 하였습니다. 또한 수출과 수입실무의 전 과정을 따라 함으로써 무역에 대한 두려움에서 벗어날 수 있으리라 생각합니다.

이 책은 무역비즈니스 초보자들이 자신감을 가지고 무역비즈니스를 할 수 있도록 하는데 주안점을 두었습니다. 그래서 이해하기 쉽도록 어렵고 난해한 표현은 가급적 피하고, 무역실무를 할 때 불편함이 없을 정도로 평이하게 기본적인 표현으로 쓰려고 노력했습니다. 대부분의 다른 무역영어 책처럼 주제별, 상황별로 많은 양의 다양한 영문표현은 담지 않았습니다. 인터넷 검색을 하면 무역비즈니스에 필요한 다양한 표현의 영어 예문이 많이 있습니다. 이 책을 통해 어느 정도 무역실무에 익숙해지면 인터넷 검색을 통하여 스스로 좀 더 수준 높은 무역실무 및 무역영어 지식을 습득하고 숙지해두면 무역비즈니스 전문가로 활동하는 데 크게 도움이 될 것이라 생각합니다.

누구나 마음만 먹으면 무역비즈니스를 할 수 있습니다. 무역비즈니스는 자신의 집에서도 적은 자본으로 할 수 있는바 소호(SOHO)창업에 알맞은 분야입니다. 필자는 소자본 무역업 창업이 양질의 일자리라 생각합니다. 또한 많은 중소기업이 무역실무를 아는 직원이 없어서 해외시장 진출에 어려움을 겪고 있는 실정이며, 직·간접적으로 무역에 관련되는 회사가 많이 있으므로 무역실무지식 및 무역영어를 습득하면 취업에도 크게 도움이 될 것이라 생각합니다.

이 책이 무역비즈니스를 시작하려는 초보자들은 물론 무역실무에 종사하는 많은 사람들에게 무역실무지식의 습득이나 이해의 정리에 도움이 되었으면 하는 바람입니다. 끝으로 이 책이 나오기까지 도움을 주신 중앙경제평론사의 김용주 사장님과 수고하신 모든 분들에게 감사를 드립니다.

권영구

CONTENTS

SECTION • 3 수입의 흐름

SECTION • 4 인코텀즈

SECTION • 5 대금결제

SECTION • 6 신용장

SECTION • 7 무역운송

SECTION • 8 무역보험

SECTION • 9 통관

SECTION • 10 무역계약의 기본조건

SECTION • 11 무역계약

SECTION • 12 수출입상품 가격책정

SECTION • 13 무역거래와 외국환

SECTION • 14 클레임

SECTION • 15 FTA, 전자무역, 특수무역거래

SECTION • 16 우리나라 무역 관련 법규 및 수출입품목 관리제도

EPILOGUE · 무역업 창업 및 해외직구

TIP BOX · 차례

주목 Attention!

이 책에서는 실제 무역실무에 맞춰서 각종 이메일 및 관련서류 등을 소개하고 있습니다.

① 관련서류에 기재된 항목(영문)의 대문자, 소문자의 구별에 관해서는 관련서류에 사용된 고유명사의 표기에 따르려고 했습니다.
② 관련서류는 견본인 영문으로 된 서류 외에 한글 번역도 게재하고 있습니다. 그렇지만 한글 번역 서류(문서)는 실제로는 없는 것입니다.

PROLOGUE

이 책의 내용 구성

이 책에서는 무역실무 및 무역영어를 쉽게 이해할 수 있도록 무역실무 전 과정을 스토리로 엮어서 설명하고 있습니다. 무역실무지식 및 무역영어를 배워두면 다양한 분야에서 활동하는 데 도움이 됩니다. 글로벌 시대에 자신이 어떻게 활용하느냐에 따라 취업에 크게 도움이 될 수 있음은 물론 무역업 창업도 두려움 없이 할 수 있습니다. 이와 같이 무역실무지식 및 무역영어를 잘 활용하면 도움이 되는 분야에 대해 알아봅니다.

PROLOGUE 1

이 책의 스토리와 등장인물

1 스토리

가르치 대리는 '글로벌 아이엔씨(Global Inc)' 무역팀에서 수출입 업무를 담당하고 있습니다. 이번에 배우리 씨와 구매하 씨가 신입사원으로 입사하여 무역팀에서 일하게 되었으며, 가 대리가 이들의 인스트럭터를 맡게 되었습니다.

'글로벌 아이엔씨'에서는 디지털 컨트롤러(Digital Controller)를 미국으로 수출하게 되었는데 그 업무를 가 대리의 지도하에 배우리 사원이 담당하도록 하였습니다. 또한 일본으로부터 컨트롤 유니트(Control Unit)를 수입하기로 하고 이 업무는 가 대리의 지도하에 구매하 사원에게 맡겼습니다.

그러면 디지털 컨트롤러를 수출하고, 컨트롤 유니트를 수입하기 위해서는 어떤 업무들이 있으며, 어떻게 해야 하는지 알아보겠습니다.

2 등장인물

가르치 대리 

'글로벌 아이엔씨'에서 무역업무를 담당하고 있습니다. 배우리 · 구매하 두 신입사원에게 무역실무를 가르칩니다. 수출을 담당하게 된 배우리 사원에게는 미국에 디지털 컨트롤러를 수출하는 실무를, 수입을 담당하게 된 구매하 사원에게는 일본에서 컨트롤 유니트를 수입하는 실무를 각각 가르치게 되었습니다.

배우리 사원 

'글로벌 아이엔씨'의 신입사원으로 인스트럭터를 맡은 가르치 대리로부터 무역(수출)실무를 배우게 되었습니다.

구매하 사원 

'글로벌 아이엔씨'의 신입사원으로 인스트럭터를 맡은 가르치 대리로부터 무역(수입)실무를 배우게 되었습니다.

Miss Lauren Clark 

미국 'General Corporation'의 직원으로 한국산 디지털 컨트롤러를 '글로벌 아이엔씨'로부터 수입하기로 하였습니다.

Mr. John Smith 

'글로벌 아이엔씨'의 미국 현지 컨설턴트로 '글로벌 아이엔씨'가 디지털 컨트롤러를 수출하기 위해 미국 시장조사를 의뢰하였습니다.

Mr. Shigeru Tamura 

일본 '(주)아사케 제작소(Asake Work Co.Ltd.)'의 직원으로 컨트롤 유니트를 한국의 '글로벌 아이엔씨'에 수출하게 되었습니다.

PROLOGUE 2

무역실무지식과 무역영어를 익혀두면 이래서 좋습니다

무역실무지식 및 무역영어는 다양한 분야에서 활용되고 있습니다. 따라서 무역실무지식 및 무역영어를 익혀두면 다음과 같은 일을 할 수 있으므로 많은 도움이 됩니다.

1 취업할 수 있는 범위가 넓어집니다

대부분의 기업들이 글로벌 비즈니스를 하고 있든가 하려고 하므로 무역실무자의 필요성도 점차 높아지고 있습니다. 따라서 무역에 관련되는 관계기관이나 회사 등 취업할 수 있는 범위가 상당히 넓어집니다. 외국 기업들도 점점 증가하고 있으므로 취업하기가 보다 유리합니다.

2 무역업 창업을 할 수 있습니다

무역업은 누구나 소자본으로 창업할 수 있으며 혹시 잘못되더라도 큰 손해는 보지 않습니다. 많은 사람이 무역업을 창업하려 해도 자신이 무역실무나 무역영어를 모르기 때문에 포기하고 맙니다.

3 글로벌 비즈니스의 중심 역할을 할 수 있습니다

많은 기업들은 회사가 성장함에 따라 해외로 눈을 돌리게 됩니다. 또한 필요에 따라 원·부자재나 완제품을 해외로부터 수입하게 됩니다. 자신의 회사가 이 같은 글로벌 비즈니스를 시작할 경우 그 중심 역할을 담당할 수 있습니다.

4 해외 제품 구매 시 도움이 됩니다

지금은 누구나 안방에서 외국에 있는 회사에 인터넷으로 접촉하여 제품을 구매할 수 있는 시대입니다. 그런데 무역실무 및 무역 관련 규정을 잘 몰라서 어려움을 당하는 경우를 가끔 보게 됩니다. 이때 무역실무를 알면 보다 쉽고 편리하게 외국의 제품을 찾아 구매할 수 있습니다.

5 전문가로 활동할 수 있습니다

좀 더 많은 시간이 필요하겠지만 어느 정도 무역실무의 전문적인 지식과 경험이 쌓이면 이를 바탕으로 컨설팅과 강의를 하는 등 무역 전문가로 활동할 수 있습니다.

SECTION•1

무역과 무역영어

'글로벌 아이엔씨'에 입사한 신입사원 배우리 씨와 구매하 씨에게 처음으로 맡겨진 일은 무역업무입니다. 선배 가르치 대리가 무역이란 어떤 일이며, 무영영어는 어떤 것인지에 관해서 설명합니다. 무역의 특징, 무역업무에 관련되는 관계회사 등을 소개합니다. 또한 무역영어 서신의 작성 요령 등에 관해서도 설명합니다.

SECTION·1

1 무역이란?

배우리 구매하: 무역업무를 담당하게 되었습니다.
가 대리님, 무역실무에 관해 처음부터 가르쳐주십시오.

가대리: 알았습니다.
먼저 무역업무의 개략에 관해 설명하겠습니다.

무역이라고 하면 영어를 자유롭게 구사하면서 외국으로 출장을 가고 외국 사람들을 상대하는 멋진 일이라고 생각하는 사람이 많을 것입니다. 그러면 실제 업무는 어떤지 살펴보겠습니다.

1 무역실무를 이해하려면 수출입의 흐름을 이해해야

무역실무를 이해하는 데는 무역 전 과정의 흐름을 이해할 필요가 있습니다. 무역실무에서 화물과 서류는 반드시 같이 흐르는 것이 아닙니다. 각각의 흐름을 정확하게 파악할 필요가 있습니다(448~449쪽 참조).

① **업무의 흐름** '수출', '수입' 각각의 업무 내용과 관계 당사자를 이해하는 것이 중요합니다. 수출자, 수입자가 어떤 회사나 기관과 협조를 해야 하는지를 비롯해서 업무 내용을 확인합니다.

② **화물의 흐름** 화물은 수출자로부터 수입자에게로 흐릅니다. '수출하는 화물', '수입하는 화물'의 흐름을 확실하게 파악해야 합니다.

③ **서류의 흐름** 무역업무에는 각 단계별로 다양한 서류가 필요합니다. 무역서류에는 어떤 것이 있으며, 누가 작성하고 어떻게 흐르는지, 또한

서류의 특징도 이해해야 합니다.

④ **돈의 흐름** 대금을 지불하는 사람, 대금을 받는 사람, 어떤 경로로 돈이 흐르는지 이해하는 것이 중요합니다. 돈의 흐름은 서류의 흐름과 밀접한 관계가 있습니다.

2 무역거래와 국내거래의 차이점

무역거래와 국내거래의 차이점은 다음과 같습니다.

무역 = 국경을 초월한 거래

첫째, 다른 국가 간의 거래입니다.

① 수출자와 수입자가 서로 잘 모르기 때문에 불안하므로 신용이 중요합니다(신용 리스크).

② 화물의 운송거리가 멀고 시간이 걸리므로 운송 중에 화물의 변질, 손상이나 사고의 위험이 높습니다(위험 리스크).

③ 국경을 넘어 화물이 이동하므로 통관절차와 관세가 부여됩니다.

④ 통화(通貨)가 다르기 때문에 대금결제가 복잡합니다. 통화의 교환 시에 환변동 리스크가 따릅니다.

이러한 리스크를 피하기 위해서 무역업무 특유의 실무가 필요한 것입니다.

둘째, 무역에 관련되는 업무를 하는 관계기관 및 회사가 있습니다.

이들 기관과 회사는 많이 있으며 무역을 지원하고 있습니다. 〈무역 관련 관계기관 및 회사〉 표를 참조하고, 알아두면 업무에 많은 도움이 됩니다.

셋째, 관련 국가의 법과 규제를 준수해야 합니다.

어떤 국가든 수출입에 관련하여 법과 규제가 있습니다. 수출국과 수입국의 무역관리제도에 합치해야 할 필요가 있습니다. 특히 수출입 허가 또는 승인이 필요한 품목을 허가 또는 승인을 받지 않고 수출입을 하게 되면 제재를 받게 됩니다.

3 무역실무자에게 필요한 능력

무역실무자는 다양한 지식과 경험을 쌓아야 하지만 특히 다음과 같은 두 가지 능력을 갖출 필요가 있습니다.

① **커뮤니케이션 능력** 무역은 외국의 기업과 하는 것이므로 커뮤니케이션 능력이 요구됩니다. 외국어 회화는 물론이고 비즈니스 편지나 이메일 같은 서신 작성 능력도 요구됩니다.

② **업무처리 능력** 외국인과 교섭하는 것도 무역업무이지만 무역거래에 필요한 서류를 작성하거나 수속을 밟는 것도 무역실무입니다. 정확하고도 신속한 서류 작성 능력과 각종 수속을 별 문제 없이 처리하는 능력이 필요합니다. 이는 무역실무의 기본이라 할 수 있습니다.

무역 관련 관계기관 및 회사

관계기관 및 회사	관련업무 내용
① 수출입 업무 관련 지원기관	
중소기업청 중소기업수출지원센터	중소기업의 수출관련 각종 지원 (www.exportcenter.go.kr)
중소기업진흥공단	수출관련 지원 및 교육 (www.sbc.or.kr)
한국무역협회	종합무역 컨설팅 서비스 제공 및 교육 (www.kita.net)
kotra	해외 비즈니스 전반에 대해 지원 및 교육 (www.kotra.or.kr)
대한상공회의소	원산지증명 발급, 무역인증 업무 지원, 국제통상 정보 제공 등 (www.korcham.net)
대한상사중재원	분쟁에 대한 상담 및 해결 등 (www.kcab.or.kr)
농수산식품유통공사	농수산물, 식품분야 수출지원 (www.at.or.kr)
관세청	수출입 통관절차와 과세절차 안내 및 상담, 관세 · FTA 상담, 품목분류 상담, 관세법 등 법령 정보제공 등 (www.customs.go.kr)
FTA 무역종합지원센터	FTA 무역관련 원스톱 지원기관 (www.okfta.or.kr)
② 일상 수출입 업무와 관련되는 기관	
세관	수출입 통관행정으로 화물의 심사, 검사, 허가 그리고 관세 및 부가가치세 징수 등
선박회사	해상운송 관련업무, 선하증권 발행
항공회사	항공운송 관련업무, 항공화물운송장 발행
해상(항공) 화물운송회사(포워더)	선(기)적 관련업무 및 수출입화물 취급
관세사 사무실	수출입 화물 통관 관련업무
③ 수출입 관련 금융기관	
외국환은행	환어음 매입 및 신용장개설 등 수출입 대금결제관련 업무
한국수출입은행	기업의 수출입에 필요한 중장기 및 단기금융 지원
한국무역보험공사	수출입 관련 보험, 환변동 보험, 국외기업 신용조사 등
보험회사	수출입관련 각종 보험, 해상보험은 화재해상보험에서 취급
④ 기타 수출입 업무에 관련되는 기관	
각종 검사 또는 검량기관, 수출입 관련 인허가기관, 산업분야별 단체(협회, 조합) 또는 연구기관, 각 지방 자치단체, 한국주재 외국대사관 또는 외국의 무역 관련 기관, 상사(商社), 무역 관련 컨설팅 회사, 국제변호사, 정보통신산업진흥원, 한국수입업협회, 한국외국기업협회 등	

※이외에도 중소기업지원센터, 창조경제혁신센터 등 다양한 분야의 기관 및 회사가 무역업무를 지원하고 있습니다.

SECTION·1

2 무역영어란?

배우리 구매하 — 무역영어는 무엇이 다르고 왜 필요합니까?

가대리 — 무역영어와 일상 생활영어의 다른 점 및 필요성, 무역영어 서신의 작성원칙에 대해 알아보도록 합시다.

무역영어(Business English)는 무역비즈니스에서 사용되는 영어를 말합니다. 무역비즈니스에만 사용되는 전문용어가 많다는 것이 일상 생활영어와 다른 점입니다. 무역영어 서신(Business English Letter)이라 함은 무역비즈니스에서 활용되는 모든 서신 및 서류를 의미합니다. 무역(영어) 통신문이라 말하기도 합니다.

1 무역영어의 필요성

무역비즈니스에서 신용장, 선하증권 등과 같은 중요 서류와 각종 계약서 등은 모두 영어로 작성되어 있습니다. 또한 무역비즈니스를 성공적으로 이끌기 위해서는 외국어로 커뮤니케이션하는 것이 중요하며, 영어는 외국어 중에서 가장 큰 비중을 차지합니다.

2 무역영어 서신의 작성 원칙

효과적인 무역영어 서신이란 좋은 회신을 얻게 하는 것입니다. 학자들은 효과적인 무역영어 서신 작성의 원칙으로 5C's 또는 7C's에 관해 언급하였습니다.

5C's 항목과 내용

항목	내용
정확성(Correctness)	내용과 형식에 있어서 정확을 기해야 하므로, 문장을 구성하는 모든 요소를 정확히 합니다. 문장 구성요소 : Grammer(문법), Sentence Structure(문장 구조), Vocabulary(어휘), Spelling(철자법), Punctuation(구두점), Capital-ization(대문자 사용) 등
간결성(Conciseness)	내용전달 범위 내에서 최대한 간결 · 단순하게 작성합니다.
명료성(Clearness)	오해의 소지가 없도록 간결하면서도 내용은 명확하게 작성합니다.
완비성(Completeness)	자신이 전하고자 하는 사항은 빠짐없이 담아서 작성합니다. 특히 상대방의 문의에 대해서는 구체적으로 적어야 합니다.
예의성(Courtesy)	예의를 갖추어 정중하게 상대방 입장을 생각하면서 작성하는 것입니다.

※ 배려(Consideration)와 구체성(Concreteness)을 합쳐서 7C's라고 합니다.

TIP BOX

무역비즈니스 사전 준비 사항

사전 준비 항목	해외시장 진출에 필요한 사전 숙지 사항
· 명함, 회사소개서 · 거래제의서신 · 카탈로그 · 견적서(거래조건 포함) · 무역실무 지식 · 마케팅전략 수립 · 외국어 홈페이지 · 샘플	· 해당국의 국민성 및 의식구조, 상관습 · 해당국 시장의 특징 · 해당국 바이어의 협상스타일 · 해당국 비즈니스 시 유의사항 · 해당국 바이어와의 상담요령 · 해당분야의 해당국 시장 현황 · 해당분야에 대한 인증제도, 규정, 법규 · 해당국의 일반적 개요

SECTION·1

3 무역영어 서신의 작성 요령

가대리 무역영어 서신의 작성 요령에 대해 알아봅시다.

무역영어 서신 작성의 원칙에 관해 소개했지만 실제로 이러한 요건들을 다 갖추기는 쉽지 않습니다. 다음과 같은 점들을 염두에 두고 작성하면 좋은 서신이 될 수 있다는 것으로 받아들이면 됩니다.

1 무역영어 서신 작성의 중요성

무역영어 서신은 무역비즈니스의 최전선에서 활약하는 세일즈맨(Salesman)이라 할 수 있으며, 서신이라는 세일즈맨의 활동 여하에 따라 비즈니스 결과가 좌우될 수 있음을 명심해야 합니다.

2 무역영어 서신 작성 요령

작성 요령에 대해 알아봅시다.

① 써야 할 내용을 충분히 이해해야 하므로 무역실무지식을 습득해야 서신을 작성할 수 있습니다.

② 시대의 변화에 따라 무역영어의 구어체화 경향이 점점 늘어나고 있지만, 아무리 구어체로 쓴다 해도 외국 회사와 거래하는 무역비즈니스에서 전혀 수식이 없는 영어로 써서는 안 됩니다.

③ 무역영어 서신은 처음부터 영어로 작성하면 좋겠습니다만 그것이 잘 되지 않을 경우에는 우리말로 먼저 작성한 후 영어로 번역하는 것도 하나의 요령입니다. 다양한 상황에 대한 영어 표현의 예문을 많이 알아두면 크게 도움이 됩니다.

④ 자신의 품위 및 자사의 품격, 나아가서는 상대방의 입장을 고려한 표현을 쓰도록 합니다.

⑤ 정중(Courteous)하고 친절(Friendly)하며 성실(Sincere)하게 상대방의 마음에 호소하는(appealing) 표현을 씁니다.

⑥ 간결(concise) · 명료하게(be clear) 그리고 밀착력 있는(cohesive) 표현을 합니다. 해야 할 말(what to say)과 하지 않아도 될 말(what to leave unsaid)을 구별할 필요가 있으며, 상대방이 알기 쉽게 써야 합니다. '간결·명료하게' 쓴다 하더라도 비즈니스이기 때문에 상대방에 대한 배려는 가미되어야 합니다.

⑦ 여러 가지 엇비슷한 표현 중에서 잘 식별하여(make a discriminating choice of expressions) 자신이 있는 것을 활용해서 씁니다. 그러기 위해 식별력을 길러야 합니다.

⑧ 상대방에 대해서 설득력 있는(be persuasive) 표현을 쓰고 자사가 바라는 대로 움직이도록 하는 표현으로 접근합니다(be motivation).

⑨ 될 수 있는 대로 하나의 서신에는 하나의 업무에 관해서만 언급합니다.

SECTION·1

4 무역영어 서신의 구성 및 형식

가대리 무역영어 서신의 구성 및 형식에 대해 알아보도록 합시다.

1 무역영어 서신의 각 구성요소에 대한 해설

무역영어 서신은 일정한 형식을 취하고 있으며, 이 형식에 따라 작성해야 합니다. 그러면 중요 구성요소에 대해 설명합니다(33쪽 Model Letter 참조).

① **Letterhead(서두) :** 서신 용지 윗부분에 회사명, 주소, 전화번호, 이메일 주소 등이 인쇄되어 있는 것을 말합니다. 이메일로 직접 서신을 작성할 경우에는 적용하지 않습니다.

회사상호 영문표기		
개인회사		Co. (Company)
두 사람 이상 동업한 개인회사		& Co.
주식회사(법인)	미국계	Inc.(Incorporated), Corp.(Corporation)
	영국계	Co., Ltd. (Company Limited)

※ 요즘에는 별 구분 없이 사용되고 있습니다.

② **Date(작성일자) :** 서신의 작성일자를 명기합니다. 명기방법에는 미국식(May 3, 2014)과 영국식(3rd May, 2014)이 있습니다.

③ **Inside Address(수신인 주소) :** 먼저 수신인의 성명을 쓴 다음 그 아래 줄에 주소를 씁니다. 주소가 긴 경우 적당히 일부를 생략하기도 합니다.

④ **Salutation(서두인사) :** 편지글 첫머리에 해당하는 부분으로 본문에 들어가기 전에 하는 인사입니다. 미국식의 'Gentlemen:'과 영국식의 'Dear Sirs,'가 있습니다.

서두인사의 종류 : Ladies & Gentlemen, Dear Sir or Madam, Dear Mr. Brown, Dear Brown 등이 있으며, 이름을 모를 경우에는 To whom it may concern을 쓰기도 합니다.

⑤ **Body(본문) :** 용건을 적습니다. 여러 개의 문단(Paragraph)으로 구성되며, 이 문단 구성이 잘 되어 있으면 내용이 잘 정리되어 있는 것으로 보이고 쉽게 이해할 수 있습니다. 가능한 한 하나의 문단에는 하나의 요점만 기술합니다.

⑥ **Complimentary Close(끝맺는 말) :** 끝맺는 인사로 마지막 경의를 나타내는 표현입니다. 비즈니스 이메일에 자주 사용되는 것으로는 Best regards, Best wishes, Regards, Sincerely 등이 있습니다.

미국식(American Style)	영국식(British Style)
Very truly yours,(Yours very truly,)	Faithfully yours,(Yours faithfully,)
Truly yours,(Yours truly,)	Yours very faithfully,(Very faithfully yours,)
Respectfully yours,	Yours respectfully,
Best regards,	Best regards,
Sincerely yours,	Yours sincerely,

⑦ **Signature(작성자 서명) :** 자필로 서명해야 합니다. 서명 위에는 회사명을 적고, 서명 밑에는 서명자의 성명, 직위, 부서명을 명기합니다. 대리서명의 경우에는 for 또는 on behalf of를 사용하여 다음과 같이 합니다.

자필서명의 경우	대리서명의 경우
Global Inc. Cha Doo Kim, President	Global Inc. Reu Chee Ga, Assistance Manager for Cha Doo Kim, President

⑧ **Reference No.(문서번호) :** 서신의 관리상 일련번호를 기재합니다. 일반적으로 약어 'Ref. No.'로 기재합니다.

⑨ **Attention(수신인) :** Inside Address에서 수신인이 회사이고 담당자가 별도로 있을 경우에 사용합니다. 약어 'Attn.'으로도 기재합니다.

⑩ **Subject(서신제목) :** 'Subject :' 또는 're :' 등을 기재하고 서신의 제목을 씁니다. 최근 들어서는 이 단어들을 사용하지 않고 제목에 밑줄(Underline)을 치거나 제목을 더 진하게 합니다. 그리고 제목은 일반적으로 가운데 배열합니다.

⑪ **Identification Marks(서신 작성자 식별기호) :** 서신의 책임소재를 분명히 하기 위해 서명자(Signer), 서신 작성자(Dictator), 타이피스트(Typist)의 이름 첫 글자를 기재합니다(예 : AA-BB-CC 또는 AA/BB/CC 또는 AA:BB:CC). 요즘에는 한 사람이 컴퓨터로 모두 처리하므로 표기하지 않습니다.

⑫ **Enclosure(Encl. 동봉) :** 동봉물이 있을 경우에 명기합니다. 여러 개일 경우 'Encls.'로 표기합니다.

⑬ **Carbon copy(C.C 사본 배부처) :** 서신 사본이 제삼자에게도 전달되었을 경우에 명기합니다. 약어 'C.C.' 또는 'cc'로 표기합니다.

⑭ **Postscript(P.S. 추신) :** 본문에서 누락되거나 추가로 명시할 내용이 있을 경우 기재합니다.

Model Letter

.... ① LETTERHEAD(서두) ....

② Date(작성일자) :
⑧ Reference No.(문서번호) :

③ Inside Address(수신인 주소)
....
....
....

⑨ Attention(수신인)

④ Salutation(서두인사),

⑩ Subject(서신제목) :

⑤ Body(본문) ....
....
....

⑥ Complimentary Close(끝맺는 말),

Company's Name(회사이름)
⑦ Signature(작성자 서명)
Signer Name, Title(서명인 이름, 직위)

⑪ Identification Marks(서신작성자 식별기호)
⑫ Enclosure(End. 동봉)
⑬ Carbon Copy(C.C 사본 배부처)
⑭ Postscript(P.S. 추신)

2 무역영어 서신의 형식

무역영어 서신의 형식(Format of Business English Letter)은 서신의 구성요소 배열에 따라 여러 형식이 있지만 여기서는 4가지를 소개합니다.

Full Block Form

Block Form

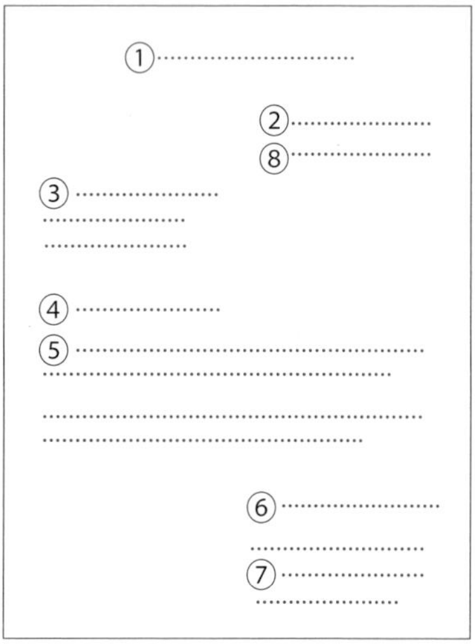

Indented Form

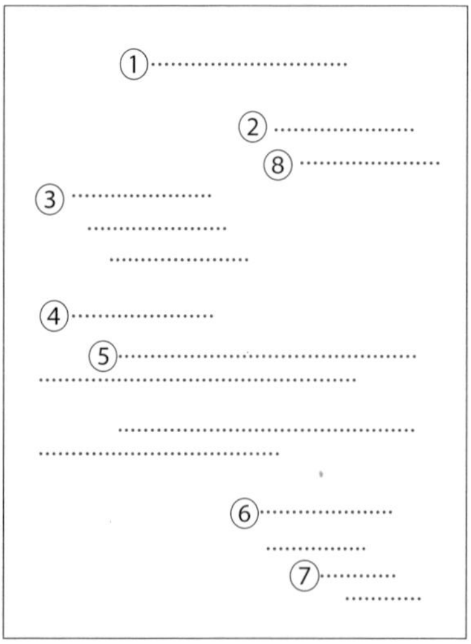

Modified Block Form

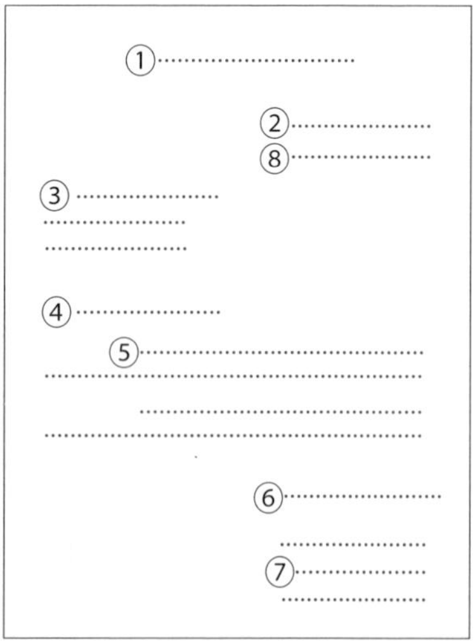

① **Full Block Form** Letterhead(편지 윗부분의 회사명, 주소 등의 인쇄 문구)를 제외한 모든 구성요소들을 왼쪽에 수직으로 배열하는 형식입니다.

② **Block Form** Date, Reference No., Subject, Complimentary Close, Signature 부분을 제외하고 모두 왼쪽에 수직으로 맞추는 것입니다.

③ **Indented Form** Inside Address, Signature의 각 행과 본문 각 문단의 제1행을 윗줄보다 오른쪽으로 간격을 두고 시작하는 형식입니다. 영국계 보수적인 회사에서 주로 사용합니다.

④ **Modified Block Form** 본문 각 문단의 제1행을 아랫줄보다 오른쪽으로 간격을 두고 시작하는 것 이외에는 Block Form과 동일합니다. Semi Block Form 또는 Mixed Style라고도 합니다.

최근 들어서는 수출자와 수입자 간에 서로 이메일 서신을 주고받으면서 비즈니스를 하기 때문에 이 같은 서신의 형식들은 큰 의미가 없습니다. 굳이 말하자면 이메일 서신은 Full Block Form입니다.

다음과 같은 경우에는 이 형식을 따라 서신을 작성할 필요가 있습니다.

1) 우편으로 직접 서신을 보낼 경우
2) Fax로 서신을 보낼 경우
3) 이메일의 첨부 파일로 서신을 보낼 경우

이 책에서는 비즈니스 이메일 서신을 중심으로 설명할 것입니다.

★ 이 단원의 주요 용어 정리

용어	설명
Business English(Letter)	무역영어(서신)
Letterhead	편지지 윗부분의 인쇄 문구(회사명, 주소 등)
Salutation	서두인사(Gentlemen : Dear Sirs, 등)
Body	본문
Complimentary Close	끝맺는 말, Best regards, Very truly yours, 등
Attention	수신인
Enclosure(Encl.)	동봉
Postscript(P.S.)	추신
Correctness	정확성
Conciseness	간결성
Clearness	명료성
Completeness	완비성
Courtesy	예의성
Inside Address	수신인 주소
Subject	서신제목
Carbon copy(C.C)	사본 배부처
Full Block Form	모든 구성요소를 왼쪽에 수직으로 배열하는 형식
Block Form	Date, Reference No., Subject, Complimentary Close, Signature 부분을 제외하고 모두 왼쪽에 수직으로 맞추는 것
Indented Form	Inside Address, Signature의 각 행과 본문의 각 문단의 제1행을 윗줄보다 오른쪽으로 간격을 두고 시작하는 형식
Modified Block Form	본문 각 문단의 제1행을 아랫줄보다 오른쪽으로 간격을 두고 시작하는 것 이외에는 Block Form과 동일

SECTION • 2

수출의 흐름

배우리 사원은 글로벌 아이엔씨 무역팀에서 디지털 콘트롤러의 미국 수출을 담당하게 되었습니다. 미국에 수출하기 위해서는 미국 내의 시장조사, 바이어 물색, 오퍼 등의 업무가 기다리고 있습니다. 수출계약은 물론 수출대금 수령까지 배우고 또 배워서 잘할 수 있겠지요.

1 수출상품 및 공급처 개발

배우리 수출을 하려면 무엇부터 해야 합니까?

가대리 먼저 수출할 상품 및 공급처를 개발해야 합니다.

1 수출상품 및 공급처 발굴

제조업체일 경우에는 자사 제품을 수출하면 되지만 자사 제품이 없는 무역전문회사는 다른 회사의 제품을 수출해야 하므로 수출상품을 개발해야 합니다. 상품이 정해져 있다면 제조회사(공급처)를 발굴해야 합니다.

공급처 발굴에서 고려해야 할 사항은 제품의 품질, 가격, 납기 등의 면에서 안정적으로 공급받을 수 있는가의 여부이며 이는 대단히 중요합니다.

2 수출상품 및 공급처 찾는 방법

아래와 같은 방법으로 수출상품 및 공급처를 찾습니다.

① 인터넷 검색

② 상품 정보지

③ 각종 전시회

④ 지인의 소개(추천)

⑤ 각종 매스컴에 소개되는 신제품에 관한 기사

⑥ 각 업종별 관련조합이나 협회, 기관

⑦ 경제신문사에서 발간하는 회사연감이나 기업총람

⑧ 전자정보업체총람 등과 같은 각 업종별 디렉토리

3 무역비즈니스의 유형

무역비즈니스는 공급자(상품), 수출자, 수입자가 있어야 이루어집니다. 수출자를 중심으로 이루어지는 무역비즈니스의 유형은 다음 두 가지가 있습니다.

① 수출자가 자사 제품이 없는 무역전문회사인 경우

수출상품 및 공급처를 찾아야 합니다. 이때 상품의 품질, 가격 그리고 납기에 있어서 안정적이고 재무상태가 건전한 공급처의 물색이 중요합니다.

상품 제조회사(공급처) ──→ 무역회사(수출자) ──→ 바이어(수입자)

② 수출자가 제조회사인 경우

자사의 생산제품을 직접 수출합니다.

상품 제조회사(수출자) ──→ 바이어(수입자)

SECTION·2

2 해외시장조사

배우리 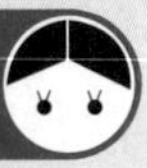 수출할 상품을 찾았습니다. 다음은 무엇을 해야 합니까?

가대리  해외시장조사를 해야 합니다.

1 해외시장조사란?

수출을 하려면 먼저 해당 상품의 해외시장조사가 필요합니다. 해외의 목표시장에 적합한 것인지, 경쟁상품은 있는지, 법규는 어떤지 등과 같은 여러 가지 관련사항에 관해 조사를 해야 합니다. 아무리 좋은 상품이라도 해당 국가의 법규에 반하면 수출할 수 없습니다.

해외시장 ≠ 국내시장

해외시장은 국내시장과는 달리 언어 및 상관습의 차이를 비롯해서 여러 가지가 다릅니다. 비용과 위험을 최소화하고 부가가치를 극대화하려면 해외시장조사가 반드시 수출의 전제조건이라 할 수 있습니다.

2 해외시장조사의 항목

시장조사의 항목은 〈해외시장조사 항목〉 표에서 설명합니다. 최근 들어 국가별 인증제도로 인해 수출길이 막히는 사례가 늘어나고 있으므로 해당국가의 인증제도(Certification System)의 확인이 반드시 필요합니다. 국가별 인증제도에 관해서는 해외인증정보시스템(http://cic.ktl.re.kr)이나 한국산업기술시험원(www.ktl.re.kr) 홈페이지를 참조하면 정보를 입수할 수 있습니다.

해외시장조사 항목

구분	조사 항목
일반사항	· 정치, 경제, 사회, 문화, 종교, 기후, 언어, 인구에 관한 조사 · 산업동향(산업구조, 특히 제조업 동향) · 경제동향(경제성장, 국민소득, 물가, 임금, 고용, 국제수지 등)
무역관련 사항	· 무역관리제도(통화정책, 수입관리제도, 수입관세율, 외환관리제도) · 대외무역구조(품목별, 지역별 경쟁국의 진출동향, 해당 품목의 수입 규모) · 우리나라와의 교역현황, 인증제도 등
시장관련 사항	· 시장의 특성(소비자의 의식구조, 상관습, 커뮤니케이션 수단, 잠재시장·현존시장·미래시장 확인, 해당시장에의 효율적 접근방법 등) · 유통구조(유통경로, 유통단계별 마진율, 해당상품의 거래관습 등)
제품관련 사항	· 해당시장에서의 판매적격성, 수급동향, 해당시장에서 경쟁력과 수익성, 국내외의 경쟁상대자 · 유통가격(현지생산품 가격, 수입품 가격, 성수기·비수기 또는 계절에 따른 가격의 차이가 있는지 등)

3 해외시장조사 방법

① 온라인(on-line) 방법

인터넷을 통하여 조사하는 방법입니다. 정보를 제공해주는 다양한 사이트가 있으므로 잘만 활용하면 필요한 정보를 신속하게 입수할 수 있습니다. 인터넷 검색 능력과 정보 분석 능력이 요구되며 꾸준히 검색할 수 있는 인내심이 필요합니다.

② **오프라인(off-line) 방법**

기존의 조사 방법으로 세 가지가 있습니다.

- **국별 자료 이용** 한국무역협회, kotra, 경제단체 등의 자료실에 비치되어 있는 유엔무역통계연보(Yearbook of International Statistics)와 같은 책자에 수록된 국별 수출입 통계자료를 활용합니다.
- **수출지원 관련 기관 활용** 수출을 지원하는 한국무역협회, kotra 등과 같은 기관이나 국내외 경제단체를 활용합니다. 또한 무역 관련 기사나 홍보책자를 활용하여 시장조사를 할 수 있습니다.
- **직접 현지조사** 실제로 현지에 가서 살아 있는 정보를 직접 확인하고 입수합니다. 국내에서 바라던 정보를 입수할 수 없을 경우에는 현지조사가 좋습니다. 다만 경비부담이라는 문제가 따릅니다.

③ **대행기관에 의뢰하는 방법**

국내외의 해외시장조사 전문기관에 의뢰하는 방법입니다. 유료이기 때문에 비용부담이 따릅니다. 우리나라에서 대표적인 대행기관은 다음과 같습니다.

- 한국무역협회
- kotra
- 중소기업진흥공단

SECTION·2

3 해외시장조사를 의뢰하는 서신을 작성합니다

배우리 사원은 가르치 대리의 도움을 받아 미국에서 컨설턴트로 활동하고 있는 Mr. John Smith에게 디지털 컨트롤러에 대한 미국 내 시장조사를 의뢰하는 서신을 작성하게 되었습니다.

1 서신 작성의 포인트

시장조사를 의뢰하는 서신은 다음과 같이 작성합니다.

① 서두

서두인사(Salutation)는 편지글 첫머리에 해당하는 것입니다. 이름을 알면 'Mr. Smith' 등과 같이 이름을 명기하고, 이름을 모를 경우에는 'Dear Sirs,' 또는 'Gentlemen:'을 씁니다. 경우에 따라서는 'To whom it may concern'을 쓰기도 합니다.

② 본문

다음과 같은 내용으로 작성합니다.

- 왜 시장정보가 필요한지 자사에서 계획하고 있는 내용을 기술합니다.
- 다음으로 필요한 정보를 조사해서 알려주도록 의뢰합니다. 디지털 컨트롤러의 미국 내 수요, 경쟁회사, 가격 등 알고 싶은 항목에 관해 구체적으로 질문합니다.

③ **끝맺음**

빠른 회신을 요청하며 감사의 마음을 전합니다.

2 예문

① **한글 문안** – 시장조사를 의뢰하는 이메일 서신

제목 : **시장조사 요청**

당사에서는 미국에 디지털 컨트롤러를 수출하려고 합니다.

그래서 미국에서 현재 디지털 컨트롤러에 관한 자세한 시장 정보를 입수하고 싶습니다.

시장조사를 함에 있어서 귀사가 협력해주시면 정말 고맙겠습니다.

미국에서의 국내수요, 연간 생산량, 시장가격 등과 같은 시장정보에 관해
알려주시면 우리에게 많은 도움이 될 것입니다.

귀사로부터 시장정보를 조속히 받기를 기대합니다.

포인트 설명
수출하려고 합니다. : make a plan to export = be planning to export
자세한 시장 정보를 입수하고 싶습니다. : need to get detailed market informations
귀사가 협력해주시면 정말 고맙겠습니다. : We really appreciate it if you cooperate with us
국내수요, 연간 생산량, 시장가격 : domestic demand, annual production, market price
~ 등과 같은 : such as ~
많은 도움이 될 것입니다. : be of great help
조속히 받기를 기대합니다. : look forward to receiving soon.

② 영어 번역 – 시장조사를 의뢰하는 이메일 서신

From : WooRee Bae

To : Mr. Smith

Sent : March 6, 2013

Subject : Market Survey

Dear Mr. Smith,

We are planning to export Digital Controllers to the USA.

Therefore, we need to get detailed information about the current American market situation for Digital Controllers.

We really appreciate it if you cooperate with us in carrying out market survey. Your market report such as the domestic demand, annual production, market price in America would be of great help to us.

We look forward to receiving your market report soon.

Best regards,

WooRee Bae, Trade Team

Global Inc

XX, Nonhyeon–Ro 5gil, Kangnam–Ku,

Seoul, 06315 Republic of Korea

Tel. : +82–10–3XXX–5XXX, e–mail : baewr@global.co.kr

SECTION·2

4 바이어 찾기

배우리 해외시장조사 결과 판매될 전망이 밝습니다.

가대리 그럼 이번에는 해외 거래선, 즉 바이어를 찾아보도록 합시다.

1 바이어 찾는 방법

바이어를 찾기 위해서는 먼저 바이어 정보를 입수해야 합니다. 그것을 바탕으로 거래제의서신(Circular Letter)을 보내는 등 다양한 방법을 통하여 바이어를 찾을 수 있습니다. 대표적인 방법은 다음과 같습니다.

바이어 정보를 입수할 수 있는 기관

국내에서	국외에서
중소기업청 중소기업수출지원센터 (www.exportcenter.go.kr)	해당국 주재 한국 대사관, 영사관
한국무역협회(www.kita.net)	외국정부의 관계관청
kotra(www.kotra.or.kr)	해당국 주재 한국무역협회 현지 사무소
중소기업진흥공단(www.sbc.or.kr)	kotra 해당지역 무역관
대한상공회의소(www.korcham.net)	한국 경제 관련 단체의 해당지역 사무소
지방자치단체의 중소기업지원기관	해당국의 무역 관련 지원기관
해당상품관련 단체(협회 또는 조합)	해당국의 해당 상품 관련 단체(협회, 조합)
한국주재 외국 대사관(상무관실, 자료실)	해당국 각 지역의 상인연합회
한국주재 외국 경제단체	해당국 상공회의소

한국수입업협회(www.koima.or.kr)	전시회 또는 관련 분야 전문잡지
한국외국기업협회(www.forca.org)	
전시회 또는 관련분야 전문잡지	

※ 이 밖에 인터넷 국내외의 거래알선 사이트를 통해서도 정보를 입수할 수 있습니다.

① 인터넷 활용

무역 관련 지원기관의 홈페이지나 거래알선 사이트에 자사의 상품 또는 카탈로그를 소개하고, 수시로 사이트를 방문하여 바이어를 검색하는 것이 중요합니다.

② 홍보물 이용

해외 배포용 홍보물은 대상 지역의 언어로 제작할 필요가 있습니다. 가능하면 저렴하면서도 자질이 있는 전문가(업체)에게 제작 의뢰하는 것이 좋습니다. 한국무역협회 등의 지원을 받는 방법도 있습니다. 홍보물을 배포하는 것이 중요한 관건입니다.

바이어 리스트를 참고로 하여 직접 우편 또는 이메일로 전달하는 방법과 거래알선 사이트에 등록하여 잠재 바이어가 볼 수 있도록 하는 방법 등이 있습니다.

③ 해외 광고를 통한 방법

국내외에서 발간되는 해외 배포용 매체를 활용하여 광고를 하는 방법입니다. 효과적인 광고를 위해서는 적정매체의 선정이 중요하므로 신중을 기할 필요가 있습니다. 국내발행 해외배포용 매체는 한국무역협회나 kotra에 문의하면 알 수 있습니다.

④ **무역 관련 지원기관을 이용하는 방법**

한국무역협회, kotra 등과 같은 무역 관련 지원기관으로부터 바이어를 소개받는 방법입니다.

⑤ **해외 공공기관을 이용하는 방법**

각국의 WTC(World Trade Center), 상공회의소 또는 수출입 관련 기관의 협조를 받는 방법입니다.

⑥ **전시회를 활용하는 방법**

국내외에서 개최되는 전시회는 새로운 바이어를 만날 수 있는 좋은 기회를 제공하고 있습니다. 다소 비용이 부담될 수 있겠지만 효과적인 방법의 하나라 할 수 있습니다.

⑦ **무역사절단 및 수출상담회에 참가하는 방법**

중소기업청, 한국무역협회, kotra 그리고 각 지방자치단체에 문의하면 그 일정을 알 수 있습니다.

⑧ **직접 현지를 방문하는 방법**

직접 수출하려는 해당국을 방문하여 유력한 바이어와 상담하는 방법입니다. 비용이 많이 든다는 부담은 따르지만 거래를 성사시킬 수 있는 좋은 방법입니다.

SECTION・2

5 바이어 소개를 요청하는 서신을 작성합니다

가대리 한국의 회사가 미국의 상업회의소에 바이어 소개를 요청하는 이메일 서신 예문을 소개하겠습니다.

1 서신 작성의 포인트

바이어를 소개해 주도록 요청하는 서신은 받는 사람이 알기 쉽도록 작성합니다.

① 서 두

상대방이 남자인지 여자인지 모를 경우에 서두인사는 'Dear Sir/Madam,'으로 명기합니다. 그리고 처음 보내는 서신이면 자사에 대해 간략히 소개합니다.

② 본 문

자사의 희망사항 또는 계획을 적은 후 디지털 컨트롤러의 수입을 희망하는 회사의 소개를 부탁한다는 내용으로 작성합니다.

③ 끝맺음

자사의 신용조회처인 거래은행에 대하여 알려주고 조속한 회답을 기대한다는 말과 더불어 감사의 인사로 끝맺음을 합니다.

2 예 문

① 한글 문안 – 바이어 소개를 요청하는 이메일 서신

제목 : **바이어를 찾음**

우리 회사는 10년 이상 다양한 종류의 디지털 컨트롤러를 제조 및 수출하고 있습니다.

이번에 미국 뉴욕으로 디지털 컨트롤러를 수출하려고 합니다.

불행하게도 우리는 뉴욕에 좋은 거래처가 없습니다. 그래서 디지털 컨트롤러의 비즈니스에 관심이 있는 믿을 만한 수입상을 소개해 주시면 감사하겠습니다.

당사의 재정상태 및 평판에 관해서는 서울은행 양재동 지점에 문의하시기 바랍니다.

귀사의 관심에 감사를 드리며 빠른 회신을 기대합니다.

포인트 설명
10년 이상 : more than 10 years = over 10 years
다양한 종류의 디지털 컨트롤러 : various kinds of Digital Controller
수출하려고 합니다. : be planning to export
좋은 거래처가 없습니다. : do not have any good connections
믿을 만한 수입상 : reliable importers
~ 에 관심이 있는 : be interested in ~
귀사가 ~을 해 주시면 대단히 감사하겠습니다. : we would appreciate it very much if you could~
재무상태 및 평판에 관해서는 : as to our financial standing and reputation
조회하다, 문의하다 : refer to~

② **영어 번역** – 바이어 소개를 요청하는 이메일 서신

From : WooRee Bae

To : The Chamber of Commerce of New York

Sent : March 20, 2013

Subject : Seeking for Business Connections

Dear Sir/Madam,

We have been manufacturing and exporting various kinds of Digital Controllers for more than 10 years and now are planning to export Digital Controllers to New York in USA.

Unfortunately, we do not have any good connections in your city, and therefore we would appreciate it very much if you could introduce to us some reliable importers who are interested in the business of Digital Controllers.

For any information as to our financial standing and reputation, please refer to the Seoul Bank, YangJae Branch, in Seoul, Korea.

Thank you very much for your attention and look forward to receiving your reply soon.

Very truly yours,

WooRee Bae, Trade Team

Global Inc

XX, Nonhyeon-Ro 5gil, Kangnam-Ku,

Seoul, 06315 Republic of Korea

Tel. : +82-10-3XXX-5XXX, e-mail : baewr@global.co.kr

SECTION·2

6 거래제의

배우리 바이어 리스트를 입수했습니다.

가대리 그러면 그 리스트를 참조로 잠재 바이어에게 거래를 제의해봅시다.

1 거래제의

거래제의는 직접 만나서 하는 경우도 있지만 상대가 해외에 있으므로 거래제의 서신(Circular Letter)을 작성하여 이메일로 하는 것이 일반적입니다. 팩스나 우편으로 보낼 수도 있습니다.

2 거래제의 서신의 내용 구성

- 상대방을 알게 된 경위
- 자기회사 소개 : 회사연혁, 취급품목, 거래지역, 국내에서 자사의 지위, 경험, 생산규모 등과 같은 회사안내
- 서신의 목적을 분명하게 언급, 상품소개 및 거래조건 기재
- 자사에 대한 신용조회처 : 주로 거래은행을 소개
- 정중한 마지막 인사 : 빠른 회신을 기다린다는 것을 기재

3 거래제의 서신 작성 시 유의사항

- 문장은 간단명료하게, 문단(Paragraph)은 5~6단락 정도가 좋습니다.
- 상대방을 통한 시장개척을 희망한다는 점을 강조합니다.
- 회사(상품)를 소개할 경우 지나치게 과장된 표현은 삼가야 합니다.
- 품질 및 가격에서 경쟁력이 있음을 강조합니다.
- 관심이 있다면 오퍼나 샘플을 즉시 보내겠다는 의사를 명시합니다.
- 미국이나 일본 등 선진국으로 수출한 경험이 있으면 언급합니다.

SECTION·2

7 거래제의 서신을 작성합니다

가대리 새로운 거래를 제의할 경우에 작성하는 이메일 서신의 예문을 살펴보도록 합시다.

1 작성의 포인트

거래제의(Business Proposal) 서신을 일반적으로 Circular Letter라고 하는데, 다음과 같은 구성으로 작성합니다.

① 서 두

서두인사를 명기합니다. 그리고 상대방 회사를 알게 된 경위와 자사에 관해 소개합니다.

② 본 문

거래를 제의합니다. 거래를 희망하는 상품에 대해 소개하고 카탈로그를 함께 보낼 경우에는 첨부한다는 내용으로 작성합니다. 또한 자사의 신용조회처에 관해 언급합니다.

③ 끝맺음

귀사의 빠른 회신을 감사하는 마음으로 기다린다고 적습니다.

2 예문

① 한글 문안 – 거래를 제의하는 이메일 서신

제목 : **비즈니스 제안**

뉴욕상업회의소로부터 귀사가 디지털 컨트롤러의 비즈니스에 관심을 가지고 있는 것으로 소개받았습니다. 우리는 귀사와의 비즈니스를 간절히 바라면서 이 서신을 작성합니다.

당사는 디지털 컨트롤러의 제조 및 수출을 하는 회사로서 대한민국에서 설립된 지 10년이 넘었습니다. 그리고 우리의 제품은 일본의 주식회사 야마타, 독일과 프랑스 등으로부터 높은 평가를 받고 있습니다.

우리의 기존 시장을 다변화하기 위해, 우리는 좋은 조건으로 귀사에 우리의 제품을 공급하기를 바랍니다.

카탈로그와 가격표에 대한 귀사의 요청을 받으면 우리는 카탈로그와 함께 경쟁력 있는 가격을 귀사에 보내겠습니다.

우리의 신용에 관해서는 서울은행 양재지점에 문의하시길 바랍니다.

감사의 마음으로 귀사의 긍정적인 회신을 기다립니다.

포인트 설명

뉴욕 상업회의소로부터 귀사가 디지털 컨트롤러의 비즈니스에 관심을 가지고 있다고 소개받았습니다.
: Having heard from the Chamber of Commerce in New York that you are interested in the business of Digital Controllers = Your name and address have been given us by the Chamber of Commerce in New York~

간절히 바라면서 이 서신을 작성합니다. : be writing to you with a keen desire to~

설립된 지 10년이 넘었습니다. : have been established for over 10 years

~으로부터 높은 평가를 받고 있습니다. : be highly accepted by~
기존 시장을 다변화하기 위해 : in order to diversity our existing market
좋은 조건으로 : on favorable terms
공급하기를 바랍니다. : be interested in supplying
귀사의 요청을 받으면 : upon receipt of your request
경쟁력 있는 가격 : competitive prices
긍정적인 회신을 기다립니다. : be looking forward to favorable reply

② **영어 번역** – 거래를 제의하는 이메일 서신

From : WooRee Bae

To : Lauren Clark

Sent : April 10, 2013

Subject : Business proposal

General Corporation

0010 Broadway, New York

N.Y. 10010, U.S.A.

Attention : Miss Lauren Clark

Dear Miss Clark,

Having heard from the Chamber of Commerce in New York that you are interested in the business of Digital controllers, we are writing to you with a keen desire to do business with you.

We have been established in the Republic of Korea for over 10 years as Digital Controllers manufacturer and exporter, and our products are highly accepted by the Yamata Incoporated in Japan, Germany and France etc.

In order to diversify our existing market, we are interested in supplying our products to you on favorable terms.

Upon receipt of your request for our catalogues and price list, we could submit our catalogues with competitive prices to you.

As to our credit standing, we refer you to Seoul Bank, Yangjae Branch in Seoul, Korea.

We are looking forward to your favorable reply with thanks.

Best regards,
WooRee Bae, Trade team
Global Inc
XX, Nonhyeon-Ro 5gil, Kangnam-Ku,
Seoul, 06315 Republic of Korea
Tel. : +82-10-3XXX-5XXX, e-mail : baewr@global.co.kr

SECTION·2

8 인콰이어리 수령

배우리 거래제의를 한 미국 General Corporation의 Miss Lauren Clark으로부터 견적과 카탈로그를 보내달라는 회신이 왔습니다.

가대리 네, 그것을 '인콰이어리'라고 합니다.

1 인콰이어리

인콰이어리(Inquiry)는 수입자가 수출자에게 상품의 카탈로그, 샘플, 가격표나 견적서 또는 오퍼의 제출을 의뢰하는 것을 말합니다. 조회라고도 합니다. 인콰이어리의 방법에는 일반적으로 다음 두 가지가 있습니다.

① 수출자의 거래제의에 대한 회답으로서 카탈로그나 견적서의 제출을 의뢰

② 수입자가 인터넷, 전문잡지, 전시회 등에서 조사한 것을 바탕으로 상품의 카탈로그나 견적서의 제출을 의뢰

인콰이어리를 받으면 내용을 검토하고 최대한 빨리 회신하는 것이 중요합니다. 시간을 요하는 사항에 대해서는 언제까지 회답을 주겠다는 등 최대한 성의를 다하여 문의한 사항에 대해서 빠짐없이 회신합니다.

2 인콰이어리의 내용 검토

인콰이어리를 받게 되면 무엇을 요구하는지 꼼꼼히 검토해야 합니다.

① 수입 희망 품목의 품질, 가격 및 수량

② 선적요구시기 및 결제 조건

③ 카탈로그나 샘플의 요청 여부 등

3 인콰이어리에 대한 회신 작성 요령

① 인콰이어리에 대한 감사 표시 및 그 내용의 요점을 기술

② 상품의 특징을 간결하게 설명(지나친 과장은 금물)

③ 요청한 사항에 대한 현황 및 조치 여부 기술

④ 카탈로그나 가격표(Price List)를 보낼 경우 필요하면 별도의 설명서 첨부

⑤ 샘플을 보낼 경우는 언제까지 송부한다는 것을 언급

⑥ 조속한 주문이 유리하다면 그 점을 강조하는 것도 좋음

⑦ 조속한 주문을 바라며 가능하다면 직접 만나서 상담하기를 바란다는 점 언급

4 인콰이어리에 대한 회신 방법

이메일을 이용하는 것이 일반적이며 팩스나 우편을 이용하는 경우도 있습니다.

SECTION·2

9 인콰이어리 서신을 작성합니다

가대리

인콰이어리는 수입자가 수출자에게 견적을 요청하는 서신입니다. 수출자는 그 서신을 받게 되면 무엇을 요구하는지 내용을 꼼꼼히 검토하고 회신을 해야 합니다. 견적 요청 이메일 서신 예문을 살펴보도록 합시다.

1 인콰이어리 서신 작성의 포인트

인콰이어리 서신은 다음과 같이 작성합니다.

① 서 두

서두인사를 명기합니다. 그리고 거래제의에 대한 감사인사와 상대방이 언제 보낸 이메일에 대한 회신임을 명기합니다.

② 본 문

해당 상품에 대해서 문의 또는 요구하고 싶은 내용을 구체적으로 적습니다. 본 예문에서는 CIF 뉴욕 기준의 가격표를 요청하고 선적은 신용장 수령 후 3개월 이내로, 수량은 20피트 컨테이너 1개의 조건을 명기합니다.

③ 끝맺음

빠른 회신을 기다린다는 말로 끝맺음을 합니다.

2 예 문

① **한글 문안** – 견적을 요청하는 서신

제목 : **디지털 컨트롤러 인콰이어리**

귀사가 2013년 4월 10일자 이메일로 우리에게 거래를 제안한 것에 대해 감사 드립니다.

20피트 컨테이너 하나 분량의 디지털 컨트롤러(DC-700)에 대해 CIF뉴욕 기준으로 한 귀사의 베스트 가격을 주시면 감사하겠습니다. 선적은 귀사가 신용장 수령 후 3개월 이내를 요구합니다.

만약 가격이 경쟁력이 있으면 대량 주문을 할 것입니다.

관심을 가져주신 데 대해 감사드리며 빠른 회신을 기다립니다.

포인트 설명
거래를 제안하다 : offer to open an account with
CIF뉴욕 기준으로 한 베스트 가격 : best CIF New York prices
해주시면 감사하겠습니다. : We would appreciate ~ing
신용장 수령 후 3개월 이내 : within 3months after receipt of Letter of Credit
만약 가격 경쟁력이 있으면 : If your prices are competitive
대량 주문을 하다 : place large orders
관심을 가져주신 데 대해 감사드리며 : Thank you very much for your attention

② **영어 번역** – 견적을 요청하는 서신

From : Lauren Clark

To : WooRee Bae

Sent : April 15, 2013

Subject : Inquiry for Digital Controllers

Global Inc

XX, Nonhyeon-Ro 5gil, Kangnam-Ku,

Seoul, Republic of Korea

Attn. : Miss WooRee Bae, Trade team

Dear Miss Bae,

We thank you very much for your e-mail of April 10, 2013 in which you offered to open an account with us.

We would appreciate receiving your best CIF New York price on Digital Controller(DC-700) for twenty(20) container unit. And we require the shipment within 3 months after your receipt of Letter of Credit.

If your prices are competitive, we will be able to place large orders.

Thank you very much for your attention and look forward to your reply soon.

Best regards,

Lauren Clark

General Corporation

0010 Broadway New York, N.Y. 10010, U.S.A.

Tel: (123)331-5678, e-mail: clark@general.com

SECTION·2

10 해외신용조사

배우리 미국의 General Corporation으로부터 인콰이어리를 받았습니다.

가대리 그 회사가 신뢰할 수 있는 회사인지 신용을 조사해봅시다.

1 해외신용조사

신규로 거래를 시작하는 상대방의 신용상태(Credit Condition)를 알아보는 것은 기본입니다. 무역거래가 신용을 바탕으로 이루어지는 점을 감안하면 거래상대가 건전한 기업인지에 관해 면밀히 신용상태를 조사하는 것은 중요합니다.

기업의 신용도와 경영 상태는 시간이 지남에 따라 변하기 마련이므로 신용조사(Credit Inquiry)는 가능하다면 정기적으로 할 필요가 있습니다.

신용조사 항목

구체적으로 조사해야 할 항목은 다음 세 가지이며, 이를 3C라고 합니다.

- 상도의(Character) : 품격, 성실도, 평판, 영업태도, 채무변제 등
- 지불능력(Capital) : 자산, 재무상태, 자본력, 재정기반 등
- 거래능력(Capacity) : 영업능력, 영업상태, 영업품목, 매출액, 회사형태 등

필요에 따라 다음의 항목을 추가하기도 합니다.

- 거래조건(Conditions)
- 담보능력(Collateral)
- 거래통화(Currency)
- 해당국가(Country)

2 해외신용조사 방법

조사 방법으로는 다음 세 가지 방법이 있습니다.

① **은행신용조회**(Bank Reference) : 거래은행에 상대방의 조사를 의뢰

② **동업자신용조회**(Trade Reference) : 상대방과 거래 경험이 있는 회사에 의뢰

③ **신용조사 전문기관에 의뢰**(Credit Bureau) : 보다 객관적인 정보를 바랄 경우

3 해외신용조사 전문기관

① **국내** : 한국무역보험공사

② **국외** : 미국의 Dun & Bradstreet Information Services

※ 거래상대국의 신용조사 전문기관은 주한 해당국 대사관 또는 해당국의 상공회의소에 문의하면 알 수 있습니다.

SECTION·2

11 해외신용조사를 의뢰하는 서신을 작성합니다

가대리 해외신용조사를 의뢰하는 서신의 예문을 살펴보도록 합시다.

1 작성 포인트

해외신용조사를 의뢰하는 서신은 다음과 같이 작성합니다.

① **서 두**

서두인사를 합니다. 그리고 상대방을 알게 된 경위 및 서신을 보내게 된 경위를 설명합니다.

② **본 문**

서신을 받는 수신인에게 의뢰하는 내용을 적습니다. 신규 거래처에 대한 정보제공을 요청합니다. 그리고 제공된 정보는 극비로 취급함을 명기합니다.

③ **끝맺음**

이와 같은 사항에 대해서 상호 협력을 바란다는 것을 명기합니다.

2 예문

① **한글 문안** – 신용조사를 의뢰하는 서신

제목 : **신용조사 의뢰**

당사와 디지털 컨트롤러 비즈니스를 하려는 제너럴 코퍼레이션이 그들의 조회처로 귀사를 알려왔습니다.

앞으로 그들과의 거래는 그들의 신용상태와 평판에 크게 의존한다고 믿는 바입니다.

따라서 귀사는 그들과의 경험에 관해서 그리고 그들의 신용도는 물론 그들의 재정능력을 알려주시면 고맙겠습니다.

귀사에서 우리에게 제공하는 모든 정보는 극비에 부쳐질 것이며, 이 같은 경우에 상호 협조할 것을 바라고 있습니다.

귀사의 협력에 감사드립니다.

포인트 설명
귀사를 조회처로 알리다. : give your name as a reference
거래(비즈니스)를 시작하다 : open an account with~
앞으로 그들과의 거래 : our business relations with them
신용상태와 평판 : credit standing and reputation
~에 크게 의존하다 : largely depend on(upon)~
~라고 믿는 바이다 : believe that~
따라서 : therefore
귀사의 그들과의 경험 : your experience with them
신용도는 물론 재정 능력 : financial capability as well as reliability

~에 관해서 알려주다 : inform of~	
귀사에서 우리에게 제공하는 모든 정보 : All information you may extend to us	
~을 극비에 부치다 : be held in strict confidence	
이 같은 경우에 : on a similar occasion	
상호 협조할 것을 바라다 : hope to reciprocate the favor	

② **영어 번역** – 신용조사를 의뢰하는 서신

From : WooRee Bae

To : Bank of New York

Sent : April 20, 2013

Subject : Request for Credit information

Bank of New York

1111 Broadway New York,

N.Y. 10010, U.S.A.

Dear Sirs,

General Corporation have given your name as a reference in opening an account with us for the business of Digital Controllers.

We believe that our business relations with them will largely depend upon their credit standing and reputation.

Therefore, we shall appreciate your information about your experience with them and their financial capability as well as reliability.

All information you may extend to us will be held in strict confidence, and we hope to reciprocate the favor on a similar occasion.

Thank you very much for your cooperation.

Best regards,
WooRee Bae, Trade team
Global Inc
XX, Nonhyeon-Ro 5gil, Kangnam-Ku,
Seoul, 06315 Republic of Korea
Tel. : +82-10-3XXX-5XXX, e-mail : baewr@global.co.kr

SECTION·2

12 오퍼에 관해서

배우리 인콰이어리를 받았으므로 Miss. Clark에게 회답을 보내야 합니다.

가대리 인콰이어리에 대한 회답으로 보내는 견적서를 오퍼라고 합니다.

1 오퍼란?

오퍼(Offer)란 수출자가 수입자에게 일정 조건을 제시하며 판매의사를 표하는 것을 말합니다. 오퍼에는 다음의 사항을 기재합니다.

- 상품명 및 규격(Commodity, Specifications)
- 수량(Quantity)
- 가격(Price)
- 선적시기(Shipment)
- 지불조건(Terms of Payment)
- 포장방법(Packing)
- 검사방법(Inspection)
- 인도조건(Delivery Terms)
- 유효기간(Validity)
- 원산지(Origin)
- 발행일(Date) 및 오퍼번호(Offer No.)
- 비고(Remarks)

2 오퍼의 종류

오퍼에는 판매를 위한 셀링오퍼(Selling Offer)와 구매를 위한 바잉오퍼(Buying Offer)가 있으며 일반적으로 오퍼라 하면 셀링오퍼를 말합니다. 오퍼는 발행지를 기준으로 하여 국내 오퍼와 국외 오퍼로 구분합니다.

① 확정 오퍼(Firm Offer)

수입자의 회답기한(오퍼 유효기간)을 명기해서 제시하는 일반적인 오퍼입니다.

② 프리 오퍼(Free Offer)

회답기한이 없는 오퍼로 미확정 오퍼라고도 합니다.

③ 조건부 오퍼(Conditional Offer)

오퍼의 특수한 상황을 기준으로 조건을 붙여서 제시하는 오퍼를 말하며, 다음의 세 가지 종류가 대표적입니다.

- 선착순판매조건부 오퍼(Offer Subject to Prior Sale)

상품의 공급량이 한정되어 있을 경우 완전 매진과 동시에 오퍼의 효력이 상실되는 조건부 오퍼입니다.

- 확인조건부 오퍼(Offer Subject to Our Confirmation)

수입자의 승낙이 있어도 수출자의 확인이 없으면 계약이 성립하지 않는다는 조건부 오퍼를 말하며 서브콘 오퍼라고도 합니다.

- 가격불확정 오퍼(Offer Subject to Market Fluctuations)

시장상황의 변화가 예상되는 경우에 내는 오퍼로, 시황이 변할 경우 가격의 변경을 요구할 수 있는 조건부 오퍼를 말합니다.

※ 이 외에도 재고잔유조건부 오퍼(Offer Subject to Being Unsold), 반품허용조건부 오퍼(Offer on Sale or Return), 점검 후 매매조건부 오퍼(Offer on Approval) 등이 있습니다.

④ **카운터 오퍼**(Counter Offer)

수출자가 제시한 오퍼의 여러 조건 중에 수입자는 받아들일 수 없는 조건에 대해 자신의 조건을 수출자에게 역으로 제시하는 오퍼를 말합니다.

오퍼의 종류	
회답기한 명기 여부에 따라	확정 오퍼
	프리 오퍼
오퍼 발행지 기준에 따라	국내 발행 오퍼
	국외 발행 오퍼
조건부 오퍼	선착순판매조건부 오퍼
	확인조건부 오퍼
	가격불확정 오퍼

3 오퍼의 제출 방법

수입자가 가까이 있다면 직접 만나서 제출하면 되지만, 해외이기 때문에 오퍼의 제출방법으로는 다음과 같은 두 가지 방법이 있습니다.

① 인콰이어리에 대한 회답 서신에 포함하는 방법

② 오퍼시트를 별도로 작성하여 인콰이어리에 대한 회답 서신에 첨부하는 방법

13 인콰이어리에 대한 회신을 작성합니다(1)

가대리 가격과 오퍼조건이 명기된 인콰이어리에 대한 회신 예문을 살펴보겠습니다.

1 작성 포인트

인콰이어리에 대한 회신은 다음과 같이 작성합니다.

① 서 두

서두인사와 인콰이어리에 대한 감사의 인사를 합니다. 단순히 가격표(Price List)를 주는 것이 아닌 경우에는 오퍼의 종류 및 유효기간을 명기합니다.

② 본 문

가격을 포함하는 오퍼의 조건을 구체적으로 명기합니다. 품명, 단가, 수량, 총액, 지불조건 등에 관해 상대방이 알기 쉽도록 명기합니다.

③ 끝맺음

오퍼의 승낙을 기다린다는 뜻을 전합니다.

2 예문

① **한글 문안** – 인콰이어리에 대한 회신

제목 : **디지털 컨트롤러에 대한 오퍼**

2013년 4월 15일자 귀 인콰이어리에 대해 감사를 드립니다. 동 인콰이어리에 따라서 2013년 5월 10일까지 귀사의 회답이 있는 조건으로 아래와 같이 확정 오퍼를 제출합니다.

· 상품명 : 디지털 컨트롤러(DC-700)

· 단가 : CIF New York 420 미국 달러

· 수량 : 210세트

· 총액 : CIF New York 88,200 미국 달러

· 지불조건 : 취소불능의 일람불신용장

· 포장 : 표준 수출포장

· 선적 : 신용장 수령 후 3개월 이내

· 검사 : 제조사의 검사를 최종으로 한다.

· 유효기간 : 2013년 5월 10일

이상은 우리가 현 시점에서 할 수 있는 최선의 오퍼입니다. 그리고 우리는 귀사가 주저하지 않고 우리의 오퍼를 승낙하리라 믿습니다. 귀사의 주문을 기다립니다.

포인트 설명

~에 대해 감사를 드립니다 : Thank you very much for~

~에 따라서 : in accordance with~

~ 조건으로 : subject~

제출하다 : present

아래와 같이 : as follows

상품명 : Commodity Descriptions

단가 : Unit price

수량 : Quantity

총액 : Amount (Total price)

지불조건 : Terms of payment

취소불능의 일람불신용장 : by an irrevocable Letter of Credit at sight

표준 수출 포장 : Standard export packing

선적 : Shipment

신용장 수령 후 3개월 이내 : within three(3) months after our receipt of L/C

검사 : Inspection

제조사의 검사를 최종으로 한다. : manufacturer's inspection to be final

유효기간 : Validity

현시점에서 : at present

최선의 오퍼 : best offer

주저하지 않고 : without hesitation

믿다 : trust (believe)

~을 승낙하다 : accept~

② **영어 번역** – 인콰이어리에 대한 회신

From : WooRee Bae
To : Lauren Clark
Sent : April 17, 2013
Subject : Offer for Digital Controller(DC-700)

General Corporation
0010 Broadway, New York
N.Y. 10010, U.S.A.

Attention : Miss Lauren Clark

Dear Miss Clark,
We thank you very much for your inquiry of April 15, 2013. And in accordance with the said inquiry, we are pleased to present firm offer to you as follows, subject your reply reaching us by May 10, 2013.

Commodity Descriptions : Digital Controller(DC-700)

Unit price	: CIF New York US$420.00
Quantity	: 210 sets
Amount	: CIF New York US$88,200.00
Terms of payment	: by an irrevocable Letter of Credit at sight
Packing	: Standard export packing
Shipment	: within three(3) months after our receipt of L/C
Inspection	: manufacturer's inspection to be final
Validity	: until May 10, 2013

This is the best offer we can make at present and we trust that you will accept this offer without hesitation.

We look forward to your order.

Best regards,
WooRee Bae, Trade team
Global Inc
XX, Nonhyeon-Ro 5gil, Kangnam-Ku,
Seoul, 06315 Republic of Korea
Tel. : +82-10-3XXX-5XXX, e-mail : baewr@global.co.kr

SECTION·2

14 인콰이어리에 대한 회신을 작성합니다(2)

가대리 오퍼시트(Offer Sheet)를 별도로 작성하여 첨부하는 방식의 인콰이어리에 대한 회신의 예문을 살펴보도록 합시다.

1 작성 포인트

다음과 같이 작성합니다.

① **서 두**

서두인사와 인콰이어리에 대한 감사의 인사를 합니다.

② **본 문**

상대방의 요청에 따라 당사의 오퍼(79쪽 오퍼 샘플 참조)를 첨부 파일로 제출한다는 것을 명기합니다. 그리고 오퍼 내용에 대한 부연 설명을 합니다. 예를 들면 가격은 충분히 경쟁력을 가지고 있다는 등의 설명이 좋습니다.

③ **끝맺음**

빠른 주문을 기다린다는 것을 적습니다.

2 예 문

① 한글 문안 – 인콰이어리에 대한 회신

제목 : **디지털 컨트롤러에 대한 오퍼**

디지털 컨트롤러에 대한 오퍼를 요청하는 2013년 4월 15일자 귀 서신에 감사합니다.
귀사의 인콰이어리에 따라서 우리의 오퍼를 첨부 파일로 보냅니다. 우리의 가격을 검토해 보면 귀사가 우리에게 주문하도록 귀사에 유리하게 오퍼한 것을 알게 될 것입니다.
귀사와 비즈니스를 하게 되어 정말 기쁘며, 귀사와 비즈니스를 오랫동안 할 수 있기를 바랍니다.
빠른 주문을 기대합니다.

포인트 설명
요청하다 : request
첨부 파일 : attached file
검토하다 : examine
~에게 주문하다 : place your orders with~
귀사에 유리하게 : your advantage
~한 것을 알다 : you will see that~
~하게 되어 정말 기쁘다 : are really glad that~
~하기를 바라다 : hope to do~
오랫동안 : for a long time

② **영어 번역** – 인콰이어리에 대한 회신

From : WooRee Bae
To : Lauren Clark
Sent : April 17, 2013
Subject : Offer for Digital Controller(DC-700)

General Corporation
0010 Broadway, New York
N.Y. 10010, U.S.A.

Attention : Miss Lauren Clark

Dear Miss Clark,
We thank you very much for your e-mail dated April 15, 2013, requesting us to send you our offer for Digital Controllers.

In accordance with your inquiry for Digital Controller(DC-700), we are pleased to send you our offer as attached file hereto. If you examine our prices, you will see that it is to your advantage to place your orders with us.

We are really glad that business relations have now been opened between you and us, and hope to do business with you for a long time.

We are looking forward to your early order.

Best regards,
WooRee Bae, Trade team
Global Inc
XX, Nonhyeon-Ro 5gil, Kangnam-Ku,
Seoul, 06315 Republic of Korea
Tel. : +82-10-3XXX-5XXX, e-mail : baewr@global.co.kr

오퍼 샘플

GLOBAL INC

XX, Nonhyeon–Ro 5gil, Kangnam–Ku, Seoul, Korea
Tel. : +82–10–3XXX–5XXX, e–mail : baewr@global.co.kr

① **OFFER**

② Messrs.
General Corporation
New York, USA

③ Date : April 17, 2013
④ Offer No. : GI–417/2013

We are pleased to offer the under–mentioning article(s) as per conditions and details described as follows ;

⑤ Payment : By an irrevocable Letter of Credit at sight in favor of Global Inc
⑥ Shipment : Within three(3) months after Seller's receipt of L/C.
⑦ Packing : Export standard packing
⑧ Validity : Until May 10, 2013
⑨ Remarks : Manufacturer's inspection to be final.

⑩ Item No.	⑪ Commodity & Description	⑫ Q'ty	⑬ Unit Pric	⑭ Amount
			⑮ CIF New York port in U.S.Dollars	
	Digital Controller (DC–700)	210sets	US$420.00	US$88,200.00
Total : CIF New York port, USA				US$88,200.00

Very true yours,

⑯ Global Inc
(signature)
WooRee Bae
Trade Team

오퍼 샘플 – 한글 번역

GLOBAL INC

XX, Nonhyeon-Ro 5gil, Kangnam-Ku, Seoul, Korea
Tel. : +82-10-3XXX-5XXX, e-mail : baewr@global.co.kr

① **오퍼**

② 수신
General Corporation
New York, USA

③ 발행일 : April 17, 2013
④ 오퍼번호 : GI-417/2013

당사는 아래에서 언급하고 있는 상품에 대해 하기에 기술한 거래조건 및 상세에 따라 오퍼를 제출합니다.

⑤ 지불조건 : 글로벌 아이엔씨 앞으로 취소불능의 일람불 신용장
⑥ 선적 : 신용장 수령 후 3개월 이내
⑦ 포장 : 수출 표준포장
⑧ 유효기한 : 2013년 5월 10일까지
⑨ 비고 : 제조사 자체 검사가 최종임

⑩ 품번	⑪ 상품명세	⑫ 수량	⑬ 단가	⑭ 총액
			⑮ CIF New York port in U.S.Dollars	
	Digital Controller (DC-700)	210sets	US$420.00	US$88,200.00
합계 : CIF New York port, USA				US$88,200.00

Very true yours,

⑯ Global Inc
(signature)
WooRee Bae
Trade Team

SECTION·2

15 카운터 오퍼와 승낙

배우리  Miss. Clark으로부터 회답이 왔습니다.
그런데 오퍼조건을 변경해줄 것을 요구하고 있습니다.

가대리  역시 카운터 오퍼가 왔군요.

1 카운터 오퍼란?

수출자가 제시한 오퍼에 대해 수입자는 통상 내용의 일부 또는 전부를 변경하도록 수출자에게 회답합니다. 이를 카운터 오퍼(Counter Offer)라 말합니다.

수출자가 카운터 오퍼에 대해 승낙(Acceptance)하면 계약은 성립되는 것입니다. 그런데 수출자와 수입자의 오퍼내용에 대한 교섭은 경우에 따라서 여러 번에 걸쳐 쌍방이 수정된 조건을 제시하며 조정해갑니다.

카운터 오퍼

||

수출자가 제시한 가격을 포함한 거래조건을 일부 또는 전부 거절

\+

수입자가 새로운 거래조건 제시

2 승낙

수출자와 수입자 중 어느 일방이 제시한 오퍼조건을 받아들이는 것을 승낙이라 합니다. 수출자와 수입자 간에 최종 합의된 오퍼의 모든 내용에 대해서 쌍방이 절대적(Absolutely), 무조건(Unconditionally)으로 승낙하지 않으면 계약에 이를 수 없습니다.

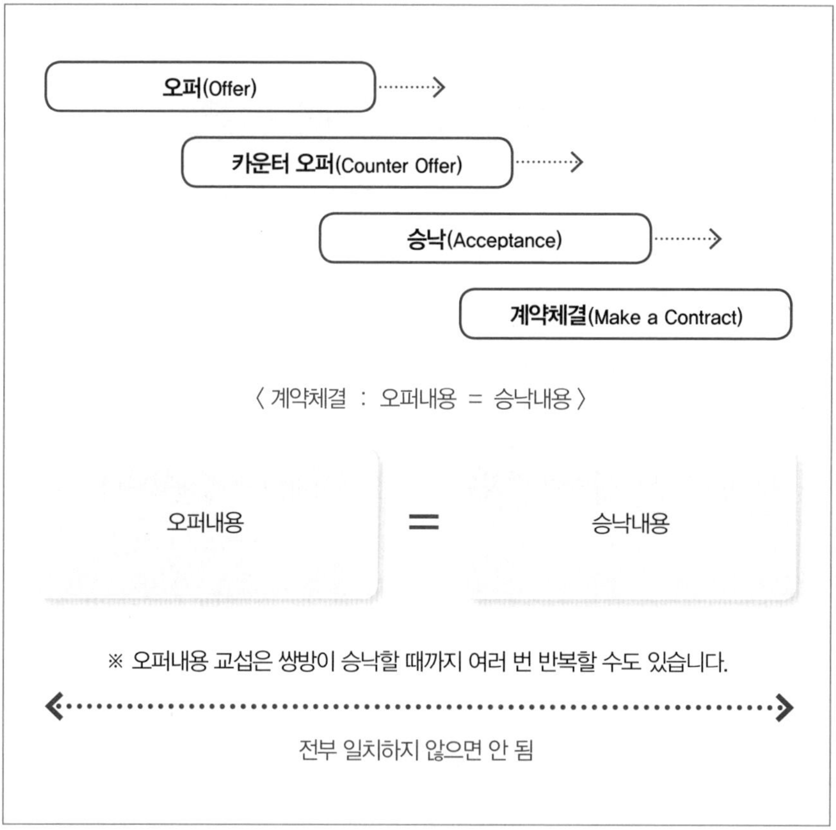

SECTION·2

16 카운터 오퍼 서신을 작성합니다

가대리 카운터 오퍼 서신의 예문을 살펴보도록 합시다.

1 작성 포인트

카운터 오퍼 서신은 다음과 같이 작성합니다.

① 서 두

서두인사에 이어 오퍼에 대해 감사의 뜻을 명기합니다.

② 본 문

카운터 오퍼의 내용을 명기합니다. 카운터 오퍼의 이유를 설명합니다.

③ 끝맺음

빠른 회신을 기다린다는 것을 적습니다.

2 예 문

① 한글 문안 – 카운터 오퍼를 제시하는 서신

제목 : **가격 디스카운트 요청**

디지털 컨트롤러(DC-700)에 대한 2013년 4월 17일자 귀사의 확정 오퍼를 감사히 잘 받았습니다.

검토한 결과, 우리는 귀사에게 3%의 가격 디스카운트를 요청합니다. 이 분야의 경쟁은 대단히 치열하며 경쟁회사도 귀사보다 낮은 가격으로 오퍼하고 있음을 아시길 바랍니다.

만약 3% 가격 디스카운트를 받아 주면 즉시 주문할 것입니다.

귀사의 관심에 감사드리며, 빠른 회신을 기다립니다.

포인트 설명
감사히 잘 받았습니다. : We received with thanks~
검토한 결과 : as the result of our study
우리는 귀사에게 3%의 가격 디스카운트를 요청합니다. : We would like you to give us discount of 3% off the price.
이 분야의 경쟁은 대단히 치열하며 : competition in this line is very keen
아시길 바랍니다. : You must remember that~
만약 3% 가격 디스카운트를 받아 주면 : If you accept 3% discount

② **영어 번역** – 카운터 오퍼를 제시하는 서신

From : Lauren Clark
To : WooRee Bae
Sent : April 20, 2013
Subject : Request for price discount

Global Inc
XX, Nonhyeon–Ro 5gil, Kangnam–Ku,
Seoul, Republic of Korea

Attn. : Miss WooRee Bae, Trade team

Dear Miss Bae,
We received with thanks your firm offer of April 17, 2013 for Digital Controllers(DC–700)

As the result of our study on your offer, we would like you to give us discount of 3% off the price. You must remember that competition in this line is very keen and that your competitors are offering lower prices than yours.

If you accept 3% discount, we are sure that we order your products soon.

Thank you very much for your attention and look forward to early reply.

Best regards,
Lauren Clark
General Corporation
0010 Broadway, New York, N.Y. 10010, U.S.A.
Tel : (123)331–5678, e–mail : clark@general.com

SECTION·2

17 카운터 오퍼를 승낙하는 서신을 작성합니다

가대리 카운터 오퍼를 승낙하는 서신의 예문을 살펴보도록 합시다.

1 작성 포인트

다음과 같이 작성합니다.

① **서 두**

서두인사에 이어 카운터 오퍼에 대해 감사의 인사를 표합니다.

② **본 문**

카운터 오퍼의 수락 의사를 명기합니다. 또한 주문서의 송부를 의뢰합니다.

③ **끝맺음**

조속한 회신을 기다린다는 뜻을 전합니다.

2 예 문

① 한글 문안 – 카운터 오퍼를 승낙하는 서신

제목 : **가격 디스카운트**

우리의 오퍼 가격에 대해 3% 디스카운트를 요청하는 2013년 4월 20일자 귀 이메일에 감사드립니다.

귀측 시장상황을 고려해서 3% 가격 디스카운트를 바라는 귀사의 역제안을 수락합니다.

우리는 이제 모든 문제는 합의되었다고 믿으며, 주문서를 보내주시기 바랍니다.

조속한 회답을 기다립니다.

포인트 설명

우리의 오퍼 가격에 대해 3% 디스카운트를 요청하는
: asking us that it discounts 3% in our offered price.

고려하다 : take into consideration

시장상황 : market situation

수락하다 : accept

모든 문제 : all matters

합의하다 : agree upon

믿다 : believe

바라다 : wish

보내다 : send

주문서 : purchase order

조속한 회답 : early reply

② **영어 번역** - 카운터 오퍼를 승낙하는 서신

From : WooRee Bae
To : Lauren Clark
Sent : April 22, 2013
Subject : price discount

General Corporation
0010 Broadway, New York
N.Y. 10010, U.S.A.

Attention : Miss Lauren Clark

Dear Miss Clark,
Thank you very much for your e-mail of April 20, 2013, asking us that it discounts 3% in our offered price.

Taking your market situation into consideration, we accept your counter offer of 3% discount off.

We believe that all matters have now agreed upon and wish you to send us your purchase order.

We look forward to your early reply.

Best regards,
WooRee Bae, Trade team
Global Inc
XX, Nonhyeon-Ro 5gil, Kangnam-Ku,
Seoul, 06315 Republic of Korea
Tel. : +82-10-3XXX-5XXX, e-mail : baewr@global.co.kr

SECTION·2

18 주문 및 계약

배우리  무사히 교섭을 성공적으로 마쳤습니다.

가대리  이제부터 주문을 받고 수출계약서 작성 실무를 해야 합니다.

1 주문 및 계약서 작성

수출자와 수입자 간에 모든 거래조건이 합의되면 수출자는 주문(Order)을 받고 계약(Contract) 체결을 위해 계약서를 작성합니다. 주문방식은 주문서(P/O, Purchase Order or Order Sheet) 작성방식, 수출자의 오퍼에 승낙(Accept)의 서명을 하는 방식, 서신으로 하는 방식 등이 있습니다.

계약은 별도의 계약서를 작성하여 쌍방이 서명하는 것이지만, 상황에 따라서는 수출자가 발행한 최종 오퍼의 하단에 수입자가 승낙(Acceptance)의 카운터 서명을 하거나 아니면 수입자가 발행한 주문서(Order Sheet)에 수출자가 확인 서명(Acknowledgment)을 하는 것으로 계약서를 대신하기도 합니다. 또한 최근 들어 국제비즈니스에서 무역계약은 간소화되는 경향이므로 정형화된 계약서 서식을 많이 사용합니다.

2 수출계약서의 타이틀

계약서의 타이틀은 수출자와 수입자의 입장에 따라 다릅니다. 수출자는 'SALES CONTRACT', 'SALES NOTE', 'CONFIRMATION OF SALE' 등을 씁니다.

계약서의 타이틀(표제)은 그 문서가 계약서라는 것을 당사자가 알기 쉽게 하는 것이 중요하며 법적으로는 큰 의미를 가지지 않습니다.

3 수출계약서의 기재 내용

정형화된 계약서는 앞면(표면)과 뒷면(이면)이 있습니다. 앞면에는 상품명, 수량, 납기, 결제조건 등과 같은 계약의 기본거래사항 또는 주요거래내용이 기재됩니다. 뒷면에는 앞면에 기재되지 않은 세목(細目)이나 일반적인 거래조건(클레임조항, 준거법조항, 중재조항, 불가항력조항 등)이 기재됩니다.

뒷면의 타이틀은 '일반거래조건(General Terms and Conditions)'으로 기재하는 경우가 많습니다. 뒷면 또한 앞면과 동일하게 계약내용의 일부이므로 계약서 검토 시에 소홀히 해서는 안 됩니다.

앞면의 내용이 뒷면의 내용과 다를 경우에는 앞면의 내용이 우선합니다.

특수조항은 일반 조항보다 우선하며, 조항이 수기(手記), 타이핑(Typing), 인쇄의 세 가지가 있는 경우 우선순위는 수기, 타이핑, 인쇄의 순입니다.

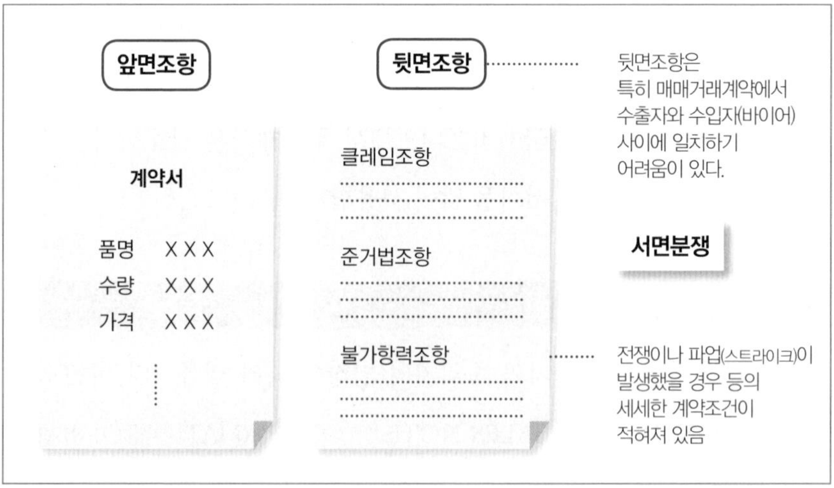

SECTION·2

19 주문서 양식과 기재 항목

가대리 주문서 양식과 기재 항목에 대해 알아봅시다.

1 주문서 양식

바이어(수입자)가 셀러(수출자)에게 상품을 주문할 때 발행하는 서식입니다. 정해진 양식은 없으며 기재 항목은 셀러와 합의한 내용 중에서 바이어가 필요하다고 판단하는 항목을 기재합니다.

2 주문서의 기재 항목

기재 항목은 일반적으로 다음과 같습니다(92쪽 주문서 샘플 참조).

① **Purchase Order** : 주문서
② **Messrs.** : 수신(바이어명 및 주소)
③ **Date** : 주문서 발행일자
④ **Order No.** : 주문서 번호
⑤ **Item No.** : 상품 번호(상품이 여러 개 있을 경우에 명기합니다)
⑥ **Commodity & Description** : 상품명
⑦ **Q'ty** : 수량
⑧ **Unit Price** : 단가
⑨ **Amount** : 총액
⑩ **Trade Terms** : 무역조건
⑪ **Payment** : 결제조건
⑫ **Shipment** : 선적일
⑬ **Place of Shipment** : 선적지
⑭ **Destination** : 목적지
⑮ **Packing** : 포장조건
⑯ **Insurance** : 보험
⑰ **Inspection** : 검사
⑱ **Signature** : 주문자(수입자) 서명
⑲ **Remarks** : 비고

주문서 샘플

GENERAL CORPORATION

0010 Broadway, New York, N.Y. 00010, U.S.A.
Tel. : (123)331-5678 e-mail : clark@general.com

② Messrs.
Global Inc
Seoul, Korea

① PURCHASE ORDER

③ Date : May 10, 2013
④ Order No. : GC-123

We are pleased to place the following order with you the under-mentioning terms and conditions ;

⑩ Item No.	⑪ Commodity & Description	⑫ Q'ty	⑬ Unit Price	⑭ Amount
				⑮ CIF New York port in U.S.Dollars
	Digital Controller (DC-700)	210sets	US$407.40	US$85,554.00

Total : CIF New York port, USA US$85,554.00

⑪ Payment : By an irrevocable Letter of Credit at sight in favor of Global Inc
⑫ Shipment : Within three(3) months after Seller's receipt of L/C.
⑬ Place of Shipment : Busan port, Korea
⑭ Destination : New York, USA
⑮ Packing : Export standard packing
⑯ Insurance : Insurance shall be covered by Seller.
⑰ Inspection : Manufacturer's inspection shall be final.
⑲ Remarks :

Very true yours,

General Corporation
⑱ (Signature)
Lauren Clark

주문서 샘플 – 한글 번역

GENERAL CORPORATION

0010 Broadway, New York, N.Y. 00010, U.S.A.
Tel. : (123)331–5678 e–mail : clark@general.com

② 수신

① **구매 주문서**

Global Inc
Seoul, Korea

③ 발행일 : May 10, 2013
④ 주문번호 : GC–123

당사는 아래에 기재된 거래조건에 따라 다음과 같이 주문을 합니다.

⑩ 품번	⑪ 상품명세	⑫ 수량	⑬ 단가	⑭ 총액
				⑮ CIF New York port in U.S.Dollars
	Digital Controller (DC–700)	210sets	US$407.40	US$85,554.00

Total : CIF New York port, USA US$85,554.00

⑪ 지불조건 : 글로벌 아이엔씨 앞으로 취소불능의 일람불 신용장
⑫ 선적 : 신용장 수령 후 3개월 이내
⑬ 선적장소 : 대한민국 부산항
⑭ 목적지 : 미국 뉴욕
⑮ 포장 : 수출용 표준 포장
⑯ 보험 : 수출자 부담
⑰ 검사 : 제조사 검사가 최종임
⑲ 비고 :

Very true yours,

General Corporation
⑱ (서명)
Lauren Clark

SECTION·2

20 계약서 양식과 기재 항목

가대리 계약서의 양식과 기재 항목에 대해 알아보도록 합시다.

1 계약서 양식

정형화된 계약서 양식을 많이 사용하지만 특별히 정해진 양식은 없습니다. 기재 항목도 특별히 정해진 것은 없으며 바이어와 셀러의 합의에 따라 다양한 내용과 조건을 포함시키기도 합니다.

2 계약서의 기재 항목

기재 항목은 일반적으로 다음과 같습니다(96쪽 수출계약서 샘플 참조).

① SALES CONTRACT : 수출계약서 표제

② Seller : 수출자의 회사명, 주소, 연락처

③ Buyer : 수입자의 회사명, 주소, 연락처

④ Time of Shipment : 선적시기

⑤ Place of Shipment : 선적지

⑥ Destination : 목적지

⑦ Contract No. : 계약서 번호

⑧ Date : 계약체결일

⑨ Reference No. : 오퍼 또는 주문서의 번호를 기재

⑩ **(Remarks)** : 신용장 번호 등을 기재

⑪ **Trade Terms** **(Shipping Terms)** : 거래조건(선적조건)

⑫ **Payment Terms** : 지불조건

⑬ **DESCRIPTION OF GOODS** : 상품의 명세

⑭ **QUANTITY** : 수량

⑮ **UNIT PRICE** : 단가

⑯ **AMOUNT** : 총금액

⑰ **Insurance** : 보험

⑱ **Packing** : 포장방법

⑲ **Inspection** : 검사방법을 기재

⑳ **Special Terms & Conditions** : 특별조건

㉑ **We as Seller are** : 셀러로서 우리는~

㉒ **(Buyer)** : 수입자의 회사명, 서명자의 성명, 타이틀, 서명

㉓ **(Seller)** : 수출자의 회사명, 서명자의 성명, 타이틀, 서명

㉔ **Please sign and return immediately the DUPLICATE to us.**

: 서명을 한 후 즉시 한 부를 우리에게 되돌려 주십시오.

수출계약서 샘플

① SALES CONTRACT

② **Seller** Global Inc XX, Nonhyeon-Ro 5gil, Kangnam-Ku, Seoul, Republic of Korea Tel. : +82-10-3XXX-5XXX, e-mail : baewr@global.co.kr	⑦ **Contract No.** GIGC-444 ⑧ **Date** May 15, 2013 ⑨ **Reference No. or Order No :** GC-123
③ **Buyer** M/S General Corporation 0010 Broadway, New York N.Y. 10010, U.S.A. Tel : (123)331-5678 e-mail : clark@general.com	⑩ **(Remarks)** L/C No. : M875643 ⑪ **Trade Terms(Shipping Terms)** CIF New York port, USA
④ **Time of Shipment** within three(3) months after receipt of L/C ⑤ **Place of Shipment** Busan port, Korea ⑥ **Destination** New York, USA	⑫ **Payment Terms** irrevocable L/C at sight

⑬ DESCRIPTION OF GOODS	⑭ QUANTITY	⑮ UNIT PRICE	⑯ AMOUNT
Digital Controller(DC-700)	210sets	US$407.40	US$85,554.00

⑰ **Insurance**	Insurance shall be borne by Seller.
⑱ **Packing**	Export standard packing
⑲ **Inspection**	Manufacturer's inspection shall be final.
⑳ **Special Terms & Conditions**	

㉑ We as Seller are pleased to confirm this day our sale to you, subject to all of the TERMS AND CONDITIONS ON THE FACE AND REVERSE SIDE HEREOF. If you find herein anything not in order, please let us know immediately. Otherwise, these terms and conditions shall be considered as expressly accepted by you, and constitute the ENTIRE AGREEMENT between the parties hereto.

㉒ **(Buyer) General Corporation**	㉓ **(Seller) Global Inc**
by ______________________	by ______________________
Name	Name
Title	Title

㉔ Please sign and return immediately the DUPLICATE to us.

수출계약서 샘플 – 한글 번역

① 수출 계약서

② **수출자** Global Inc XX, Nonhyeon-Ro 5gil, Kangnam-Ku, Seoul, Republic of Korea Tel. : +82-10-3XXX-5XXX, e-mail : baewr@global.co.kr	⑦ **계약번호** GIGC-444 ⑧ **발행일** May 15, 2013 ⑨ **참조번호** **주문번호** : GC-123
③ **바이어** M/S General Corporation 0010 Broadway, New York N.Y. 10010, U.S.A. Tel : (123)331-5678 e-mail : clark@general.com	⑩ **비고** **신용장 번호** : M875643 ⑪ **거래조건(선적조건)** 미국 뉴욕항까지 운임 보험료 포함조건
④ **선적시기** 신용장 수령 후 3개월 ⑤ **선적장소** 대한민국 부산항 ⑥ **목적지** 미국 뉴욕	⑫ **지불조건** 취소불능의 일람불 신용장

⑬ **상품명세**	⑭ **수량**	⑮ **단가**	⑯ **총액**
Digital Controller(DC-700)	210sets	US$407.40	US$85,554.00

⑰ **보험** 보험은 수출자가 부담한다.

⑱ **포장** 수출용 표준 포장

⑲ **검사** 제조사 검사가 최종임

⑳ **특별조건**

㉑ 수출자인 당사는 본 계약의 표면 및 이면에 기재된 모든 조항 및 조건에 따라서 수입자인 귀사와의 매매 계약을 오늘 확인합니다. 만약 귀사가 본 계약의 기재사항에 의의가 있을 시는 즉시 당사에 그것을 통지해 주십시오. 통지가 없을 경우에는 여기에 기재된 조항 및 조건을 귀사가 명확하게 승낙한 것으로 간주하고, 본 계약 당사자 간에 포괄적인 합의가 이뤄진 것으로 합니다.

㉒ (바이어) General Corporation

by ____________________
성명
직책

㉓ (수출자) Global Inc

by ____________________
성명
직책

㉔ 서명한 후 즉시 한 부를 우리에게 되돌려 주십시오.

SECTION·2

21 수출대금 수령(1) 또는 신용장 수령

배우리 계약을 체결하였습니다. 그 다음은 어떤 실무가 있습니까?

가대리 수출대금 또는 신용장을 수령해야 합니다.

1 수출대금 수령 또는 신용장 수령

대금지불조건이 사전송금(Advance Payment)조건인 경우, 계약에 따라 수입자로부터 수출대금을 수령합니다. 대금지불조건이 신용장(Letter of Credit, L/C)조건인 경우에는 신용장을 수령합니다.

2 신용장이란?

신용장이란 무역거래에서 대금결제 수단의 한 방법입니다. 수입자의 의뢰에 의해 거래은행이 수출자를 수익자로 해서 개설합니다. 신용장개설은행은 주채무자로서 수입자를 대신하여 수출자에게 대금의 지급을 확약하는 것입니다.

신용장을 수령하면 다음의 사항에 대해서는 반드시 확인해야 합니다.

① 취소불능신용장(irrevocable L/C)인지 확인합니다.

② 신용장의 기재내용이 계약내용과 일치하는지 확인합니다. 일치하지 않는 부분 또는 수용하기 어려운 조건이 있을 경우에는 수입자에게

신용장조건변경(Amendment)을 요구해서 변경해야 합니다.

③ 신용장통일규칙 준거문언을 확인하고, 있을 경우 몇 년도 개정판인지 확인합니다.

④ 매입은행지정 신용장(restricted L/C)인지 확인합니다. 이 경우 매입은행이 지정되기 때문에 주의가 필요합니다.

⑤ 신용장에서 요구하는 서류 등의 사항에 대해 확인합니다. 서류의 종류와 그 요건이 타당한지 확인하고, 환어음에 대해서도 검토합니다.

⑥ 특수조건이 있는지 확인합니다. 신용장 내용 중 신용장의 조건이행이 불가능한 문언의 유무를 확인합니다.

⑦ 개설은행의 신용상태를 확인합니다. 수출대금 지급을 확약한 은행이므로 신용상태 확인이 중요합니다.

SECTION·2

22 신용장 읽기

가대리 신용장의 기재 내용 중에서 주요 포인트에 대해 알아보도록 합시다. 다음 페이지의 신용장 샘플(102쪽), 신용장 샘플 한글번역(104쪽)을 참조로 해요.

신용장 포인트 설명

SWIFT(세계은행 간 금융 데이터 통신협회)의 시스템을 이용한 방식으로 개설되는 일반적인 신용장을 샘플로 해서 포인트를 설명합니다(신용장개설 방식은 193쪽 참조).

27 : Sequence of Total : 전체 쪽수

40A : Form of Documentary Credit : 화환신용장 종류

① irrevocable : 취소불능

20 : Documentary Credit Number : 신용장 번호(개설은행이 부여)

31C : Date of Issue : 발행일

40E : Applicable Rules : 준거규정

② UCPURR LATEST VERSION : 신용장통일규칙 최신 버전

31D : Date and Place of Expiry : 유효기한 및 장소

50 : Applicant : 신용장개설신청인(수입자)

59 : Beneficiary : 수익자(수출자)

32B : Currency Code, Amount : 통화단위, 신용장 금액

41D : Available With… By…. : With 다음에는 신용장을 사용할 수 있는 은행명, By 다음에는 신용장의 사용방법을 표시

③ ANY BANK IN REPUBLIC OF KOREA BY NEGOTIATION : 대한민국 어느 은행에서나 매입 가능(NEGOTIATION은 협상 또는 교섭의 의미가 일반적이지만, 무역에서는 매입을 의미함)

42C : Drafts : 환어음

④ (AT) SIGHT : 일람불

42D : Drawee : 지급인

⑤ ISSUING BANK : 신용장 발행은행명

43P : Partial Shipment : 분할선적(허용의 경우는 ALLOWED(PERMITTED), 금지의 경우는 NOT ALLOWED(PROHIBITED))

43T : Transshipment : 환적(허용의 경우는 ALLOWED(PERMITTED), 금지의 경우는 NOT ALLOWED(PROHIBITED))

44E : Port of Loading/Airport of Departure : 선적항/출발 공항

44F : Port of Discharge/Airport of Destination : 도착항(하역장)/목적지 공항

44C : Latest Date of Shipment : 최종 선적일

45A : Description of Goods and/or Services : 상품 또는 서비스의 명세

46A : Documents Required : 요구서류

⑥ +SIGNED COMMERCIAL INVOICE : 서명된 상업송장

⑦ QUINTUPLICATE : 5부

⑧ +FULL SET OF CLEAN ON BOARD BILL OF LADING : 무고장 본선적재 선하증권 전통(3부)

⑨ MADE OUT TO THE ORDER OF BANK : 은행의 지시식으로 작성(선하증권의 경우 하수인(Consignee)을 TO ORDER로 함으로써 이서에 의한 양도가 가능함)

⑩ BLANK ENDORSED (ENDORSED IN BLANK) : 무기명 이서(백지 배서라고도 함)

⑪ FREIGHT PREPAID : 운임 선불

⑫ NOTIFY APPLICANT : 통지처는 신용장개설 신청인

⑬ +INSURANCE POLICY IN DUPLICATE : 2통의 보험증서

⑭ FOR 110PCT OF THE INVOICE VALUES : 상업송장 금액의 110%

⑮ COVERING : THE INSTITUTE CARGO CLAUSES(ALL RISKS) : 전위험담보를 커버하는 (신약관에서의 I.C.C.(A)에 해당함)

⑯ INCLUDING WAR RISKS AND S.R.C.C. : 전쟁위험과 동맹파업위험을 포함하는(동맹파업은 스트라이크를 말함, S.R.C.C.는 Strike, Riots and Civil Commotions(스트라이크, 폭동, 소요)의 약어임)

⑰ +PACKING LIST : 포장명세서

⑱ TRIPLICATE : 3부

⑲ +CERTIFICATE OF ORIGIN : 원산지 증명

47A : Additional Conditions : 추가조건

⑳ BE SUBJECT TO : ~를 준거로 하다

㉑ THE UNIFORM CUSTOMS AND PRACTICE FOR DOCUMENTARY CREDITS, 2007REVISION, ICC PUBLICATION NO. 600. : 신용장통일규칙

71B : Charges : 수수료(수익자 측의 부담인 경우에 한해서 표시)

㉒ FOR ACCOUNT OF BENEFICIARY : 수익자(수출자) 부담으로

49 : Confirmation Instruction : 확인지시사항(Confirmed L/C일 경우)

CONFIRM : 수신은행에게 신용장의 확인을 요청한다.

MAY ADD : 수신은행에게 신용장의 확인을 허용한다.

WITHOUT : 수신은행에게 신용장의 확인을 요청하지 않는다.

48 : PRESENTATION PERIOD : 선적서류 제출기한

㉓ BE PRESENTED : 제출되다

㉔ THE EXPIRY DATE OF THE CREDIT. : 신용장의 유효기일

53A : Reimbursing Bank : 상환은행

78 : Instruction to the Paying/Accepting/Negotiating Bank : 지급/인수/매입은행에 대한 지시사항

㉕ BE FORWARDED TO ~ : ~에게로 보내진다.

57D : 'Advise Through' Bank : 신용장 도착을 수익자에게 통지하는 은행(통지은행)

72 : Sender to Receiver Information : 발신은행이 수신은행에 주는 정보

㉖ PLEASE ADVISE BENEFICIARY URGENTLY : 신속하게 수익자에게 통지해주십시오.

신용장 샘플

27 : Sequence of Total : 1/1

40A : Form of Documentary Credit : ① irrevocable

20 : Documentary Credit Number : M875643

31C : Date of Issue : 130520

40E : Applicable Rules : ② UCPURR LATEST VERSION

31D : Date and Place of Expiry : 130831 Republic of Korea

50 : Applicant : GENERAL CORPORATION

59 : Beneficiary : GLOBAL INC

32B : Currency Code, Amount : USD85,554.00

41D : Available With··· By··· :

③ ANY BANK IN REPUBLIC OF KOREA BY NEGOTIATION

42C : Drafts at··· : ④ SIGHT

42D : Drawee : ⑤ NEW YORK BANK

43P : Partial Shipment : NOT ALLOWED

43T : Transshipment : ALLOWED

44E : Port of Loading/Airport of Departure : BUSAN PORT, KOREA

44F : Port of Discharge/Airport of Destination : NEW YORK PORT, USA

44C : Latest Date of Shipment : 130820

45A : Description of Goods and/or Services :

DIGITAL CONTROLLER (DC-700) 210SETS

46A : Documents Required :

⑥ +SIGNED COMMERCIAL INVOICE IN ⑦ QUINTUPLICATE

⑧ +FULL SET OF CLEAN ON BOARD BILL OF LADING ⑨ MADE OUT TO THE ORDER OF BANK AND ⑩ BLANK ENDORSED ⑪ FREIGHT PREPAID AND ⑫ NOTIFY APPLICANT

⑬ +INSURANCE POLICY IN DUPLICATE ⑩ ENDORSED IN BLANK ⑭ FOR 110 PCT OF THE INVOICE VALUES ⑮ COVERING: THE INSTITUTE CARGO CLAUSES(ALL RISKS) ⑯ INCLUDING WAR RISKS AND S.R.C.C.

⑰ +PACKING LIST IN ⑱ TRIPLICATE

⑲ +CERTIFICATE OF ORIGIN IN TRIPLICATE

47A : Additional Conditions

+ALL DOCUMENTS MUST BEAR OUR CREDIT NUMBER.

+ALL DOCUMENTS REQUIRED UNDER THIS L/C MUST BE ISSUED IN ENGLISH LANGUAGE.

+ALL DRAFTS IN DUPLICATE MUST INDICATE THE L/C NUMBER, DATE OF ISSUE AND NAME :

+THIS CREDIT ⑳ IS SUBJECT TO ㉑ THE UNIFORM CUSTOMS AND PRACTICE FOR DOCUMENTARY CREDITS, 2007REVISION, ICC PUBLICATION NO. 600.

71B : Charges : ALL BANK CHARGES OUTSIDE USA INCLUDING REIMBURSING CHARGES ARE ㉒ FOR ACCOUNT OF BENEFICIARY

49 : Confirmation Instruction : WITHOUT

48 : PRESENTATION PERIOD : TRANSPORT DOCUMENTS MUST ㉓ BE PRESENTED WITHIN 15 DAYS AFTER THE DATE OF SHIPMENT BUT WITHIN ㉔ THE EXPIRY DATE OF THE CREDIT.

53A : Reimbursing Bank :

78 : Instruction to the Paying/Accepting/Negotiating Bank :

DOCUMENTS TO ㉕ BE FORWARDED TO US IN ONE LOT BY COURIER.

57D : 'Advise Through' Bank :

72 : Sender to Receiver Information : ㉖ PLEASE ADVISE BENEFICIARY URGENTLY.

신용장 샘플 – 한글 번역

27 : 총 쪽수 : 총 1쪽

40A : 신용장의 종류 : ① 취소불능신용장

20 : 신용장 번호(L/C No.) : M875643

31C : 신용장 발행일 : 130520

40E : 근거규정 : ② 신용장통일규칙 최신판

31D : 유효기일 및 장소 : 130831 Republic of Korea

50 : 개설신청인(수입자) : 제너럴 코퍼레이션

59 : 수익자(수출자) : 글로벌 아이엔씨

32B : 통화단위, 신용장 금액 : USD85,554.00

41D : 신용장 사용은행 및 사용방법 : ③ 대한민국 어느 은행에서나 매입 가능

42C : 환어음의 결제기일 : ④ 일람불

42D : 환어음의 지급인 : ⑤ 뉴욕은행

43P : 분할선적 : 금지

43T : 환적 : 허용

44E : 선적지 : 대한민국 부산항

44F : 도착항 : 미국 뉴욕

44C : 최종선적기일 : 130820

45A : 상품 또는 서비스의 명세 : 디지털 컨트롤러 (DC-700) 210세트

46A : 요구서류 :

⑥ +서명된 상업송장 ⑦ 5부

⑪ +운임 선지급이라 표시되고, ⑫ 개설신청인을 통지인으로 하며, ⑩ 백지 이서가 되어 있으며 ⑨ 은행 지시식으로 작성된 ⑧ 무고장 본선적재 해상 선하증권 전통

⑯ +전쟁위험과 동맹파업 위험을 포함한 ⑮ 전위험담보조건을 커버하는 ⑭ 상업송장 금액의 110%를 부보하며 ⑩ 백지 이서된 ⑬ 보험증권 2부

⑰ +포장명세서 ⑱ 3부

⑲ +원산지 증명

47A : 추가조건

⑥ +모든 선적서류에는 신용장번호가 기재되어야 함

+이 신용장에서 요구하고 있는 모든 서류는 영어로 작성되어야 함

+2통의 환어음에는 신용장번호, 발행일, 발행은행명이 기재되어야 함

㉑ +이 신용장은 2007년 개정의 ICC 간행물 제600호 화환신용장통일규칙을

⑳ 준거함

71B : 수수료 : 상환 수수료를 포함해서 미국 밖에서 발생하는 모든 은행 수수료는

㉒ 수익자가 부담함

49 : 확인지시 : 확인하지 않음

48 : 서류제출기한 : 운송서류는 ㉔ 신용장의 유효기한 내에 선적 후 15일 내에

㉓ 제출해야 함

53A : 상환은행 :

78 : 지급/인수/매입은행에 대한 지시 :

㉕ 선적서류는 하나의 봉투에 넣어서 국제특송우편으로 개설은행에 보내야 함

57D : 통지은행 :

72 : 수신은행 정보사항 : ㉖ 신속하게 수익자에게 통지해주십시오.

SECTION·2

23 수출물품 확보

배우리 신용장 검토를 완료했습니다.

가대리 그럼 수출물품을 확보해야 합니다.

1 수출물품 확보

계약조건에 따라 대금결제가 사전송금조건인 경우는 은행에 대금입금을 확인한 후, 신용장조건인 경우는 신용장을 수령한 후 납기일(선적일)을 감안해서 수출물품을 발주합니다.

추심방식인 D/A(Document against Acceptance, 인수도 방식), D/P(Document against Payment, 지급도 방식)조건 또는 사후송금조건 거래일 경우에는 통상 수출계약이 체결되면 선적일정에 맞춰 수출물품 확보에 들어갑니다.

자사의 제품을 수출할 경우에는 생산발주를 해야 하며, 그렇지 않으면 외부에 발주를 해야 합니다.

2 수출물품 확보 시의 대금결제 방법

수출물품을 확보할 때 대금결제 방법으로는 다음과 같은 세 가지 방법이 있습니다.

① 현금결제(선불 또는 후불)

② 내국신용장(Local L/C)

③ 구매승인서

이 경우에도 세금계산서는 발행하지만, 내국신용장과 구매승인서 조건에서는 부가가치세에 영세율이 적용됩니다.

내국신용장과 구매승인서의 비교

구분	내국신용장	구매승인서
관련 법규	무역금융 관련 규정	대외무역관리규정
개설(발급)기관	외국환은행	외국환은행
거래대상물품	수출용 원자재 및 완제품	수출용 원자재 및 완제품
개설(발급)비용	일정 개설 수수료(은행자율결정)	수수료 없음
개설(발급)조건	신용장 기준, 실적기준, 융자 한도 내	업체가 거래증명서류를 구비하여 신청하면 제한 없이 발급(발급근거 확인)
수출실적 인정	무역금융규정 및 대외무역상의 수출실적으로 인정	대외무역관리규정상의 수출실적만으로 인정
부가가치세	영세율 적용	영세율 적용
무역금융융자	융자 대상임	융자 대상이 아님
지급보증	개설은행이 지급보증	당사자 간의 계약으로 지급보증이 없음
개설(발급) 근거	· 수출신용장 · 수출계약서 (D/P, D/A 등) · 외화표시 물품공급계약서 · 외화표시건설, 용역공급계약서 · 내국신용장 · 당해 업체의 과거 수출실적	· 수출신용장 · 수출계약서 (D/P, D/A 등) · 외화표시 물품공급계약서 · 외화표시건설, 용역공급계약서 · 내국신용장 · 외화입금(매입)증명서 · 구매승인서
개설(발급) 제한	2차까지 개설 가능, 단 1차 내국신용장이 완제품 내국신용장인 경우에 한하여 3차까지 개설가능	차수 제한 없이 순차적으로 발급가능

SECTION·2

24 수출통관 및 선적

배우리 수출물품이 확보되고 선적일이 다가옵니다.

가대리 그러면 통관 및 선적을 위해 선적 서류를 작성하고 보험에 가입해야 합니다.

1 선적을 위한 준비사항

① **선복예약**(Booking of Ship's space) : 거래조건이 CFR 또는 CIF이면 수출화물을 적재할 본선을 정하고 적재공간을 예약합니다. FOB의 경우는 수입자가 예약합니다.

② **필요 서류 작성** : 인보이스, 패킹리스트 등 통관 및 선적에 필요한 서류를 작성합니다.

③ **해상운송보험 가입하기** : 거래조건이 CIF인 경우 수출자가 가입합니다. FOB 또는 CFR인 경우는 수입자가 가입합니다.

2 수출통관 및 선적

우리나라에서 수출통관은 관세사에게 의뢰하는 것이 일반화되어 있으며 대부분의 중소기업은 그렇게 하고 있습니다.

해상운송은 선박회사에, 항공운송이나 복합운송은 별도의 대리점 또는 전문운송주선업자에게 의뢰해야 하지만 실제로는 포워더(운송주선인)가 모든 운송 수단에 대한 선적을 대행하므로 선적을 포워더에게 의뢰하는 것이 통상적입니다.

수출통관의 흐름

➊ 수출통관 의뢰 〈수출자 → 관세사(사무실)〉

▼

➋ 수출신고 〈관세사 → 세관〉

▼

➌ 검사(서류 또는 물품) 〈세관〉

▼

➍ 수출신고수리 〈세관〉

▼

➎ 수출신고필증 교부 〈세관 → (관세사) → 수출자〉

▼

➏ 선적 〈수출자 → 포워더(선박회사)〉

선적의 흐름

➊ 수출자가 직접 또는 포워더를 통해서 선박회사에 선복 신청(Shipping Request, S/R)을 합니다. 선박회사는 승낙할 경우 수출자에게 인수확약서(Booking Note)를 교부합니다.

➋ 선박회사는 계약된 화물을 목적지까지 운송할 것을 선장에게 지시하는 선적지시서(Shipping Order, S/O)를 보냅니다.

➌ 선적지시서에 일등항해사의 서명을 받은 후 선적을 실행합니다. 화주 측은 검수인(Tally Mate) 입회에서 선적지시서대로 선적되었는지 확인

하고 검수표(Tally Sheet)를 작성하여 일등항해사에 보고합니다.

❹ 일등항해사는 화물수령의 증거로 본선수취증(mate's receipt, M/R)을 발행합니다. 컨테이너 화물의 경우 M/R 대신에 CY 및 CFS 오퍼레이터가 부두에서 컨테이너를 인수하고 부두수취증(Dock Receipt, D/R)에 서명한 후 수출자에게 전해줍니다.

❺ 수출자는 M/R 또는 D/R을 운송인에게 제시하고 선하증권(Bill of Lading, B/L)을 발급받습니다.

❻ 선적 후 수출자는 수입자에게 선적을 통지합니다.

수출신고필증(적재전, 갑지)

※ 처리기간 : 즉시

①신고자 XXXXXXXXXXXXXXXXXXXXXXXXXX	⑤신고번호 99999-99-9999999	⑥세관.과 999-99	⑦신고일자 YYYY/MM/DD	⑧신고구분 X	⑨C/S구분 X

②수 출 대 행 자 XXXXXXXXXXXXXXXXXXXXXXXXXXX (통관고유부호) XXXXXXXX-9-99-9-99-9 수출자구분 X 수 출 화 주 XXXXXXXXXXXXXXXXXXXXXXXXXXX (통관고유부호) XXXXXXXX-9-99-9-99-9 (주소) XXXXXXXXXXXXXXXXXXXXXXXXXXXXXXXXXXXXXXXXXXXXXXX (대표자) XXXXXXXXXXXX (소재지) XXX (사업자등록번호) 999-99-99999	⑩거래구분 XX / ⑪종류 X / ⑫결제방법 XX ⑬목적국 XXXXXXX / ⑭적 재 항 XXXXXXXX / ⑮선박회사 (항공사) XXXXXXX ⑯선박명(항공편명) XXXXXXX / ⑰출항예정일자 XXXXXX / ⑱적재예정보세구역 XXXXXXX ⑲운송형태 XX XXX / ⑳검사희망일 YYYY/MM/DD ㉑물품소재지 XXX XXXXXXXXXXXXXXXXXXXXXXXXXXX XXXXXXXX / XXXXXXXXXXXXXXX
③제 조 자 XXXXXXXXXXXXXXXXXXXXXXXXXXX (통관고유부호) XXXXXXXX-9-99-9-99-9 제조장소 XXX 산업단지부호 XXX	㉒L/C 번호 XXXXXXXXXXXXXXXXXXXX / ㉓물품상태 X ㉔사전임시개청통보여부 X / ㉕반송 사유 XX
④구 매 자 XXXXXXXXXXXXXXXXXXXXXXXXXX (구매자부호) XXXXXXXXXX	㉖환급신청인 X (1:수출대행자/수출화주, 2:제조자) 자동간이정액환급 XX

품명 · 규격 (란번호/총란수: 999/999)

㉗품 명 XXXXXXXXXXXXXXXXXXXXXXXXXXXXXXXXXXXXXXXXXXXXXXXXXX ㉘거래품명 XXXXXXXXXXXXXXXXXXXXXXXXXXXXXXXXXXXXXXXXXXXXXXXXXX	㉙상표명 XXXXXXXXXXXXXXXXXXXX

㉚모델 · 규격	㉛성분	㉜수량	㉝단가(XXX)	㉞금액(XXX)
XXXXXXXXXXXXXXXXXXXXXXXXXXXXXXXXXXXXXXXXXXXXXXXXXXXX XXXXXXXXXXXXXXXXXXXXXXXXXXXXXXXXXXXXXXXXXXXXXXXXXXXX XXXXXXXXXXXXXXXXXXXXXXXXXXXXXXXXXXXXXXXXXXXXXXXXXXXX XXXXXXXXXXXXXXXXXXXXXXXXXXXXXXXXXXXXXXXXXXXXXXXXXXXX XXXXXXXXXXXXXXXXXXXXXXXXXXXXXXXXXXXXXXXXXXXXXXXXXXXX XXXXXXXXXXXXXXXXXXXXXXXXXXXXXXXXXXXXXXXXXXXXXXXXXXXX XXXXXXXXXXXXXXXXXXXXXXXXXXXXXXXXXXXXXXXXXXXXXXXXXXXX (모델 · 규격의 갯수 및 길이에 따라 세로길이 가변적.)	XXXXXXXXXXXXXXXXXX XXXXXXXXXXXXXXXXXX XXXXXXXXXXXXXXXXXX XXXXXXXXXXXXXXXXX	999,999,999,999(XXX)	9,999,999,999.99	999,999,999.99

㉟세번부호	9999.99-9999	㊱순중량	999,999,999,999(XX)	㊲수량	999,999,999,999(XX)	㊳신고가격(FOB)	$999,999,999 ₩999,999,999
㊴송품장번호	XXXXXXXXXXX	㊵수입신고번호	XXXXX-XX-XXXXXXX-X(XXX)	㊶원산지	XX-X-X	㊷포장갯수(종류)	999,999(XX)

㊸수출요건확인 (발급서류명)	X-XXXXXXXXXXXXXXXXX (XXXXXXXXXXXXXXXXX)	X-XXXXXXXXXXXXXXXXX (XXXXXXXXXXXXXXXXX)	X-XXXXXXXXXXXXXXXXX (XXXXXXXXXXXXXXXXX)	X-XXXXXXXXXXXXXXXXX (XXXXXXXXXXXXXXXXX)

㊹총중량	999,999,999(XX)	㊺총포장갯수	999,999 (XX)	㊻총신고가격 (FOB)	$ 999,999,999,999 ₩ 999,999,999,999,999
㊼운임(₩)	999,999,999	㊽보험료(₩)	999,999,999,999	㊾결제금액	XXX-XXX-999,999,999,999,999
㊿수입화물관리번호	XXXXXXXXXXXXXXXXXX X			51컨테이너번호	XXXXXXXXXX X

※신고인기재란	52세관기재란
XXXXXXXXXXXXXXXXXXXXXXXXXXXXXXXXXXXXXXXXXXXXXXXXXXXXXXXXXXXXXXXXX XXXXXXXXXXXXXXXXXXXXXXXXXXXXXXXXXXXXXXXXXXXXXXXXXXXXXXXXXXXXXXXXX XXXXXXXXXXXXXXXXXXXXXXXXXXXXXXXXXXXXXXXXXXXXXXXXXXXXXXXXXXXXXXXXX XXXXXXXXXXXXXXXXXXXXXX	XXXXXXXXXXXXXXXXXXXXXXXXXXXXXXXXXXXXXXXXXXXXXXXXXXXXXXXXXXXXXX XXXXXXXXXXXXXXXXXXXXXXXXXXXXXXXXXXXXXXXXXXXXXXXXXXXXXXXXXXXXXX XXXXXXXXXXXXXXXXXXXXXXXXXXXXXXXXXXXXXXXXXXXXXXXXXXXXXXXXXXXXXX XXXXXXXXXXXXXXXXXXXXXXXXXXXXXXXXXXXXXXXXXXXXXXXXXXXXXXXXXXXXXX XXXXXXXXXXXX (THE REPUBLIC OF KOREA)

53운송(신고)인 XXXXXXXXXXXXXXXXXXXXXXXXX 54기간 YYYY/MM//DD 부터 YYYY/MM//DD 까지	55적재의무기한	YYYY/MM//DD	56담당자	XXXXXX(XXXXXX)	57신고수리일자	YYYY/MM/DD

발 행 번 호 : 9999999999999(YYYY.MM.DD) Page : 999/999

(1) 수출신고수리일로부터 30일내에 적재하지 아니한 때에는 수출신고수리가 취소됨과 아울러 과태료가 부과될 수 있으므로 적재사실을 확인하시기 바랍니다.(관세법 제251조, 제277조) 또한 휴대탁송 반출시에는 반드시 출국심사(부두,초소,공항) 세관공무원에게 제시하여 확인을 받으시기 바랍니다.

(2) 수출신고필증의 진위여부는 관세청 인터넷통관포탈에 조회하여 확인하시기 바랍니다.(http://portal.customs.go.kr)

SECTION·2

25 인보이스를 작성합니다

가대리 인보이스의 작성방법에 관해 알아봅시다.

1 인보이스

인보이스(Invoice, 송장)는 수출자가 작성하는 선적 서류의 하나이며, 다음과 같은 의미가 있습니다.

① **화물명세서**

② **수출대금 청구서**

③ **수출화물 납품서**

2 기재 항목

인보이스에는 다음과 같은 사항을 기재합니다(114쪽 인보이스 샘플 참조).

① **Shipper/Exporter** : 수출자명, 주소

② **Invoice No. & Date** : 인보이스 번호 및 발행일

③ **L/C No. & Date** : 신용장 번호 및 개설일

④ **Consignee** : 수하인

⑤ **Buyer(if other than consignee)** : 수입자와 수하인이 다를 때 수입자를 기재

⑥ **Departure date** : 출발일

⑦ **Vessel/Flight** : 선명/기명

⑧ **From** : 출발지(선적항)

⑨ **To (Destination)** : 도착지(목적지)

⑩ **Terms of delivery and payment** : 인도 및 지불조건

⑪ **Other references** : 기타 참고사항(원산지 등을 기재함)

⑫ **Marks & Numbers of PKGS** : Shipping Mark만 기재(포장개수는 보통 생략함)

⑬ **Description of Goods** : 상품의 명세

⑭ **Quantity** : 수량

⑮ **Unit price** : 단가

⑯ **Amount** : 총금액(수량×단가)

⑰ **Signed by** : 발행자 서명

인보이스 샘플

COMMERCIAL INVOICE

① **Shipper/Exporter** Global Inc XX, Nonhyeon-Ro 5gil, Kangnam-Ku, Seoui, Korea	② **Invoice No. & Date** GI-810/2013 August 16, 2013 ③ **L/C No. & Date** M875643 May 20, 2013
④ **Consignee** To Order of Bank	⑤ **Buyer (if other than consignee)** General Corporation 0010 Broadway, New York N.Y. 10010, U.S.A. Tel : (123)331-5678
⑥ **Departure date** August 20, 2013	⑩ **Other references**
⑦ **Vessel/Flight** Victoria(Voyage No. 123) ⑧ **From** Busan, Korea	
⑨ **To (Destination)** New York, USA	⑪ **Terms of delivery and payment** CIF New York, USA irrevocable Letter of Credit at sight

⑫ Marks & Numbers of PKGS	⑬ Description of Goods	⑭ Quantity	⑮ Unit price	⑯ Amount
	Digital Controller (DC-700)	210sets	US$407.40	US$85,554

GLOBAL INC

⑰ (signature)
WooRee Bae
Trade Team

인보이스 샘플 – 한글 번역

상업송장

<table>
<tr><td colspan="2">① 송하인/수출자
Global Inc
XX, Nonhyeon-Ro 5gil, Kangnam-Ku,
Seoul, Korea</td><td>② 송장 번호 및 발행일
GI-810/2013 August 16, 2013

③ 신용장 번호 및 발행일
M875643 May 20, 2013</td></tr>
<tr><td colspan="2">④ 수하인
To Order of Bank</td><td>⑤ 바이어 (만일 수하인과 다를 경우)
General Corporation
0010 Broadway, New York
N.Y. 10010, U.S.A.
Tel : (123)331-5678</td></tr>
<tr><td colspan="2">⑥ 선박 출항일
2013년 8월 20일</td><td rowspan="2">⑩ 기타 참고사항</td></tr>
<tr><td>⑦ 선명/기명
빅토리아 123항차</td><td>⑧ 선적항
대한민국 부산항</td></tr>
<tr><td colspan="2">⑨ 도착항 (목적지)
미국 뉴욕</td><td>⑪ 인도 및 대금지불 조건
미국 뉴욕까지 운임 보험료 포함조건
취소불능의 일람불 신용장</td></tr>
</table>

⑫ 하인 및 패키지 수	⑬ 상품의 명세	⑭ 수량	⑮ 단가	⑯ 총금액
	Digital Controller (DC-700)	210sets	US$407.40	US$85,554

GLOBAL INC

⑰ (서명)
WooRee Bae
Trade Team

SECTION·2

26 패킹리스트를 작성합니다

가대리 패킹리스트 작성 방법에 관해 알아봅시다.

1 패킹리스트

패킹리스트(Packing List, 포장명세서)는 화인(貨印, Shipping Mark)을 기재하고 물품의 포장단위별 내역을 기재하는 서류를 말하며 수출자가 작성하는 선적서류의 하나입니다.

2 기재 항목

패킹리스트에는 다음과 같은 사항을 기재합니다(119쪽 패킹리스트 샘플 참조).

① **Shipper/Exporter** : 수출자명, 주소

② **Invoice No. & Date** : 인보이스 번호 및 발행일

③ **L/C No. & Date** : 신용장 번호 및 개설일

④ **Consignee** : 수하인

⑤ **Buyer(if other than consignee)** : 수입자와 수하인이 다를 때 수입자를 기재

⑥ **Departure date** : 출발일

⑦ **Vessel/Flight** : 선명/기명

⑧ **From** : 선적항

⑨ **To(Destination)** : 도착항(목적지)

⑩ **Terms of delivery and payment** : 인도 및 지불조건

⑪ **Other references** : 기타 참고사항(원산지 등을 기재함)

⑫ **Marks & Numbers of PKGS** : Shipping Mark만 기재(포장개수는 보통 생략함)

⑬ **Description of Goods** : 상품의 명세

⑭ **Quantity** : 수량

⑮ **Net weight** : 순중량

⑯ **Gross weight** : 총중량

⑰ **Measurement** : 용적

⑱ **Signed by** : 발행자 서명

3 화인 (Shipping Mark)

화물의 식별과 취급을 정확하고 용이하게 하기 위해 외장에 특정의 기호나 문자 등을 표시하는 것을 말합니다. 수입자가 정해서 알려주는 것이 일반적이지만 수입자가 정하지 않을 경우 수출자가 임의로 정해서 표시하기도 합니다.

① 화인의 기입 항목

- 주하인(Main Mark) : 통상 바이어명의 일부 표시
- 부하인(Counter Marks) : 생산자 또는 공급자 약어 표시
- 포장번호(C/N : Case Number)
- 항구 표시(Port Mark) : 도착항 표시
- 중량 표시(Weight Mark) : net weight, gross weight를 표시
- 품질 표시(Quality Mark)

- 원산지 표시(Origin Mark)
- 주의 표시 및 지시 표시(Care or Caution Mark and Attention Mark) : 화물 취급 시 주의할 점을 외장의 측면에 도안이나 문자로 표시

이 항목들 중에서 주하인, 항구표시, 박스번호는 필수 기재 항목입니다.

SIPPING MARK 기입 예시

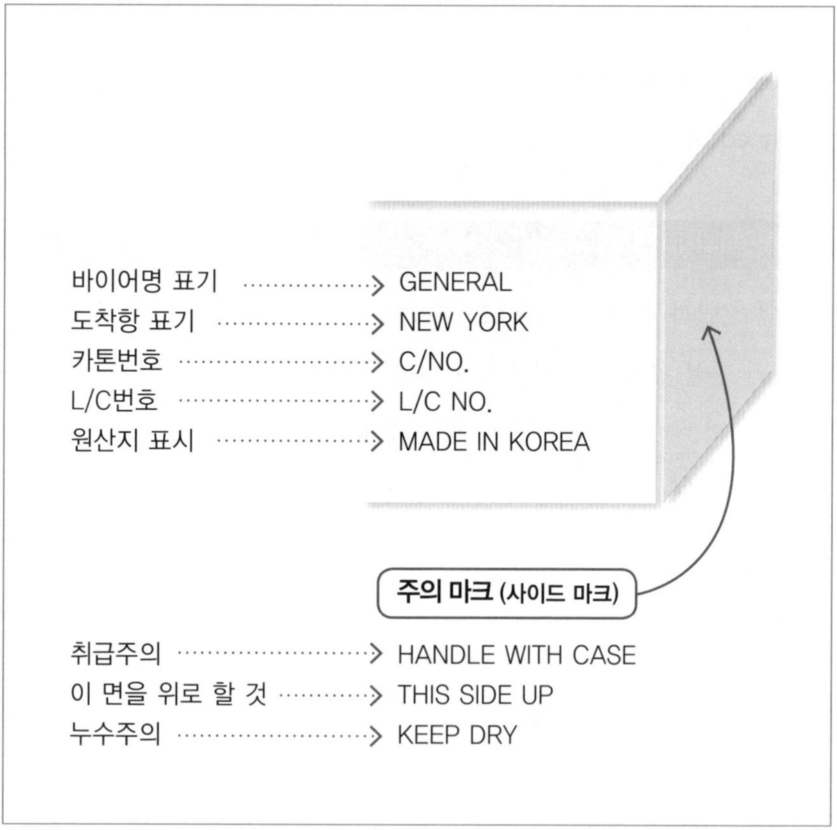

패킹리스트 샘플

PACKING LIST

① Shipper/Exporter Global Inc XX, Nonhyeon-Ro 5gil, Kangnam-Ku, Seoul, Korea	② Invoice No. & Date GI-810/2013 August 16, 2013 ③ L/C No. & Date M875643 May 20, 2013
④ Consignee To Order of Bank	⑤ Buyer (if other than consignee) General Corporation 0010 Broadway, New York N.Y. 10010, U.S.A. Tel : (123)331-5678
⑥ Departure date August 20, 2013	⑩ Other references
⑦ Vessel/Flight Victoria(Voyage No. 123) ⑧ From Busan, Korea	⑪ Terms of delivery and payment CIF New York, USA irrevocable Letter of Credit at sight
⑨ To (Destination) New York, USA	

⑫ Marks & Numbers of PKGS	⑬ Description of Goods	⑭ Quantity	⑮ Net weight	⑯ Gross weight	⑰ Measurement
	Digital Controller (DC-700)	210sets	945kg	1,134kg	27.30 CBM

GLOBAL INC

⑱ (signature)
WooRee Bae
Trade Team

패킹리스트 샘플 – 한글 번역

포장명세서

① 송하인/수출자
Global Inc
XX, Nonhyeon-Ro 5gil, Kangnam-Ku,
Seoul, Korea

② 송장 번호 및 발행일
GI-810/2013　　August 16, 2013

③ 신용장 번호 및 발행일
M875643　　May 20, 2013

④ 수하인
To Order of Bank

⑤ 바이어 (만일 수하인과 다를 경우)
General Corporation
0010 Broadway, New York
N.Y. 10010, U.S.A.
Tel : (123)331-5678

⑥ 선박 출항일
2013년 8월 20일

⑦ 선명/기명
빅토리아 123항차

⑧ 선적항
대한민국 부산항

⑨ 도착항 (목적지)
미국 뉴욕

⑩ 기타 참고사항

⑪ 인도 및 대금지불 조건
미국 뉴욕까지 운임 보험료 포함조건
취소불능의 일람불 신용장

⑫ 하인 및 패키지 수	⑬ 상품의 명세	⑭ 수량	⑮ 순중량	⑯ 총중량	⑰ 용적
	Digital Controller (DC-700)	210sets	945kg	1,134kg	27.30 CBM

GLOBAL INC

⑱ (서명)
WooRee Bae
Trade Team

SECTION·2

27 선하증권을 검토합니다

배우리 화물을 선적하면 선박회사로부터 어떤 서류를 받아야 하나요?

가대리 선하증권이라는 서류를 받아야 합니다.

1 선하증권

선하증권은 선박회사가 화물을 선적 완료했을 때 수출자에게 발행하는 유가증권입니다. 영어로는 Bill of Lading(B/L)이라 말합니다.

2 선하증권의 기재항목 해설

기재 항목의 내용은 다음과 같으므로 이를 참조로 선하증권을 검토합니다 (123쪽 선하증권 샘플 참조).

① **Shipper** : 송하인(送荷人, 화물을 보내는 사람)

② **Consignee** : 수하인(受荷人, 화물을 받는 사람)

③ **Notify Party** : 통지처(통상 수입자)

④ **Place of Receipt** : 화물 수령 장소

⑤ **Vessel/Voyage No.** : 선명/항차(항해차수로 선사에서 정함)

⑥ **Port of Loading** : 선적항

⑦ **Port of Discharge** : 도착항(양륙항), 국명도 함께 기재

⑧ **Place of Delivery** : 인도 장소

⑨ **Final Destination** : 최종 목적지

⑩ **B/L No.** : 선하증권 번호

⑪ **ABC Shipping Co., LTD.** : 선박회사명

⑫ **BILL OF LADING** : 선하증권

⑬ **RECEIVED in apparent order and condition** : 운송인이 화물을 선적하기 위하여 외관상 양호한 상태로 수취하였다는 의미

⑭ **Flag** : 선박의 등록국적

⑮ **SEE TERMS ON REVERSE** : 뒷면의 조건을 참조

⑯ **Container No.** : 컨테이너 번호

⑰ **Seal No.** : 컨테이너 봉인한 실 번호

⑱ **No. of Package** : 패키지 개수

⑲ **Description of Goods** : 상품의 명세

⑳ **Gross weight** : 총량

㉑ **Measurement** : 용적(부피)

㉒ **Freight and charges** : 운송에 따른 제반비용

㉓ **Revenue tons** : 중량과 용적 중 운임 높은 것을 기재

㉔ **Rate** : Revenue ton의 운임단가 및 부대비용 기재

㉕ **Per** : 중량당 또는 용적당, Full Container의 경우 Van당을 기재

㉖ **Prepaid** : 선불일 경우 운임을 기재

㉗ **Collect** : 도착불일 경우 운임을 기재

㉘ **Ex Rate** : 적용 환율

㉙ **Prepaid at** : 운임지불장소(선불인 경우)

㉚ **Payable at** : 운임지불장소(도착불의 경우)

㉛ **No. of Original B/L** : 선하증권 원본 발행통수

㉜ **Place and date of issue** : 선하증권 발행 장소 및 발행일자

㉝ **Date (on board the vessel)** : 선적일자

㉞ **Carrier Name and Signed** : 선하증권 발행권자의 서명

선하증권 샘플

① Shipper GLOBAL INC, XX, Nonhyeon-Ro 5gil, Kangnam-Ku, Seoul, Korea	⑩ B/L No. 567-2013 ⑪ ABC Shipping Co., LTD. ⑬ BILL OF LADING ⑬ RECEIVED in apparent order and condition ⑭ Flag KOREA ⑮ SEE TERMS ON REVERSE
② Consignee To Order of Bank	
③ Notify Party GENERAL CORPORATION, NEW YORK TEL : (123)331-5678	
Pre-carriage by / ④ Place of Receipt NEW YORK, USA	
⑤ Vessel/Voyage No. VICTORIA/123	

⑥ Port of Loading	⑦ Port of Discharge	⑧ Place of Delivery	⑨ Final Destination
BUSAN PORT, KOREA	NEW YORK, USA	NEW YORK, USA	

PARTICULARS FURNISHED BY CONSIGNOR/SHIPPER

⑯ Container No.	⑰ Seal No.	⑱ No. of Package	⑲ Description of Goods	⑳ gross weight	㉑ measurement
DCNB 2000886	135479	210CTNS	DIGITAL CONTROLLER 210SETS (DC-700) SAY : TWO HUNDRED AND TEN (210) CARTONS ONLY	1,134 Kgs	27.30 CBM

㉒ Freight and charges	㉓ Revenue tons	㉔ Rate ㉕ Per	㉖ Prepaid	㉗ Collect

㉘ Ex Rate	㉙ Prepaid at	㉚ Payable at	㉜ Place and date of issue
	SEOUL, KOREA		SEOUL, KOREA AUGUST 20, 2013
	Total prepaid	㉛ No. of original B/L	ABC SHIPPING CO. LTD. ㉞ By________________
㉝ Date AUG 20, 2013 ON BOARD THE VESSEL	By____________		

선하증권 샘플 – 한글 번역

① **선적인(송하인)**
GLOBAL INC, XX, Nonhyeon-Ro 5gil,
Kangnam-Ku, Seoul, Korea

② **수하인**
To Order of Bank

③ **통지처**
GENERAL CORPORATION, NEW YORK
TEL : (123)331-5678

Pre-carriage by

④ **수령장소**
NEW YORK, USA

⑤ **선명/항차** VICTORIA/123

⑩ **선하증권 번호 567-2013**

⑪ **ABC Shipping Co., LTD.**

⑬ **선하증권**

⑬ 화물 외관상 양호한 상태로 수취

⑭ 국적기
대한민국

⑮ 이면의 약관을 참조

⑥ 선적항	⑦ 하역항	⑧ 인도장소	⑨ 최종목적지
BUSAN PORT, KOREA	NEW YORK, USA	NEW YORK, USA	

PARTICULARS FURNISHED BY CONSIGNOR/SHIPPER

⑯ 컨테이너 번호	⑰ 실 번호	⑱ 패키지 수	⑲ 상품명세	⑳ 총중량	㉑ 용적중량
DCNB 2000886	135479	210CTNS	DIGITAL CONTROLLER 210SETS (DC-700) SAY : TWO HUNDRED AND TEN (210) CARTONS ONLY	1,134 Kgs	27.30 CBM

㉒ 운송에 따른 제반비용	㉓ 중량	㉔ 운임단가 ㉕ 중량당	㉖ 운임선불	㉗ 운임착불

㉘ 환율	㉙ 선불지불장소	㉚ 착불지불장소	㉜ 선하증권 발행장소 및 발행일
	SEOUL, KOREA		SEOUL, KOREA AUGUST 20, 2013
	합계	㉛ 선하증권 원본 부수	ABC SHIPPING CO. LTD.

㉝ **Date**
AUG 20, 2013
ON BOARD
THE VESSEL

By________________

㉞

By______________________________________

SECTION·2

28 해상보험증권을 검토합니다

배우리 화물이 해상운송 도중에 사고가 나면 어떻게 해야 합니까?

가대리 해상보험으로 대응합니다.

1 해상보험증권

해상보험증권(Marine Insurance Policy)이란 화물을 해상운송 중에 발생할 수 있는 사고위험에 대비해서 해상보험에 듭니다. 이때 보험회사가 발행해 주는 서류입니다. 거래조건이 CIF일 경우에만 수출자가 가입합니다. 신용장조건의 거래일 경우 신용장에서 요구하는 대로 보험증권이 발행되었는지 확인하고 잘못이 있을 때는 즉시 보험회사에 정정을 요구해야 합니다.

2 해상보험증권 기재 항목 해설

기재 항목의 내용은 다음과 같으므로 이를 참조로 보험증권을 검토합니다(127쪽 해상보험증권 샘플 참조).

① **MARINE CARGO INSURANCE POLICY** : 해상화물보험증권

② **Assured(s), etc.** : 피보험자(보험금 수혜자)

③ **Policy No.** : 증권 번호

④ **Ref. No.** : 인보이스 번호와 신용장 번호를 기재

⑤ Claim, if any, payable at : 보험금 지불 희망지

⑥ Claim are payable in the : 통화(通貨) 표시(예, USD CURRENCY)

⑦ Amount insured : 보험금액

⑧ Survey should be approved by : 손해사고 통지처(수출의 경우 최종목적항에 있는 보험자 대리점의 상호 주소 명기, 수입의 경우 보험자명 기재가 일반적임)

⑨ Local Vessel or Conveyance : (출하지와 선적지가 다른 경우) 국내운송 용구

⑩ From (interior port or place of loading) : (출하지와 선적지가 다른 경우) 내륙출발지

⑪ Ship or Vessel called the : 선박명 기재

⑫ Sailing on or about : 출항일(B/L상의 내용과 일치가 필요)

⑬ at and from : 선적항

⑭ Transhipped at : 환적할 경우 환적항

⑮ arrived at : 도착항

⑯ thence to : 최종목적지 및 운송용구 기재

⑰ Goods and Merchandises : 피해보험화물의 명세(Subject-matter Insured)

⑱ NO. OF POLICES ISSUED TWO : 보험증권의 발행매수

⑲ AUGUST 8, 2013 : 보험증권의 발행일

⑳ Conditions Subject to the following Clauses as per back here of or as attached : 보험조건

해상보험증권 샘플

MARINE CARGO INSURANCE POLICY

② Assured(s), etc. GLOBAL INC	
③ Policy No. LB125689	④ Ref. No. INVOICE NO. GI-810/2013 L/C NO. M875643
⑤ Claim, if any, payable at : GENERAL CORPORATION 0010 BROADWAY, NEW YORK, N.Y. 10010, U.S.A. TEL: (123)331-5678 e-mail: clark@general.com ⑥ Claim are payable in the USD CURRENCY	⑦ Amount insured USD ********** 94,109.40 INVOICE USD ************* 85,554.00 X 110.0000%
⑧ Survey should be approved by :	⑳ Conditions Subject to the following Clauses as per back hereof or as attached Institute Cargo Clauses A/R Institute War Clauses Institute SRCC Clauses (Institute Strike Clauses for use only with New Marine Policy Form) Special Replacement Clause (applying to machinery) On Deck Clause Institute Radioactive Contamination Exclusion Clause INSTITUTE WAR CLAUSES (CARGO) INSTITUTE STRIKES, RIOTS & CIVIL COMMOTIONS CLAUSES COMPUTER MILLENIUM CLAUSE -WITH NAMED PERIL EXTENTION CLAIMS TO BE PAYABLE IN USA IN THE CURRENCY OF THE DRAFT(S).
⑨ Local Vessel or Conveyance ⑩ From(interior port or place of loading)	
⑪ Ship or Vessel called the VICTORIA 123 ⑫ Sailing on or about AUGUST 10, 2013	
⑬ at and from KOREA (BUSAN) ⑭ Transhipped at	
⑮ arrived at NEW YORK, USA ⑯ thence to	
⑰ Goods and Merchandise ATTACHED : INVOICE DIGITAL CONTROLLER (DC-700) 210sets (C/NO. 1 - 210)	
⑲ AUGUST 17, 2013 ⑱ NO. OF POLICES ISSUED TWO	

해상보험증서 샘플 – 한글 번역

해상화물보험증권

② **피보험자** GLOBAL INC

③ **보험증권번호**
LB125689

④ **참조번호**
INVOICE NO. GI-810/2013
L/C NO. M875643

⑤ **보험금지불희망지 :**
GENERAL CORPORATION
0010 BROADWAY, NEW YORK, N.Y. 10010, U.S.A.
TEL: (123)331-5678
e-mail: clark@general.com

⑥ **통화(通貨)표시** USD CURRENCY

⑦ **보험금액**
USD ********** 94,109.40
INVOICE USD ************* 85,554.00 X 110.0000%

⑧ **손해사고통지처 :**

⑨ **국내운송용구(수단)**

⑩ **내륙출발지**

⑪ **선박명**
VICTORIA 123

⑫ **출항일**
AUGUST 10, 2013

⑬ **선적항**
KOREA (BUSAN)

⑭ **환적항**

⑮ **도착항**
NEW YORK, USA

⑯ **최종목적지 및 운송용구(수단)**

⑳ **본 증서의 이면 또는 첨부되어 있는 것으로 아래의 조항들에 따른 조건**

협회화물약관 (전 위험담보)
합회전쟁약관
협회동맹파업약관 (신해상보험증권용 협회파업약관)
기계수선특별약관 (기계에 적용)
갑판적약관
협회방사능오염부담보약관
협회전쟁약관 (적하)
협회 파업, 소요 및 내란약관
컴퓨터밀레니엄약관 (적하)
-열거확장위험담보
환어음 통화로 미국에서 지불할 것

⑰ **화물명세**

ATTACHED : INVOICE

DIGITAL CONTROLLER (DC-700) 210sets
(C/NO. 1 - 210)

⑲ AUGUST 17, 2013 (발행일) ⑱ 보험증권의 발행부수 2부

SECTION·2

29 선적통지 서신을 작성합니다

배우리 선적을 완료했습니다.

가대리 그럼 바이어에게 선적을 완료한 사실을 통보합니다.

1 작성 포인트

선적통지(Shipping Advise) 서신은 다음과 같이 작성합니다.

① 서 두

서두인사를 합니다.

② 본 문

선적통지에 관련한 내용을 명기합니다. 기재 항목은 다음과 같습니다.

- 인보이스 번호(Invoice No.)
- 선박회사명(Name of Shipping Company)
- 선박명 및 항차(Name of Vessel and Voyage No.)
- 선적일(Shipping Date)
- 선적항(Shipped From, or Loading Port)
- 출항예정일(Expected Time of Departure, ETD)
- 도착예정일(Expected Time of Arrival, ETA)
- 목적지(Shipped To, or Destination)

- 상품 및 수량(Item and Quantity)
- 선하증권 번호(B/L No.)
- 패키지 수량(Number of Packages)

③ **끝맺음**

협력에 감사한다는 인사를 합니다.

2 예 문

① **한글 문안** – 선적통지 이메일 서신

제목 : **선적통지**

귀사에서 주문한 디지털 컨트롤러(DC-700)를 다음과 같이 선적하였으므로 통지합니다.

· 인보이스 번호 : GI-810/2013
· 선박회사명 : ABC Shipping Co., Ltd.
· 선박명 및 항차 : VICTORIA, VOYAGE NO. 123
· 선적일 : 2013년 8월 20일
· 선적항 : 부산항
· 출항예정일 : 2013년 8월 20일
· 도착예정일 : 2013년 9월 20일
· 목적지 : 미국 뉴욕
· 상풍 및 수량 : 디지털 컨트롤러 210세트
· 선하증권 번호 : 567-2013
· 패키지 수량 : 210개

우리는 그 화물이 아무런 문제없이 안전하게 귀측에 도착할 것이라 확신합니다.
이 비즈니스에 대한 귀사의 친절한 관심과 협력에 깊은 감사를 드립니다.

포인트 설명
통지하다 : advise
아래와 같이 : as follows
~한 것을 확신하다 : We are sure that~
아무런 문제없이 안전하게 : in good and safety condition
도착하다 : reach
귀사의 친절한 관심과 협력 : your kind attention and cooperation
깊은 감사를 드립니다. : be highly appreciated.

② **영어 번역** – 선적통지 이메일 서신

From : WooRee Bae
To : Lauren Clark
Sent : August 11, 2013
Subject : shipping advise for your order(No. GC- 123)

Dear Miss Clark,
We are pleased to advise you that your valuable order for Digital Controllers(DC-700) have been shipped as follows.

Invoice No. : GI-810/2013
Name of Shipping Company : ABC Shipping Co., Ltd.
Name of Vessel and Voyage No. : VICTORIA, VOYAGE NO. 123
Shipping Date : AUGUST 20, 2013
Shipped From : BUSAN PORT, KOREA

ETD/ETA : AUGUST 20, 2013 / SEPTEMBER 20, 2013
Shipped To : NEW YORK PORT, USA
B/L No. : 567-2013
Item and Quantity : DIGITAL CONTROLLER 210SETS
Number of Packages : 210 CARTONS

We are sure that the goods will reach you in good and safety condition.

Your kind attention and cooperation for this business will be highly appreciated.

Best regards,
WooRee Bae, Trade team
Global Inc
XX, Nonhyeon-Ro 5gil, Kangnam-Ku,
Seoul, Republic of Korea
Tel. : +82-10-3XXX-5XXX, e-mail : baewr@global.co.kr

SECTION·2

30 수출대금 수령(2)

배우리 선적 완료 후 선적통지까지 마쳤습니다.

가대리 그러면 수출대금 수령을 위한 실무를 진행합니다.

1 수출대금 수령

대금지불조건이 사후송금(Deferred Payment)일 경우 계약내용에 따라 대금 지불 청구서(Debit Note or Invoice)를 보내고 대금지불을 요청합니다.
신용장조건인 경우에는 환어음(Bill of Exchange, B/E)을 발행하고 원산지증명서 등과 같은 신용장에서 요구한 제반서류를 갖추어 거래 외국환은행에 환어음의 매입(Negotiation)을 의뢰합니다.
일람불신용장(at sight L/C)의 경우에는 매입서류에 문제가 없으면 제반 수수료 등을 공제한 후 수출대금을 지불해 줍니다. 이를 화(貨)환어음 매입이라 합니다.
D/A, D/P 조건의 경우에는 외국환은행에 추심(Collection)을 의뢰하면 수입지 은행에서 추심한 후 자행(自行)에 수출대금의 입금이 확인되면 대금을 지급해 줍니다. 이를 화환어음 추심이라 합니다.
외국환은행과 처음 거래일 때는 화환어음거래계약을 체결해야 합니다.

2 환어음과 화환어음

환어음이란 수출자가 수입자에게 일정 금액을 은행에 지불할 것을 의뢰하는 증권입니다. 화환어음은 환어음에 은행매입서류(선적서류 포함)를 첨부한 것을 말합니다.
이는 수입자는 은행에 대금 지불(또는 어음 인수)을 하지 않는 한 선적서류를 받을 수 없으므로 화물을 수령할 수 없음을 의미합니다.

화환어음은 2통 발행하고 제1권에는 선적서류의 원본(Original)을, 제2권에는 부본(Duplicate)을 첨부합니다.

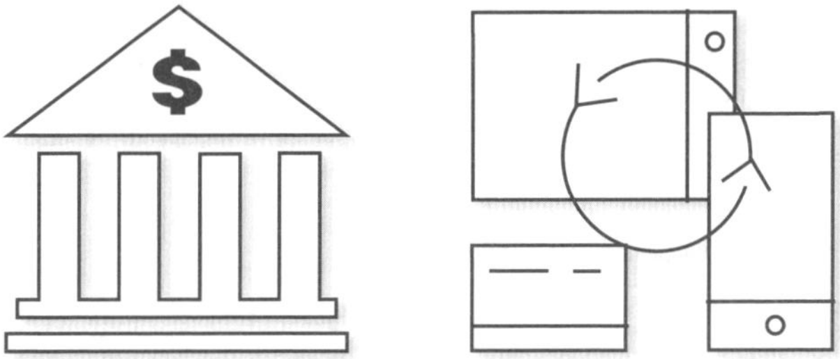

SECTION·2

31 환어음을 발행합니다

가대리 환어음의 기재 항목을 알아봅시다.

1 환어음의 기재 항목

환어음의 기재 항목은 다음과 같습니다(136쪽 환어음 샘플 참조).

① **BILL OF EXCHANGE** : 환어음(B/E) 표시

② **NO.** : 환어음 번호

③ **발행일자, 발행지역, Korea** : 환어음 발행일, 발행지

※ 환어음의 효력은 행위지 법률에 의해 처리되므로 발행지를 꼭 표시하여야 합니다.

④ **FOR 금액명기** : 환어음 금액

⑤ **AT ______ SIGHT** : 일람불일 경우에는 AT ××× SIGHT로 합니다.

※ 기한부일 경우에는 AT △△DAYS AFTER SIGHT로 기재합니다.

⑥ **THIS FIRST BILL OF EXCHANGE** (SECOND OF THE SAME TENOR AND DATE BEING UNPAID) : 환어음 제1권(동일한 내용 및 발행일의 제2권은 무효임)

※ 제2권에는 THIS SECOND BILL OF EXCHANGE (FIRST OF THE SAME TENOR AND DATE BEING UNPAID) : 환어음 제2권 (동일한 내용 및 발행일의 제1권은 무효임) 이라 명기되어 있습니다. 따라서 환어음 2통은 다른 항공편으로 보내지며 어느 것이든 먼저 지급되면 결제가 완료된다는 의미입니다.

⑦ **PAY TO 매입은행명 기재, OR ORDER THE SUM OF**

⑧ **금액 영문 기재** : SAY US DOLLARS 문자금액 ONLY로 표시

※ 문자금액 표시에서 SAY는 생략할 수 있지만 ONLY는 생략할 수 없으며, 통화의 종류를 명확하게 해야 합니다. 숫자로 표기된 ④의 금액과 차이가 있을 경우 문자가 우선합니다.

⑨ **VALUE RECEIVED AND** : 대가는 받았으므로

⑩ **CHARGE THE SAME TO ACCOUNT OF 신용장개설의뢰인명 및 주소 기재**

: 신용장개설의뢰인의 계좌에서 동일 금액을 청구합니다.

⑪ **DRAWN UNDER 신용장개설은행명 및 주소** : ~근거로 발행된 것입니다.

⑫ **L/C NO. ____________** : 신용장 번호

⑬ **DATE ____________** : 신용장상의 발행일

⑭ **TO 지급인 및 지급지 기재** : 지급인(drawee)은 신용장개설은행

⑮ **발행인 서명** : 수출자(수익자)의 날인 서명

환어음 샘플

① **BILL OF EXCHANGE**

② NO. XXXX BILL OF EXCHANGE ③ SEPTEMBER 25, 2013, SEOUL, KOREA
④ FOR US$85,554.00

⑤ AT XXX SIGHT OF ⑥ THIS FIRST BILL OF EXCHANGE (SECOND OF THE SAME TENOR AND DATE BEING UNPAID) ⑦ PAY TO SEOUL BANK, OR ORDER THE SUM OF ⑧ US DOLLARS EIGHTY FIVE THOUSAND FIVE HUNDRED AND FIFTY FOUR ONLY

⑨ VALUE RECEIVED AND ⑩ CHARGE THE SAME TO ACCOUNT OF GENERAL CORPORATION, 0010 BROADWAY, NEW YORK, N.Y. 10010, U.S.A

⑪ DRAWN UNDER NEW YORK BANK
⑫ L/C NO. M875643 ⑬ DATE MAY 20, 2013

⑭ TO NEW YORK BANK
5XX4 BROADWAY,
NEW YORK, USA

GLOBAL INC

⑮ 발행인 서명

환어음 샘플 – 한글 번역

① 환어음

② NO. XXXX 환어음 ③ 2013년 9월 25일, 대한민국 서울시 ④ 85,554.00미국 달러

본 환어음의 ⑥ 제1권(제2권이 미불인 경우에 한함)에 대해 ⑤ 일람불 조건으로 서울은행에 ⑧ 팔만 오천 오백 오십사 달러를 ⑦ 지불해 주십시오.

⑨ 대가는 받았으므로 ⑩ General Corporation의 계좌에서 같은 금액을 청구합니다.
본 어음은 ⑭ 뉴욕은행을 지급인으로 해서 2013년 5월 20일자 뉴욕은행의 ⑫ 신용장 번호 M875643를 ⑪ 근거로 발행된 것입니다.

글로벌 아이엔씨

⑮ (서명)

SECTION·2

32 원산지증명서를 발급받습니다

배우리 원산지증명서는 왜 필요합니까?

가대리 원산지를 증명하는 서류이며, 각국은 규정에 따라 원산지를 관리하고 있기 때문입니다.

1 원산지증명서란?

원산지증명서(Certificate of Origin, C/O)란 물품이 제조 또는 생산된 국가를 원산지라 하며 이를 증명하는 서류를 말합니다. 각 국가는 자체 규정에 따라 수입물품에 대한 원산지를 관리하고 있습니다.

우리나라도 공정한 무역거래질서를 확립하고 수입자를 보호하기 위해 수입물품에 대한 원산지제도를 시행하고 있습니다(원산지제도 운영에 관한 고시).

① 원산지 표시

당해 물품에 알기 쉽고 견고하게 표시하도록 방법을 규정한 것입니다. 원산지 표시 대상품목에 관해서는 대외무역 관리규정 별표에 나와 있습니다.

② 원산지 확인

관세법, 조약, 협정, FTA 등에 따라 특혜관세율 적용 또는 면제되는 경우에 해당물품의 원산지를 확인하는 제도입니다. 해당 수입품목에 대해서는 원산지를 확인할 수 있는 원산지증명서를 제출해야 합니다.

③ **원산지 판정**

원산지 판정기준은 해당 물품의 전부를 생산한 국가를 원산지로 보는 완전생산기준과 2개국 이상에 걸쳐 생산된 물품에 실질적인 변형을 최종적으로 행한 국가를 원산지로 보는 실질변경기준이 있습니다(Substantial Transformation).

원산지증명서에 의한 원산지 인정은 원산지국에서 직접 우리나라로 운송되는 직접운송원칙에 따르며, 제삼국을 경유할 시에는 이를 증명하는 별도의 서류를 제출하여 확인을 받아야 합니다.

2 원산지증명서의 종류

① **일반 원산지증명서** : 상공회의소에서 발행합니다(원산지증명서 규격양식). 이 책에서는 FTA 체결국인 미국으로의 수출 사례를 들어 설명하고 있으므로 일반 원산지증명서는 관련 없지만, 우리나라와의 FTA 체결국이 아닌 국가로의 수출 시에는 일반 원산지증명서가 필요하므로 소개합니다.

② **특혜관세 원산지증명서** : 관세 특혜를 받기 위한 원산지증명서로서 GSP, GSTP, APTA, FTA 원산지증명서 등이 있습니다.

③ **남북교역물품 원산지증명서** : 북한으로 반출되는 물품에 대해서 발행하는 원산지증명서

④ **FTA 원산지증명서** : FTA 체결국간에 FTA 협정 세율을 적용받기 위한 원산지증명서를 말합니다(142쪽 참조).

일반 원산지증명서 샘플

원산지증명서

<table>
<tr><td>1. Seller ⑤</td><td rowspan="2">③ ORIGINAL
① CERTIFICATE OF ORIGIN
④ issued by
② THE KOREA CHAMBER OF COMMERCE & INDUSTRY
Seoul, Republic of Korea

원산지증명서
대한상공회의소</td></tr>
<tr><td rowspan="2">2. Consignee ⑥</td></tr>
<tr><td>4. Buyer (if other than consignee) ⑧</td></tr>
<tr><td rowspan="2">3. Particulars of Transport ⑦
(where required)</td><td>5. Country of Origin ⑨</td></tr>
<tr><td>6. Invoice Number and Date ⑩</td></tr>
<tr><td colspan="2">7. Shipping Marks ⑪   8. Number and kind of Packages ⑫   Description of Goods ⑬   9. Gross weight or Other Quantity ⑭</td></tr>
<tr><td>10. Other Information ⑮</td><td>⑯ The Korea Chamber of Commerce & Industry hereby certifies, on the basis of relevant invoice and other documents, that the above mentioned goods originate in the country shown in column 5.

THE KOREA CHAMBER OF COMMERCE & INDUSTRY</td></tr>
</table>

일반 원산지증명서 샘플 – 한글 번역

원산지증명서

<table>
<tr><td>1. 수출자 ⑤</td><td rowspan="2">③ 원 본
① 원 산 지 증 명 서
④ 발행처
② 대한상공회의소
대한민국 서울

원산지증명서
대한상공회의소</td></tr>
<tr><td rowspan="2">2. 수하인 ⑥</td></tr>
<tr><td>4. 바이어 (수하인과 별도로 있다면) ⑧</td></tr>
<tr><td rowspan="2">3. 선명(기명) ⑦
(선적항, 도착항, 선적일자)</td><td>5. 원산지국 ⑨</td></tr>
<tr><td>6. 인보이스 번호 및 발행일 ⑩</td></tr>
<tr><td colspan="2">7. 하인 ⑪ 8. 포장개수 및 포장종류 ⑫ 상품명세 ⑬ 9. 총중량 또는 기타 수량 ⑭</td></tr>
<tr><td>10. 기타 정보 ⑮</td><td>⑯ 대한상공회의소는 관련 인보이스와 다른 서류를 바탕으로 상기에 기재된 상품이 5항에 명기된 국가가 원산지국임을 증명합니다.

대 한 상 공 회 의 소</td></tr>
</table>

SECTION·2

33 FTA 체결국 수출에 필요한 원산지증명서 발급방식

배우리 FTA 원산지증명서는 무엇이며, 왜 필요합니까?

가대리 원산지를 증명하는 서류이며, FTA 세율을 적용받기 위해서 필요합니다.

1 FTA 원산지증명서란?

우리나라와 FTA 협정을 체결한 국가로 수출할 때 FTA 협정 세율을 적용받기 위해 원산지를 증명하는 서류입니다. 각 협정별 원산지 기준을 충족하고 협정에서 정한 원산지증명서를 구비해야 상대국에서 FTA 세율을 적용받을 수 있습니다(406쪽 **SECTION 15**의 1 참조).

2 FTA 원산지증명서 발급방식

원산지증명서 발급방식에는 자율발급과 기관발급이 있습니다.

① 자율발급

협정이 정하는 방법과 절차에 따라 수출자가 당해 물품에 대하여 원산지를 확인하여 작성한 후 서명하여 사용하는 제도입니다.

② 기관발급

협정이 정하는 방법과 절차에 따라 원산지 국가의 관세당국 기타 발급권한이 있는 기관이 당해 물품에 대하여 원산지를 확인하여 발급하는 제도입니다.

FTA 체결국으로 수출할 경우 원산지증명서의 발급방식이 FTA 협정 내용에 따라 다르기 때문에, FTA 협정 세율을 적용받으려면 사전에 FTA 원산지증명서 발급방식 등에 관해 확인할 필요가 있습니다.

FTA 원산지증명서에 관련해서는 관세청 홈페이지 또는 FTA 무역종합지원센터(www.okfta.or.kr), 'FTA 콜센터 1380'을 이용하면 많은 도움을 받을 수 있습니다.

3 미국 수출용 원산지증명서 발급

이 책에서는 우리나라와 FTA 체결국인 미국으로 수출하는 사례를 들어 설명하고 있으므로 FTA 협정 세율을 적용받기 위해서 미국 수출용 원산지증명서가 필요합니다. 미국과의 FTA 협정내용에서 원산지증명서 발급은 자율발급방식을 정하고 있으므로 수출자가 원산지증명서를 발급하면 됩니다.

수출자가 원산지증명서를 발급할 때 주의해야 할 점은 미국 측에 의한 원산지 사후검증이 상당히 까다롭기 때문에 철저히 준비하고 증빙자료를 관리해야 합니다. 원산지증명 관리에 관련해서는 다음에 언급한 사항을 반드시 지켜야 합니다.

원산지증명 관리를 위해 지켜야 할 사항	
HS Code 확인을 철저히 할 것	원산지증명서 확보
해당 FTA 원산지 기준 검토	5년간 원산지증빙 서류 보관, 사후관리
기초 증빙서류 준비할 것	원산지 사후검증 대비
FTA 원산지 판정	

[별지 제6호의9서식] <신설 2011.12.2>

미합중국과의 협정에 따른 원산지증명서의 서식

Certificate of Origin
Korea-US Free Trade Agreement

1.Exporter (수출자)	Name (성명)		2. Blanket Period (원산지포괄증명기간)
	Address(주소)		YYYY (년) MM (월) DD (일) YYYY (년) MM (월) DD (일)
	Telephone (전화)		From: ___ /__ /__ (부터) To: ___ /__ /__ (까지)
	Fax (팩스)		
	E-mail (전자주소)		

3.Producer (생산자)	Name (성명)		4.Importer (수입자)	Name (성명)	
	Address(주소)			Address(주소)	
	Telephone (전화)			Telephone (전화)	
	Fax (팩스)			Fax (팩스)	
	E-mail (전자주소)			E-mail (전자주소)	

5.원 산 지 증 명 대 상 물 품 내 역

Serial No. (연번)	Description of Good(s) (품명 · 규격)	Quantity & Unit (수량 및 단위)	HS No. (품목번호 HS 6단위)	Preference Criterion1) (원산지결정기준)	Country of Origin (원산지 국가)

6. Observations:
(특이사항)

I certify that:
본인은 다음 사항을 확인합니다.

- The information in this document is true and accurate and I assume the responsibility for proving such representations. I understand that I am liable for any false statements or material omissions made on or in connection with this document.
  상기 서식에 기재된 내용은 사실이고 정확하며, 기재된 사항에 대한 책임은 본인에게 있습니다. 이 증명서 또는 이와 관련한 허위 진술 또는 중대한 사실 누락에 대해서는 본인에게 책임이 있음을 확인합니다.
- I agree to maintain, and present upon request, documentation necessary to support this Certificate, and to inform, in writing, all persons to whom the Certificate was given of any changes that would affect the accuracy or validity of this Certificate.
  본인은 이 증명서를 입증하는데 필요한 문서를 보관하며, 요청이 있을 경우 이를 제출할 뿐 아니라, 이 증명서의 정확성이나 유효기간에 영향을 미치는 여타 변동사항에 대해서 이 증명서를 받은 관계자들에게 서면으로 통보할 것에 동의합니다.
- The goods originate in the territory of one or both Parties and comply with the origin requirements specified for those goods in the Korea -United State of America Free Trade Agreement.
  해당 물품은 대한민국과 미합중국간의 자유무역협정에 따른 원산지결정기준을 충족하고 있음을 확인합니다.
  This Certificate consists of _____ pages, including all attachments.
  이 증명서는 첨부서류를 포함하여 총___장으로 구성되어 있습니다.

7. Authorized Signature (서명권자의 서명)	Company (회사명)
Name: (작성자 성명)	Title (직위)
YYYY (년) MM (월) DD (일) ___/__/__/	Telephone : (전화번호) Fax: (팩스번호)

1) Originating goods in accordance with Article 6.1(a) of the Agreement(미합중국과의 협정 제6.1조 가호에 따른 원산지물품): WO
Originating goods in accordance with Article 6.1(b) of the Agreement(미합중국과의 협정 제6.1조 나호에 따른 원산지물품): PSR
Originating goods in accordance with Article 6.1(c) of the Agreement(미합중국과의 협정 제6.1조 다호에 따른 원산지물품): PE

* 수입자, 생산자 란은 기재 생략 가능하며, 한글본과 영문을 선택하여 사용할 수 있음

작성방법		
번호	기재사항	기재방법
1	수출자	'생산자'와 같은 경우 외에는 필수기재항목
2	원산지 포괄증명 기간	장기간에 걸쳐 반복적으로 선적되거나 수입신고되는 동종동질의 물품에 대하여 원산지증명서 발급(작성)일부터 12개월을 초과하지 아니하는 범위 안에서 최초의 원산지증명서를 반복하여 사용하는 경우에만 기재
3	생산자	수출물품 생산업체를 알고 있는 경우 기재
4	수입자	물품의 수입업체를 알고 있는 경우 기재
5	원산지 증명대상 물품내역	'HS품목번호', '품명', '원산지국가'는 필수기재항목 '품명·규격', '수량·단위'는 수출물품과의 동일성이 확인될 수 있도록 기재
6	특이사항	수출물품의 원산지증명과 관련하여 특이사항이 있는 경우만 기재
7	서명 등	'작성자 성명', '증명일자'는 필수기재항목

＊ [참조] 원산지증명서 필수항목 [협정문 제6.15조 2항]

① 증명인의 성명 (필요한 경우 연락처 또는 그 밖의 신원확인 정보 포함)
② 상품의 수입자 (아는 경우에 한한다.)
③ 상품의 수출자 (생산자와 다른 경우에 한한다.)
④ 상품의 생산자 (아는 경우에 한한다.)
⑤ 물품의 HS품목번호 및 품명
⑥ 상품이 원산지 상품임을 증명하는 정보
⑦ 증명일자
⑧ 증명서 유효기간 (포괄증명의 경우)

SECTION·2

34 바이어 사후관리

배우리  수출대금을 수령하였습니다.

가대리  그렇다면 다음 주문을 받기 위해 바이어 사후관리를 해야 합니다.

1 바이어 사후관리

계속적인 거래관계를 유지하기 위해서는 바이어에 대한 사후관리가 대단히 중요합니다. 정보통신기술의 발달로 해외 바이어는 선택의 폭이 넓어졌으므로 방심하면 언제든 떠나버립니다.

2 사후관리 요령

① 선적을 한 후 상품은 잘 받았는지, 상품에 대한 반응은 어떤지 등과 같은 관심사에 관해 서신으로 문의합니다.

② 수시로 시장현황에 대해 문의하고, 관심 사항에 관해 정보를 교환합니다.

③ 바이어가 적정의 이익을 추구할 수 있도록 판매활동을 지원하는 등 다양한 지원방안을 마련하여 지원합니다.

④ 인간적 관계를 유지하는 차원에서 작은 선물을 보내는 등 기념일을 챙겨줍니다. 과잉접대가 되지 않도록 주의해야 합니다.

⑤ 바이어의 불만사항을 귀담아 듣고 개선 노력을 보이는 등 긍정적인 답변을 합니다.

SECTION·2

35 바이어 사후관리 서신을 작성합니다

가대리 수출상품 선적 직후 바이어 사후관리 서신의 예문을 살펴보도록 합시다.

1 작성 포인트

선적한 후에 처음 보내는 바이어 사후관리를 위한 서신은 다음과 같이 작성합니다.

① **서 두**

주문해 준 것에 대한 감사인사를 합니다.

② **본 문**

주문한 상품이 예정대로 목적지에 잘 도착할 것이라는 믿음에 대해 적습니다. 그리고 화물이 도착한 후, 내용에 문제가 있을 경우에는 즉시 알려달라고 적습니다.

③ **끝맺음**

귀사와의 거래관계를 즐겁게 지속하기를 바란다는 희망사항을 적습니다.

※ 바이어 사후관리 서신은 상품에 대한 소비자 반응, 시장현황 등과 같은 문의하고 싶은 내용이나 자사 제품에 대한 정보, 바이어 지원 방안 등과 같은 내용을 서신을 보낼 그때그때에 따라 적절히 활용하면 좋습니다.

2 예문

① **한글 문안** – 바이어 사후관리 서신

제목 : **감사인사**

귀사의 주문에 감사를 드립니다.

주문하신 제품은 예정대로 사고 없이 귀사에 도착되리라 믿습니다.

도착 시 화물의 내용에 결함 있는 것이 있으면 즉시 알려주십시오.

당사는 귀사와의 즐거운 거래관계가 지속되기를 바랍니다.

감사합니다.

포인트 설명
~에 감사하다 : thank you for~
예정대로 : as scheduled
사고 없이 도착하다 : reach (you) in good order
~를 믿다 : trust that~
도착 시 : when (it) reaches (you)
화물의 내용 : the contents of the goods(cargo)
결함이 있다 : not in good(perfect) order
알려 주십시오 : please let us know, please advise(inform) us
즐거운 거래관계 : pleasant business relations
~가 지속되기를 바라다 : look forward to the continuation of~

② **영어 번역** – 바이어 사후관리 서신

From : WooRee Bae

To : Lauren Clark

Sent : August 25, 2013

Subject : Greeting

Dear Miss Clark,

We thank you for your order of Digital Controllers.

We trust the goods will reach you as scheduled and in good order. Should you find the contents of the goods not in perfect order when it reaches you, please let us know immediately.

We are looking forward to the continuation of our pleasant business relations.

Best regards,

WooRee Bae, Trade team

Global Inc

XX, Nonhyeon-Ro 5gil, Kangnam-Ku,

Seoul, Republic of Korea

Tel. : +82-10-3XXX-5XXX, e-mail : baewr@global.co.kr

★ 이 단원 주요 용어 정리

용어	설명
Inquiry	거래조건의 조회 (照會)
Business Proposal	거래제의 (Circular Letter : 거래제의 서신)
Description	상품 명세
Credit Inquiry	신용조회. Credit Reference라고도 함
Credit Condition	신용상태
Capital	자본 (Asset : 자산)
Market Survey	시장조사
Offer	매매 당사자의 어느 한 쪽이 상대방에 대해서 가격을 주요 조건으로 해서 거래조건을 제시하는 것
Counter Offer	역오퍼. 오퍼에 대해서 조건을 변경해서 제시하는 것
Firm Offer	확정오퍼. 유효기한이 있는 오퍼로 기한 내에는 조건의 변경·철회는 할 수 없음
Acceptance	승낙
Terms	조건
Discount	할인
Amount	금액
Weight	중량
Quality	품질
Order	주문
Purchase Order	주문서
Sales Contract	판매 (수출) 계약서
Certification System	인증제도
Price List	가격표
Invoice	I/V, 송장
Packing List	P/L, 포장명세서
Validity	유효기한
Trade Terms	무역 (거래) 조건

SECTION • 3

수입의 흐름

구매하 사원은 글로벌 아이엔씨 무역팀에서 컨트롤 유니트를 일본으로부터 수입하는 업무를 맡게 되었습니다. 수입을 위해서는 일본에 있는 제조사 또는 공급처 물색과 거래제의, 신용장개설 등의 업무가 기다리고 있습니다. 수입계약은 물론 수입통관까지, 가르치 대리의 지도로 잘할 수 있을 것이라 생각됩니다.

SECTION 3

1 수입상품 또는 해외거래처 물색

구매하 수입 업무는 처음입니다. 무엇부터 해야 합니까?

가대리 수입상품 또는 해외거래처를 먼저 물색해야 합니다.

1 수입상품 또는 해외거래처 물색

수입할 상품이 정해져 있다면 해외에서 공급처만 찾으면 됩니다. 그렇지 않을 경우에는 수입할 상품을 찾고 그것에 따라 공급처를 찾아야 합니다.

2 어떤 상품을 선정해야 하나?

① 자신이 경험하고 지식이 있는 분야의 상품

② 소비자가 반복해서 구매하는 상품

③ 우리나라 사람의 욕구에 맞는 제품(색상, 디자인 등)

④ 다른 상품에 비하여 편리성이 있고 기능이 다양화된 상품

⑤ 우리나라에 없는 상품(시장형성의 문제가 따름)

⑥ 유행상품

3 수입상품 또는 해외거래처 물색 방법

① 인터넷 검색

② 지인의 소개(추천)

③ 국내외에서 개최되는 전시회 활용

④ 주한 외국공관에 의뢰

⑤ 주한 외국상공회의소 등 외국 경제 관련 단체 사무소에 의뢰

⑥ 외국의 상공회의소 및 무역 관련 지원기관에 의뢰

⑦ 외국의 해당 상품협회 또는 조합 회원 리스트 활용

⑧ 해외시장조사 또는 해외 쇼핑 기회 활용

⑨ 국내외에서 발행되는 각종 출판물 또는 상품정보지 활용

4 해외 공급처 선정 시 고려사항

① 수출 의욕이 있는지

② 안정적인 공급(가격, 납기, 품질 등)이 가능한지

③ 가격 경쟁력 여부

④ 품질 및 사양 변경 가능성 여부

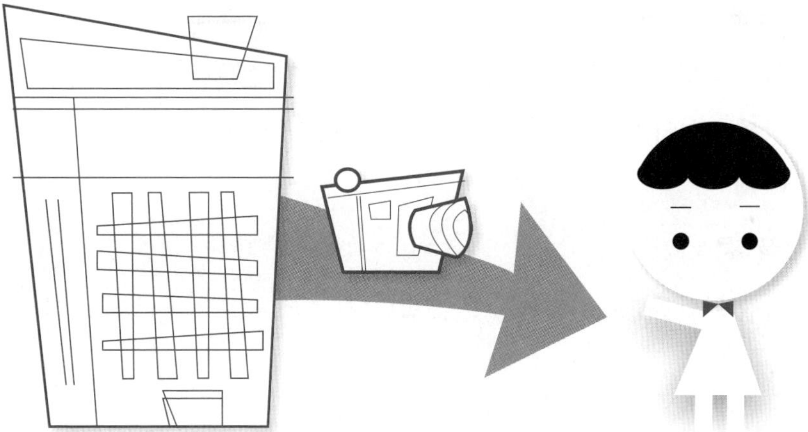

SECTION 3

2 해외거래처 소개를 의뢰하는 서신을 작성합니다

가대리 일본상공회의소에 부품 컨트롤 유니트(Control Unit)를 제조·수출하는 회사의 소개를 의뢰하는 서신을 작성해보도록 합시다.

1 작성 포인트

해외거래처 소개를 의뢰하는 서신을 다음과 같이 작성합니다.

① 서 두

서두인사에 이어 자사에 관해 간략히 소개합니다.

② 본 문

자사의 희망사항 또는 계획을 적은 후, 한국에 컨트롤 유니트의 수출을 희망하는 회사의 소개를 부탁한다는 내용으로 작성합니다.

③ 끝맺음

조속한 회신을 기다린다는 뜻을 전합니다.

2 예 문

① **한글 문안** – 해외거래처 소개를 의뢰하는 서신

제목 : **컨트롤 유니트 수출상 소개 요청**

당사는 다양한 종류의 전기·전자 부품을 수출 또는 수입하는 오래된 회사입니다. 한국에서 유수한 제조회사와 좋은 관계를 맺고 있습니다.

당사는 국내시장에 판매하기 위해 귀 회의소의 도움으로 귀국으로부터 컨트롤 유니트를 수입하려고 하므로, 믿을 수 있는 컨트롤 유니트 제조회사 또는 수출상을 소개해 주시길 요청합니다.

당사의 신용에 관해서는 서울은행이 필요한 자료를 제공할 것입니다.

귀사의 관심에 감사드리며 빠른 회신을 기다립니다.

포인트 설명
다양한 종류의 전기·전자 부품 : various kinds of electrical/electronic parts
오래된 회사 : well(long)-established company
유수한 제조회사 : leading manufacturers
좋은 관계를 맺고 있다 : have good connections with~
국내시장에 판매하기 위해 : in order to sell in domestic market
믿을 수 있는 : reliable
귀 회의소의 도움으로 : with your assistance
신용에 관해서는 : as to our credit standing

② **영어 번역** – 해외거래처 소개를 의뢰하는 서신

From : MaeHa Koo
To : The Japan Chamber of Commerce and Industry
Sent : March 8, 2013
Subject : Looking for Exporter of Control Unit

The Japan Chamber of Commerce and Industry
3-2-2 Marunouchi, Chiyoda-ku, Tokyo
100-0005 Japan

Attn. : To whom it may concern

Dear Sirs/Madams,
We, Global Inc in Korea, are one of the well-established exporters/importers of various kinds of electrical/electronic parts and have also good connections with the leading manufacturers here.

As we would like to import Control Units from Japan with your assistance in order to sell in domestic market, would you please introduce to us some reliable manufacturers and/or exporters for the Control Units.

For any information as to our credit standing, Seoul Bank will supply you the necessary information.

Thank you very much for your attention in advance and look forward to receiving your reply soon.

Best regards,
MaeHa Koo, Trade team
Global Inc
XX, Nonhyeon-Ro 5gil, Kangnam-Ku,
Seoul, Republic of Korea
Tel. : +82-10-4XXX-7XXX, e-mail : mhkoo@global.co.kr

SECTION 3

3 해외거래처 소개 서신을 받았습니다

가대리  해외거래처 소개 서신 예문을 살펴보도록 합시다.

예 문

① 거래선 소개 서신

From : Seiji Tanaka
To : MaeHa Koo,
Sent : March 20, 2013
Subject : Introduction of Exporter for Control Unit

Global Inc
XX, Nonhyeon-Ro 5gil, Kangnam-Ku,
Seoul, Republic of Korea

Attn. : Mr. MaeHa Koo, Trade Team

Dear Mr. Koo,
In compliance with your request by e-mail of March 8, 2013, we suggest you contact the following firm who may be interested in the export of Control Units to Korean market.

Asake Works Co. Ltd.
3-△-△, Minami-Shinagawa, Shinagawa-Ku,
Tokyo 140-0004 Japan
Person in charge : Mr. Shigeru Tamura, Export Team
Tel No. : (03)1234-5678 e-mail : stamura@asake.co.jp

If there is anything further we can do for you, please do not hesitate to let us know.

Best regards,
Seiji Tanaka, Secretary
The Japan Chamber of Commerce and Industry

포인트 설명
In compliance with your request : 귀사의 요청에 따라
suggest you contact~ : ~와 접촉할 것을 제안하다
be interested in the export : 수출에 관심이 있다
person in charge : 담당자
Do not hesitate to let us know. : 주저하지 말고 우리에게 알려주십시오.

② 한글 번역 - 거래선 소개 서신

제목 : **컨트롤 유니트 수출회사 소개**

2013년 3월 8일자 이메일에 의한 귀사의 요청에 따라 당사는 한국시장에 컨트롤 유니트의 수출에 관심을 가지고 있는 아래 회사에 접촉하도록 귀사에 제안합니다.

㈜ 아사케 제작소
일본 140-0004 도쿄도 시나가와 구 미나미 시나가와 3-△-△
담당자 : 수출팀 타무라 시게루 씨
Tel No. : (03)1234-5678, e-mail : stamura@asake.co.jp

더 필요한 정보가 있으면 주저하지 말고 우리에게 연락주시길 바랍니다.

SECTION 3

4 거래제의

구매하 컨트롤 유니트 수출회사를 소개하는 서신을 받았습니다.

가대리 그 서신을 참조로 거래제의를 합니다.

거래제의

최근 들어 거래제의는 이메일 서신으로 하는 것이 일반적입니다.

거래제의 서신은 수입하는 입장에서 작성하므로 수출의 경우와는 내용 구성 및 유의사항이 약간 다릅니다.

① 거래제의 서신의 내용 구성

거래제의 서신은 다음과 같은 내용으로 구성합니다.

- 상대방을 알게 된 경위를 적습니다.
- 자기회사를 소개합니다(회사연혁, 취급품목, 거래지역, 국내에서 자사의 지위, 경험 등).
- 서신의 목적을 분명하게 언급하고, 수입 희망 상품을 명기한 뒤 거래 조건을 기재합니다.
- 자사에 대한 신용조회처(주로 거래은행)를 소개합니다.
- 빠른 회신을 기다린다는 정중한 마지막 인사를 합니다.

② **거래제의 서신 작성 시 유의사항**

거래제의 서신을 작성할 때는 다음과 같은 사항에 유의해야 합니다.

- 문장은 간단명료하게 적고, 문단은 5~6단락 정도가 좋습니다.
- 상대방이 한국시장에 관심이 있는지 확인합니다.
- 회사(상품)를 소개할 경우 지나치게 과장된 표현은 삼가야 합니다.
- 품질 및 가격에서 경쟁력이 있을 경우 대량 수입할 수 있음을 암시합니다.
- 관심이 있다면 카탈로그 및 가격 리스트 등을 보내주도록 언급합니다.
- 동일 제품에 대한 국내시장 현황을 간략히 언급하는 것도 좋습니다.

SECTION 3

5 거래제의 서신을 작성합니다

가대리

새로운 거래를 제의할 경우에 작성하는 이메일 서신의 예문을 살펴보도록 합시다.

1 작성 포인트

거래제의 서신을 다음과 같은 구성으로 작성합니다.

① **서 두**

서두인사를 명기합니다. 그리고 상대방 회사를 알게 된 경위와 자사에 관해 소개합니다.

② **본 문**

거래제의를 합니다. 수입을 희망하는 상품에 대해 언급하고 카탈로그 및 가격 리스트 등에 관해 보내줄 것을 언급합니다. 또한 자사의 신용조회처에 관해 언급합니다. 필요하다면 국내시장현황에 대해서도 언급합니다.

③ **끝맺음**

귀사의 빠른 회신을 감사하는 마음으로 기다린다고 적습니다.

2 예문

① 한글 문안 – 거래제의 서신

제목 : **거래제의**

우리는 귀사가 한국시장에 컨트롤 유니트를 수출하는 데 관심을 가지고 있다는 것을 일본상공회의소로부터 들었습니다.
당사는 다양한 종류의 전기·전자 부품을 수출 또는 수입하는 오래된 회사입니다.
한국에서 유수한 제조회사와 좋은 관계를 맺고 있습니다.
새로운 비즈니스로서 국내시장에서 판매하기 위해 귀사의 컨트롤 유니트의 수입을 희망합니다. 그러므로 카탈로그와 가격 리스트를 우리에게 보내 주시길 바랍니다.
당사의 신용상태에 관해서는 서울에 있는 서울은행 양재지점에 조회하시길 바랍니다.
귀사의 호의적인 답변에 감사합니다.

포인트 설명
~에 관심을 가지다 : be interested in~
~로부터 듣다 : learn from~
다양한 종류의 전기·전자 부품 : various kinds of electrical/electronic parts
오래된 회사 : well(long)-established exporters/importers
~와 좋은 관계를 맺고 있다 : have a good connections with~
수입을 희망합니다 : would like to import
국내시장에서 판매하기 위해 : in order to sell in domestic market
당사의 신용상태에 관해서는 : As for our financial standing
조회하다 : refer to
호의적인 답변 : favorable reply

② 영어 번역 - 거래제의 서신

From : MaeHa Koo
To : Shigeru Tamura
Sent : March 22, 2013
Subject : Business Proposal

Asake Works Co., Ltd.
3-△-△, Minami-Shinagawa, Shinagawa-Ku,
Tokyo 140-0004 Japan

Attn. : Mr. Shigeru Tamura

Dear Mr. Tamura,
We, Global Inc in Korea, have learned from The Japan Chamber of Commerce and Industry that you are interested in exporting your Control Units to Korean market.

We are one of the well-established exporters/importers of various kinds of electrical/electronic parts and have also good connections with the leading manufacturers here.

As our new business, we would like to import your Control Units in order to sell in domestic market. Therefore, please send us catalogues for your Control Units together with price list.

As for our financial standing, please refer to Seoul Bank, Yangjae Branch in Seoul, Korea.

Your favorable reply would be appreciated.

Best regards,
MaeHa Koo, Trade team
Global Inc
XX, Nonhyeon-Ro 5gil, KangNam-Ku,
Seoul, Republic of Korea
Tel. : +82-10-4XXX-7XXX, e-mail : mhkoo@global.co.kr

SECTION 3

6 거래제의를 수락하는 서신을 받았습니다

가대리 거래제의를 수락하는 이메일 서신 예문을 살펴보도록 합시다.

예 문

① 거래제의 수락 서신

From : Shigeru Tamura

To : MaeHa Koo

Sent : March 30, 2013

Subject : Acceptance of your Business Proposal

Global Inc
XX, Nonhyeon-Ro 5gil, KangNam-Ku,
Seoul, Republic of Korea

Attn. : Mr. MaeHa Koo, Trade team

Dear Mr. Koo,
We thank you very much for your e-mail dated March 22, 2013 in which you proposed to open an account with us.

We are glad to learn that you are interested in importing our Control Units. As you requested, we are pleased to send you our catalogues with price list by air parcel post.

The Catalogues and price list will give you details of the products you may be interested in. If there is any other information you may need, please let us know.

We look forward to your favorable reply at your earliest convenience.

Best regards,
Shigeru Tamura
Asake Works Co., Ltd.
3-△-△, Minami-Shinagawa, Shinagawa-Ku,
Tokyo 140-0004 Japan
Tel No. : (03)1234-5678, e-mail : stamura@asake.co.jp

포인트 설명
open an account with~ : ~와 거래를 개시하다
We are glad to learn that~ : ~라는 소식에 접하여 반갑다.
by air parcel post : 항공소포우편으로
details of the products : 제품에 관한 자세한 내용
If there is any other information you may need : 이 밖에 필요한 정보가 있으시다면
please let us know. : 알려주십시오.
favorable reply : 반가운 소식
at your earliest convenience : 가급적 조속히

② **한글 번역** – 거래제의 수락 서신

제목 : **거래제의 수락**

우리는 귀사가 당사와의 거래를 제안하는 2013년 3월 22일자 이메일에 대해 감사를 드립니다.

우리는 귀사가 당사의 컨트롤 유니트를 수입하는 데 관심을 가지고 있다는 소식에 접하여 반갑습니다. 귀사의 요청에 따라 우리는 기쁜 마음으로 카탈로그와 가격표를 항공소포우편으로 귀사에 보냅니다.

그 카탈로그와 가격표는 귀사에서 관심을 가진 제품에 관한 자세한 내용을 제공할 것입니다. 만약 이 밖의 다른 정보가 필요하다면 연락주시길 바랍니다.

가급적 조속히 반가운 소식을 기다립니다.

SECTION 3

7 국내시장조사

구매하 거래제의에 대한 수락회신을 받았습니다. 다음은 무엇을 해야 합니까?

가대리 그 회사의 자료를 바탕으로 국내시장조사를 해야 합니다.

국내시장조사

거래제의를 수락한 회사로부터 수령한 상품에 대한 정보 및 가격을 바탕으로 국내시장조사(Domestic Market Survey)를 합니다.

시장조사에서 중요한 사항은 시장의 규모, 거래관행, 수입에 따른 법적 규제를 확인하는 일입니다.

① 수입에 따른 법적 규제의 확인

- 수입을 제한하는 수입승인(인 · 허가)품목 여부
- 수입승인품목인 경우 수입요건을 충족할 수 있는지 여부
- 특별법의 규제를 받는 경우 그 요건충족 가능 여부
- 해당 품목에 대한 국내 인증 조사 및 취득 가능 여부 확인

② 시장성의 확인

- 해당 수입상품의 한국시장 적합성 조사
- 적합하지 않을 경우 시장에 맞게 품질 또는 사양 변경 가능성 여부
- 가격 경쟁력 조사

- 샘플에 대한 반응조사

③ **유통루트 검토**

- 도매상 경유 소매상에 상품 유통
- 대형 소매점에 직접 판매
- 소비자에게 직접 판매
- 인터넷 쇼핑몰 등을 활용한 통신판매
- 기존 판매루트 활용

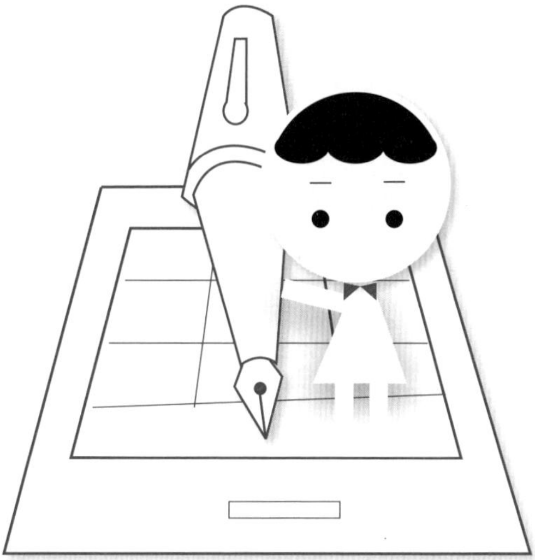

SECTION 3

8 해외거래처 신용조사 의뢰 서신을 작성합니다

구매하 국내시장조사를 마쳤습니다.

가대리 그렇다면 다음은 해외거래처에 대한 신용조사를 의뢰합니다.

1 해외거래처 신용조사

신용조사의 내용 및 방법은 앞 **SECTION**에서 설명한 것을 참조로 하면 됩니다. 다만, 조사내용에서 수입 비즈니스임을 감안해서 불성실한 공급처는 아닌지, 안정적인 공급을 받을 수 있는지, 각종 에프터서비스를 기대할 수 있는지 등에 관련한 사항들에 대해 조사할 필요가 있습니다.

2 예 문

① **한글 문안** – 해외거래처 신용조사 의뢰 서신

제목 : **신용조사 의뢰**

최근에 당사가 Asake Works. Co., Ltd.에 거래를 제안했으며, 그 회사는 귀사를 참조처로 알려왔습니다.
우리는 이 회사의 신용상태, 업계에서의 지위, 평판에 관해서 귀사의 경험을 우리에게 제공해 주시면 감사하겠습니다.
귀사가 제공하는 어떤 정보도 극비로 부칠 것이며, 이에 보답하겠습니다.
귀사의 회신을 기다립니다.

포인트 설명
~에게 거래를 제안하다 : propose to open an account with~
귀사를 참조처로 알려왔습니다. : We received your name as a reference.
업계에서의 지위, 평판 : the status, reputation in the business world
우리에게 제공해 주시면 감사하겠습니다. : We would appreciate it if you could provide us with
극비로 부치다 : be held in strict confidence
이에 보답하겠습니다. : We will be happy to reciprocate.

② **영어 번역** – 해외거래처 신용조사 의뢰 서신

From : MaeHa Koo
To : Shinji Takeo
Sent : April 15, 2013
Subject : Request for Credit Information

Dear Sirs,
We have recently proposed to open an account with Asake Works. Co., Ltd. and received your name from them as a reference.

We would appreciate it if you could provide us with your own experiences with this company about credit standing, the status, reputation in the business world.

Any information you may give us will be held in strict confidence, and we will be happy to reciprocate.

Looking forward to your reply soon.

Best regards,
MaeHa Koo, Trade team
Global Inc
XX, Nonhyeon-Ro 5gil, Kangnam-Ku,
Seoul, Republic of Korea
Tel. : +82-10-4XXX-7XXX, e-mail : mhkoo@global.co.kr

SECTION 3

9 정식으로 오퍼를 요청하는 서신을 작성합니다

구매하 거래처에 대한 신용조사도 완료했습니다.

가대리 (주)아사케 제작소에 정식으로 오퍼를 요청하는 서신을 보내도록 합니다.

1 오퍼 요청 서신 작성 요령

정식으로 오퍼를 요청하는 서신을 다음과 같은 내용의 구성으로 작성합니다.

① 서 두

서두인사를 하고, 협력에 대한 감사인사를 명기합니다.

② 본 문

희망하는 오퍼의 내용을 명기합니다(제품번호, 수량, 희망납기, 무역조건 등). 경쟁력 있는 가격일 경우 즉시 주문할 수 있음을 명기합니다. 경우에 따라서는 국내시장상황에 관해 간략히 설명합니다.

③ 끝맺음

반가운 소식을 기다린다는 것을 명기합니다.

2 예 문

① 한글 문안 – 오퍼 요청 이메일 서신

제목 : **오퍼 요청**

우리의 거래제의를 수락하는 귀사의 이메일을 받아서 기쁩니다.
우리는 아래 내용에 따라서 컨트롤 유니트(CU-234)에 대한 귀사의 오퍼를 요청합니다.

수량 : 150세트
무역조건 : CIF Busan port, Korea
납기 : 신용장 수령 후 3개월 이내
대금지불조건 : 취소불능 일람불신용장

귀사의 가격이 경쟁력 있고, 제품이 영업하기에 알맞으면 대량으로 주문하겠습니다.
따라서 최선의 가격과 조건으로 오퍼를 보내주시면 대단히 감사하겠습니다.
귀사의 빠른 회신을 기다립니다.

포인트 설명
~을 받아서 기쁩니다 : be glad to receive~
아래 내용에 따라서 : in accordance with followings
제품이 영업하기에 알맞으면 : your goods suit our trade
대량으로 주문하다 : give you large orders
최선의 가격과 조건으로 : showing your best prices and terms
보내주시면 대단히 감사하겠습니다. : be very grateful if you provide

② **영어 번역** – 오퍼 요청 이메일 서신

From : MaeHa Koo
To : Shigeru Tamura
Sent : April 23, 2013
Subject : Request for Offer of Control Unit(CU-234)

Dear Mr. Tamura,
We are glad to receive your e-mail that our proposal is acceptable to you.

We would like to ask your offer for Control Unit(CU-234) in accordance with followings;

Quantity : 150sets
Trade terms : CIF Busan port, Korea
Delivery : within three(3) months after the receipt of L/C.
Payment terms : by an irrevocable L/C at sight

If your prices are competitive and your goods suit our trade, we shall be able to give you large orders. Therefore, we shall be very grateful if you provide us your offer, showing your best prices and terms.

We look forward to receiving your reply soon.

Best regards,
MaeHa Koo, Trade team
Global Inc
XX, Nonhyeon-Ro 5gil, Kangnam-Ku,
Seoul, Republic of Korea
Tel. : +82-10-4XXX-7XXX, e-mail : mhkoo@global.co.kr

SECTION 3

10 오퍼에 관한 서신을 받았습니다

구매하  일본 (주)아사게 제작소로부터 오퍼가 왔습니다.

가대리  가격과 조건을 신중하게 검토한 후 우리의 조건에 맞지 않으면 카운터 오퍼를 합니다.

예 문

① 이메일 서신으로 받은 오퍼

From : Shigeru Tamura
To : MaeHa Koo
Sent : April 26, 2013
Subject : Offer for Control Units(CU-234)

Dear Mr. Koo,
In accordance with your request by e-mail dated April 23, 2013, we are pleased to offer you as follows, subject to your reply reaching us by May 10, 2013.

Item & Description : Control Units(CU-234)
Quantity : 150sets
Unit price : CIF Busan port, Korea US$67.00
Amount : CIF Busan port, Korea US$10,050.00
Shipment : within four(4) months after our receipt of L/C
Payment terms : by an irrevocable L/C at sight in our favor.
Inspection : manufacturer's inspection to be final

Packing : export standard packing
Origin : Japan

This is the best offer we can make at present and we trust that you will accept this offer without loss of time.

Thank you for your attention to the above offer in advance and looking forward to hearing your favorable reply.

Best regards,
Shigeru Tamura
Asake Works Co., Ltd.
3-△-△, Minami-Shinagawa, Shinagawa-Ku,
Tokyo 140-0004 Japan
Tel No. : (03)1234-5678, e-mail : stamura@asake.co.jp

포인트 설명
in accordance with~ : ~에 따라서
subject to your reply reaching us : 회신이 우리에 도착하는 것을 조건으로
within four(4) months after our receipt of L/C : 신용장 수령 후 4개월 이내
manufacturer's inspection to be final : 제조사 검사를 최종으로 간주
best offer we can make at present : 현재의 시점에서 우리가 할 수 있는 최선의 가격
without loss of time : 지체 없이, 즉각

② **한글 번역** – 이메일 서신으로 받은 오퍼

제목 : **컨트롤 유니트 오퍼**

2013년 4월 23일자 귀사의 이메일 요청에 따라서 2013년 5월 10일까지 귀사의 회신이 우리에게 도착하는 것을 조건으로 아래와 같이 오퍼를 합니다.

품명 : Control Units(CU-234)

수량 : 150세트

단가 : CIF 부산항 67달러

합계 금액 : CIF 부산항 10,050달러

선적 : 신용장 수령 후 4개월 이내

결제조건 : 취소불능 일람불신용장

검사 : 제조사 검사를 최종으로 간주

패킹 : 수출용 표준 패킹

원산지 : 일본

이 오퍼는 현재의 시점에서 우리가 할 수 있는 최선의 가격이며, 우리는 귀사가 즉각 이 오퍼를 수락할 것이라 믿습니다.

귀사의 관심에 감사드리며 귀사의 호의적인 회답을 기대합니다.

오퍼 샘플

ASAKE WORKS CO., LTD.

3−△−△, Minami−Shinagawa, Shinagawa−Ku,
Tokyo 140−0004 Japan
Tel No. : (03)1234−5678
e−mail : stamura@asake.co.jp

OFFER

① Messrs.
Global Inc
XX, Nonhyeon−Ro 5gil, Kangnam−Ku,
Seoul, Republic of Korea

② Date : April 26, 2013
③ Offer No. : AG 0426

Gentlemen ;

We have the pleasure offer you the following goods on the terms and conditions hereinafter set forth

④ Terms of payment : By an irrevocable Letter of Credit at sight.
⑤ Time of Shipment : Within four(4) months after receipt of L/C
⑥ Packing : Manufacturer's standard export packing.
⑦ Time of validity : Until May 10, 2013
⑧ Origin : Japan
⑭ Remarks : Manufacturer's inspection to be final

⑨ Item No.	⑩ Commodity & Description	⑪ Quantity	⑫ Unit Price	⑬ Amount
			CIF Busan port, Korea in U.S. Dollars	
	Control Unit(CU−234)	150sets	US$67.00	US$10,050.00
	Total Amount : CIF Busan port, Korea			US$10,050.00

Very truly yours,

ASAKE WORKS CO., LTD.
(Signature)
Shigeru Tamura

오퍼 샘플 – 한글 번역

ASAKE WORKS CO., LTD.

3–△–△, Minami–Shinagawa, Shinagawa–Ku,
Tokyo 140–0004 Japan
Tel No. : (03)1234–5678
e–mail : stamura@asake.co.jp

오 퍼

① 바이어명 및 주소
Global Inc
XX, Nonhyeon–Ro 5gil, Kangnam–Ku,
Seoul, Republic of Korea

② 발행일 : April 26, 2013
③ 오퍼번호 : AG 0426

여러분께,
당사는 아래에 명기한 거래조건에 따라 하기의 상품을 귀사 앞으로 오퍼를 제출합니다.

④ 지불조건 : 취소불능의 일람불 신용장
⑤ 선적시기 : 신용장 수령 후 4개월 이내
⑥ 포장 : 제조회사의 표준 수출포장
⑦ 유효기한 : 2013년 5월 10일까지
⑧ 원산지 : 일본
⑭ 비 고 : 제조사 검사가 최종임

⑨ 품번	⑩ 상품명세	⑪ 수량	⑫ 단가	⑬ 총액
			CIF Busan port, Korea in U.S. Dollars	
	Control Unit(CU–234)	150sets	US$67.00	US$10,050.00
	Total Amount : CIF Busan port, Korea			US$10,050.00

Very truly yours,

ASAKE WORKS CO., LTD.
(서명)
Shigeru Tamura

SECTION 3

11 카운터 오퍼를 제시하는 서신을 작성합니다

구매하 오퍼 검토 결과, 가격이 비싸고 납기도 4개월로 늦는데요.

가대리 그렇다면 카운터 오퍼를 제시하는 서신을 보냅니다.

1 카운터 오퍼 서신 작성 요령

카운터 오퍼를 제시하는 서신을 다음과 같은 내용의 구성으로 작성합니다.

① **서 두**

서두인사를 하고, 협력에 대한 감사의 인사를 명기합니다.

② **본 문**

카운터 오퍼의 내용 및 그 이유에 관해 명확히 명기합니다. 가능하다면 당사의 카운터 오퍼를 수락할 경우 즉시 주문한다는 의향을 기재하는 것도 좋습니다.

③ **끝맺음**

반가운 소식을 기다린다는 것을 명기합니다.

2 예문

① 한글 문안 – 카운터 오퍼 이메일 서신

제목 : **카운터 오퍼**

귀사의 협력에 감사드립니다.
귀사의 4월 26일자 오퍼를 검토한 결과로서 우리는 다음과 같이 카운터 오퍼를 연락합니다.

· 귀사의 가격이 당지의 시장에서 경쟁력이 충분하지 않으며, 따라서 가격을 4% 디스카운트 해주도록 요청합니다.
· 납기가 너무 늦습니다. 3개월로 단축해주시길 바랍니다.

귀사가 우리의 제안을 받아들인다면 즉시 주문할 것입니다. 우리의 카운터 오퍼를 적극적으로 검토해서 귀사의 입장을 알려주시길 바랍니다.
가능한 한 빨리 귀사의 호의적인 회신을 기다립니다.

포인트 설명
검토한 결과로서 : As the result of our study
경쟁력이 충분하지 않다 : be not competitive enough for
4% 디스카운트 해주도록 요청하다 : give us discount of 4% off the price
너무 늦다 : be too late
단축하다 : shorten
제안을 받아들이다 : agree to our proposal
주문할 것이다 : be prepared to make our order
~를 적극적으로 검토하다 : study~ positively
귀사의 입장 : your situations
가능한 한 빨리 : as soon as possible

② **영어 번역** – 카운터 오퍼 이메일 서신

From : MaeHa Koo
To : Shigeru Tamura
Sent : April 28, 2013
Subject : Counter Offer

Dear Mr. Tamura,
Thank you very much for your cooperation.

As the result of our study on your offer dated April 26, 2013, we would like to inform you our counter offer as follows;

- Your price is not competitive enough for the market here. We would, therefore, ask you to discount your price at four percent.
- Time of shipment for the products is too late. Please shorten the time of shipment to three(3) months.

If you can agree to our proposal, we are prepared to make our order immediately. Please study our counter offer positively and inform us of your situations.

We look forward to your favorable reply as soon as possible.

Best regards,
MaeHa Koo, Trade team
Global Inc
XX, Nonhyeon-Ro 5gil, Kangnam-Ku,
Seoul, Republic of Korea
Tel. : +82-10-4XXX-7XXX, e-mail : mhkoo@global.co.kr

SECTION 3

12 카운터 오퍼에 대한 회신을 받았습니다

구매하 카운터 오퍼에 대한 회신을 받았습니다.

가대리 회신을 검토한 후 조건이 맞는지 검토합니다.

예 문

① 카운터 오퍼에 대한 이메일 회신

From : Shigeru Tamura
To : MaeHa Koo
Sent : May 7, 2013
Subject : Reply of your Counter Offer

Dear Mr. Koo,
We thank you very much for your cooperation.

We carefully reviewed your counter offer dated April 28, 2013 by e-mail, and now we would inform you of our situation as follows,

· About price discounts, 4% off the price you requested could not accept it. But the cooperation with your company for market development, taking into account we will give 3% discount on the price.
· About time of shipment, we accept your proposal that shorten the time of shipment to three(3) months.

Please kindly note that we have specially accepted your request solely because we wish to make this the forerunner of many future orders from you.

We hope you will send us your formal order by return as soon as possible.

Best regards,
Shigeru Tamura
Asake Works Co., Ltd.
3-△-△, Minami-Shinagawa, Shinagawa-Ku,
Tokyo 140-0004 Japan
Tel No. : (03)1234-5678, e-mail : stamura@asake.co.jp

포인트 설명
carefully : 신중하게
4% off the price : 4% 가격 디스카운트
taking into account~ : ~을 고려해서
make this the forerunner of~ : 첫 비즈니스를 만들다

② 한글 번역 - 카운터 오퍼에 대한 이메일 회신

제목 : **카운터 오퍼 수락**

귀사의 협력에 감사드립니다.
우리는 2013년 4월 28일자 이메일로 보낸 귀사의 카운터 오퍼를 신중하게 검토했습니다. 그리고 다음과 같이 우리의 입장을 귀사에 연락합니다.

· 가격 디스카운트에 관해서, 귀사에서 요청한 4%의 디스카운트는 받아들일 수 없습니다. 귀사와 협력해서 시장 개척을 하는 것을 고려해서 3% 디스카운트를 해드릴 수 있습니다.
· 선적시기에 관해서, 우리는 선적시기를 3개월로 단축해 달라는 귀사의 요청을 받아들입니다.

우리는 귀사로부터 장래의 많은 주문을 받기 위한 첫 비즈니스를 만들기를 바라기 때문에 특별히 귀사의 요청을 받아들였으므로 알아주시기 바랍니다.

가능한 한 빨리 귀사의 정식 주문을 받기를 바랍니다.

SECTION 3

13 주문 및 계약

구매하　가격을 포함해서 오퍼 조건이 맞습니다.

가대리　그러면 주문서를 발행하고 계약을 체결합니다.

1 주문

주문(Order)은 주문서(Order Sheet 또는 Order)나 서신으로 하는 것이 일반적입니다. 주문서신(Order Letter)은 주문의 내용이 간단한 경우에 사용되며, 서신의 본문 중에 주문의 내용을 기재합니다.

주문 내용이 복잡한 경우 일정한 양식의 주문서에 주문 내용을 기입하고, 주문의 의사표시, 그 근거가 되는 사항 또는 기타 희망사항에 대해서 기재한 Covering Letter(설명서)에 첨부해서 보냅니다.

2 계약

계약(Contract)은 수출자가 보내온 오퍼를 수입자가 승낙(Accept)하거나 수입자가 보낸 주문을 수출자가 승낙(Acknowledge)함으로써 성립됩니다. 따라서 수입자는 주문을 하게 되면 수출자로부터 주문승낙서(Confirmation of Order, Acknowledge of Order)를 받아야 합니다.

계약의 유형은 다음의 세 가지 중에 하나를 이용하는 것이 일반적입니다.

① 수출자가 보낸 온 오퍼에 수입자가 승낙(Accept)하는 유형

② 수입자가 발행한 주문을 수출자가 승낙(Acknowledgement)하는 유형

③ 별도의 계약서를 작성하는 유형

별도의 계약서를 작성할 경우에 수입자가 수입계약서(Import Contract 또는 Purchase Contract)를 작성해서 수출자에게 보냅니다(수출자가 수출계약서를 작성해서 보내오는 경우도 있습니다). 계약서는 특별히 정해진 양식은 없지만, 계약서에는 반드시 기재해야 하는 항목들이 있으므로 유의해야 합니다.

계약서 양식을 이용할 경우에는 앞면(표면)에는 수입거래에 중요한 거래조건을 기재하고 뒷면(이면)에는 일반거래조건(General Terms and Conditions)이 인쇄되어 있습니다. 이 일반거래조건도 계약의 일부이므로 철저히 검토해야 합니다(89쪽 **SECTION 2**의 18 주문 및 계약 참조).

SECTION 3

14 주문의 서신을 작성합니다

가대리 주문 서신의 예문을 살펴보도록 합시다.

예 문

① **한글 문안** – 주문 서신

제목 : **주문서**

우리는 아래와 같이 귀사에 컨트롤 유니트를 주문합니다.

상품명 : Control Units(CU-234)
수량 : 150sets
단가 : CIF Busan port US$65.00
총액 : CIF Busan port US$9,750.00
납기 : 신용장 수령 후 3개월 이내
지불조건 : 취소불능의 일람불 신용장

이 주문은 귀사가 우리에게 보낸 2013년 5월 7일자 이메일 오퍼를 근거로 합니다.
이 주문에 대한 귀사의 확인을 기다립니다.

포인트 설명
주문하다 : place an order
아래와 같이 : as follows
단가 : unit price
총액 : total amount
~를 근거로 하다 : be based on~
확인(승인) : acknowledgement

② **영어 번역** - 주문 서신

From : MaeHa Koo
To : Shigeru Tamura
Sent : May 10, 2013
Subject : Purchase Order(No. GA-156)

Asake Works Co., Ltd.
3-△-△, Minami-Shinagawa, Shinagawa-Ku,
Tokyo 140-0004 Japan

Attn. : Mr. Shigeru Tamura

Dear Mr. Tamura,
We are pleased to place an order with you for Control Units as follows :

Commodity : Control Units(CU-234)
Quantity : 150sets
Price : CIF Busan port, Korea US$65.00
Total Amount : CIF Busan port, Korea US$9,750.00
Time of Shipment : within three(3) months after receipt of L/C
Terms of Payment : by an irrevocable L/C at sight.

This order is based on your offer by e-mail you sent us on May 7, 2013.

We are looking forward to your kind acknowledgement.

Best regards,
MaeHa Koo, Trade team
Global Inc
XX, Nonhyeon-Ro 5gil, Kangnam-Ku,
Seoul, Republic of Korea
Tel. : +82-10-4XXX-7XXX, e-mail : mhkoo@global.co.kr

15 주문서를 작성합니다

가대리 주문서의 샘플을 살펴보도록 합시다.

주문서 샘플

GLOBAL INC

XX, Nonhyeon-Ro 5gil, Kangnam-Ku,
Seoul, Republic of Korea

Tel. : +82-10-4XXX-7XXX
e-mail : mhkoo@global.co.kr

① Messrs.
Asake Works Co., Ltd.
3-△-△, Minami-Shinagawa,
Shinagawa-Ku, Tokyo Japan

② Order No. : GA-156
③ Date : May 10, 2013
④ Your Ref. No. :

PURCHASE ORDER

We, as Buyer, are pleased to place this order with you under the following terms and conditions ;
⑤ Payment : By an irrevocable Letter of Credit at sight.
⑥ Shipment : Within three(3) months after receipt of L/C
⑦ Destination : Busan port, Korea
⑧ Packing : Manufacturer's standard export packing.
⑨ Terms of Shipment : CIF Busan port, Korea
⑩ Maker : Asake Works Co., Ltd.
⑯ Remarks :

⑪ DESCRIPTION	⑫ Q'TY	⑬ U/PRICE	⑭ UAMOUNT	⑮ DELIVERY
Control Unit (CU-234)	150sets	US$65.00	US$9,750.00	

Very truly yours,

GLOBAL INC
(signature)
MaeHa Koo
Trade Team

GLOBAL INC

XX, Nonhyeon-Ro 5gil, Kangnam-Ku,
Seoul, Republic of Korea

Tel. : +82-10-4XXX-7XXX
e-mail : mhkoo@global.co.kr

① 수출회사명, 주소
Asake Works Co., Ltd.
3-△-△, Minami-Shinagawa,
Shinagawa-Ku, Tokyo Japan

② 주문번호 : GA-156
③ 발행일자 : May 10, 2013
④ 바이어 서류번호 :

주 문 서

바이어인 당사는 아래의 거래조건에 따라 귀사 앞으로 주문을 합니다.

⑤ 지불조건 : 취소불능의 일람불 신용장
⑥ 선적 : 신용장 수령 후 3개월 이내
⑦ 목적지 : 대한민국 부산항
⑧ 포장 : 제조사의 표준 수출포장
⑨ 선적조건 : 부산항까지 운임·보험료 포함 조건
⑩ 제조회사 : Asake Works Co., Ltd.
⑯ 비 고 :

⑪ 상품명세	⑫ 수량	⑬ 단가	⑭ 총액	⑮ 인도시기
Control Unit (CU-234)	150sets	US$65.00	US$9,750.00	

Very truly yours,

GLOBAL INC
(서명)
MaeHa Koo
Trade Team

SECTION 3

16 구매계약서를 작성합니다

가대리  구매 계약서 샘플을 살펴보도록 합시다.

구매(수입)계약서 샘플

GLOBAL INC
XX, Nonhyeon-Ro 5gil, Kangnam-Ku, Seoul, Korea
Tel : +82-10-4XXX-7XXX e-mail : mhkoo@global.co.kr

CONTRACT OF PURCHASE

㉑ GLOBAL INC, as Buyer hereby confirm the purchase from the under-mentioned Seller of the following goods(the "Goods") on the terms and conditions given below INCLUDING ALL THOSE PRINTED ON THE REVERSE SIDE HEREOF, which expressly agreed to, understood and made a part of this Contract ;

① SELLER'S NAME & ADDRESS Asake Works Co., Ltd. 3-△-△, Minami-Shinagawa, Shinagawa-Ku, Tokyo Japan		② DATE : May 15, 2013 ③ CONTRACT NO. : GA-444 ④ SELLER'S REF. NO. ⑤ BUYER'S REF. NO.	
⑥ DESCRIPTION	⑦ QUANTITY	⑧ UNIT PRICE	⑨ AMOUNT
Control Unit(CU-234)	150 sets	US$ 65.00	US$ 9,750.00
⑩ TOTAL	150 sets		US$ 9,750.00
⑪ PAYMENT : irrevocable Letter of Credit at sight		⑫ SHIPMENT : Within three(3) months after receipt of L/C	
⑬ PACKING : Manufacturer's standard export packing		⑭ INSPECTION : Manufacturer's inspection to be final	
⑮ INSURANCE : shall be borne by Seller		⑯ DESTINATION : Busan port, Korea	
⑰ PORT OF SHIPMENT : Yokohama port, Japan		⑱ TERMS OF SHIPMENT : CIF Busan port, Korea	
⑲ SPECIAL TERMS AND CONDITIONS :			

⑳ Accepted and confirmed by

(SELLER) ASAKE WORKS CO., LTD.
BY ________________
NAME
TITLE

(BUYER) GLOBAL INC
BY ________________
NAME
TITLE

㉒ (SEE GENERAL TERMS AND CONDITIONS ON REVERSE SIDE)

GLOBAL INC
XX, Nonhyeon-Ro 5gil, Kangnam-Ku, Seoul, Korea
Tel : +82-10-4XXX-7XXX e-mail : mhkoo@global.co.kr

구매계약

㉑ 바이어인 글로벌 아이엔씨는 아래에 언급한 셀러로부터 본 계약서 이면에 인쇄되어 있는 모든 조건을 포함해서 아래에 주어진 거래조건에 따라 아래 상품의 구매를 확인합니다. 이면의 거래조건은 본 계약의 일부로서 명시적인 동의 및 이해를 바탕으로 작성되었습니다.

<table>
<tr><td colspan="2" rowspan="4">① 수출자명 및 주소
Asake Works Co., Ltd.
3-△-△, Minami-Shinagawa,
Shinagawa-Ku, Tokyo Japan</td><td colspan="2">② 일자 : May 15, 2013</td></tr>
<tr><td colspan="2">③ 계약번호 : GA-444</td></tr>
<tr><td colspan="2">④ 수출자 참고서류번호 :</td></tr>
<tr><td colspan="2">⑤ 수이자 참고서류번호 :</td></tr>
<tr><td>⑥ 상품명세</td><td>⑦ 수량</td><td>⑧ 단가</td><td>⑨ 총액</td></tr>
<tr><td>Control Unit(CU-234)</td><td>150 sets</td><td>US$ 65.00</td><td>US$ 9,750.00</td></tr>
<tr><td>⑩ 합계</td><td>150 sets</td><td></td><td>US$ 9,750.00</td></tr>
<tr><td colspan="2">⑪ 지불조건 :
취소불능의 일람불 신용장</td><td colspan="2">⑫ 선작 :
신용장 수령 후 3개월 이내</td></tr>
<tr><td colspan="2">⑬ 포장 :
제조사 표준 수출포장</td><td colspan="2">⑭ 검사 :
제조사 자체 검사를 최종 검사로 함</td></tr>
<tr><td colspan="2">⑮ 보험 :
수출자 부담</td><td colspan="2">⑯ 목적지 :
대한민국 부산항</td></tr>
<tr><td colspan="2">⑰ 선적항 :
일본 요코하마항</td><td colspan="2">⑱ 선적조건 :
대한민국 부산항까지 운임 보험료 포함조건</td></tr>
<tr><td colspan="4">⑲ 특별조건 :</td></tr>
</table>

⑳ 승낙되고 확인함

(수출자) ASAKE WORKS CO., LTD.	(수입자) GLOBAL INC
BY ____________________	BY ____________________
성명	성명
직책	직책

㉒ (이면에 있는 일반거래조건을 참조바람)

SECTION 3

17 수입대금 송금 또는 신용장개설 의뢰

구매하 수입계약서까지 완료하였습니다. 그 다음은 무엇을 해야 합니까?

가대리 수입대금을 송금하든가 신용장개설을 의뢰해야 합니다.

1 수입대금 송금

계약에 따라 수입대금 결제조건이 선 송금인 경우에는 계약내용 또는 선적일정을 고려해서 거래은행에 대금송금을 의뢰합니다. 송금사실을 수출자에게 통보합니다.

2 신용장개설 의뢰

결제조건이 신용장조건일 경우에는 거래은행에 신용장개설을 의뢰합니다.

신용장개설을 위해서는 먼저 거래은행과 신용장개설 약정을 체결하고 신용장 금액의 한도를 받아야 합니다.

그런 후 계약 내용을 바탕으로 은행에 비치된 신용장개설 신청서를 작성하여 은행에 개설을 의뢰하면 은행은 신용장을 개설하고 그 복사본을 줍니다. 이때 신용장의 수익자(Beneficiary)는 수출자가 됩니다.

수입자는 복사본을 수령하면 검토해서 잘못된 내용이 있는지 확인하고 수출자에게 신용장개설 사실을 통지합니다.

신용장개설 시 구비서류

① 수입신용장 발행 신청서 및 담보차입증·신용장 거래 약정서

② 오퍼시트(Offer Sheet) 또는 견적송장(Proforma Invoice)

③ 보험증서(해상운송보험의 부보가 수입자인 경우)

3 신용장개설 방식

다음과 같은 방식이 있습니다.

우편에 의한 개설(mail credit)

신용장개설은행이 서명한 신용장 원본 및 사본 1부를 통지은행에 우편으로 발송하여 수익자에게 통지토록 하는 방식으로 거의 이용되지 않고 있습니다.

전신에 의한 개설(cable credit)

- **shot cable 방식** : 신용장이 개설되었다는 사실을 미리 전신으로 통지하고 신용장 원본은 우편으로 발송하는 방식입니다.
- **full cable 방식** : 신용장 내용을 모두 전신으로 통지하는 방식입니다.

SWIFT 방식에 의한 개설

세계은행 간 금융데이터 통신협회(SWIFT)의 시스템을 이용한 전송방식으로 SWIFT에 가입한 국가 간에는 대부분 이 방식을 이용하고 있습니다. 우리나라도 1992년부터 이용하고 있습니다.

SECTION 3

18 수입대금 송금 통보 서신을 작성합니다

가대리 수입대금 송금 통보 서신 예문을 소개합니다.

예 문

① **한글 문안** – 수입대금 송금 통보 서신

제목 : **물품대금 송금**

귀사의 협조에 감사드립니다.

계약(번호 GA-444) 조건에 따라 수입 물품대금 9,750달러를 오늘 전신환으로 귀사 지정의 은행 계좌로 송금했으므로 연락드립니다.

귀사의 수령확인 부탁드립니다.

포인트 설명
물품대금 : goods price, Contract Amount of Goods(Control Units)
계약서 조건에 따라 : in accordance with the terms and conditions of Contract
전신환으로 송금하다 : remit by telegraphic transfer
귀사 지정의 은행 계좌 : bank account designated by you
수령 확인 : confirmation of receipt

② **영어 번역** – 수입대금 송금 통보 서신

From : MaeHa Koo

To : Tamura

Sent : May 20, 2013

Subject : Remittance for Contract Amount of Control Units

Dear Mr. Tamura,

Thank you very much for your cooperation.

In accordance with the terms and conditions of Contract(No. GA–444) for Control Units, we are pleased to remit Contract Amount(USD9,750.00) to your bank account by telegraphic transfer on May 20, 2013.

Therefore, please let us know your receipt as soon as you check your bank account.

Your kind confirmation would be appreciated.

Best regards,

MaeHa Koo, Trade team

Global Inc

XX, Nonhyeon–Ro 5gil, Kangnam–Ku,

Seoul, Republic of Korea

Tel. : +82–10–4XXX–7XXX, e–mail : mhkoo@global.co.kr

SECTION 3

19 수입신용장발행 신청서를 작성합니다

구매하 수입신용장발행 신청서는 어떻게 작성합니까?

가대리 각 은행은 자행의 수입신용장발행 신청서 양식이 있습니다.
그 신청서 양식을 작성하여 해당 은행에 신청합니다.

1 수입신용장발행 신청서

수입신용장발행 신청서(Application for Irrevocable Documentary Credit)는 은행마다 조금씩 다른 자행의 양식을 가지고 있습니다. 그 신청서를 작성하여 해당 은행에 수입신용장발행을 신청합니다.

수입신용장발행 신청서는 인쇄된 것을 비치하고 있지만, 온라인(On-line) 신청을 위해 온라인 신청서도 준비되어 있으므로 그것을 이용해서 신청하는 것도 가능합니다.

2 기재 항목에 대한 설명

각 항목에 대한 기재 요령은 다음과 같습니다(199쪽 취소불능화한신용장발행 신청서 참조).

① **외환거래점** : 해당지점을 기재

② **신용장번호** : 은행에서 기재, 용도코드는 은행에 문의해서 기재

③ SWIFT CODE : 기재하지 않아도 됩니다.

④ Advising Bank : 통지은행 기재

⑤ Applicant : 신용장개설 신청인의 회사명 기재

⑥ Beneficiary : 신용장 수익자의 회사명 및 주소 기재

⑦ Amount : 신용장개설 금액 및 통화단위를 기재

⑧ Credit Amount Tolerance : 신용장 물품의 수량이나 금액관련 과부족을 허용할 경우 오차범위를 기재

⑨ Date and Place of Expiry : 신용장 유효기일 및 장소

⑩ Latest Date of Shipment : 선적기일 기재

⑪ Draft at··· : 지급조건 선택

⑫ Documents Required : 요구서류

■ Full set of clean on board ocean bill of lading ~ (선하증권, 해상운송 시 선택) : 무사고 본선적재 해양 선하증권 풀세트(원본 3부)

- the order of ○○bank~ : ○○bank를 수하인으로 하라는 의미

- freight를 (□collect / □prepaid) 선택

□ Airway Bills~ (항공운송장, 항공운송 시에 선택)

■ Insurance policy or certificates in duplicate~ (보험증권 2부)

■ Signed Commerce Invoice in Triplicate(서명한 상업송장 원본 3부)

■ Packing List in Triplicate(포장명세서 원본 3부)

□ Other Document : 기타 서류(있을 경우에 명기)

⑬ Description of goods and/or services : 상품에 관한 명세

Country Origin : 원산지를 기재함

Price Terms : 가격조건과 장소를 기재

Commodity Description : 상품명세(공간이 부족한 경우 주문서를 첨부할 수 있음)

⑭ Port of Loading / Airport : 선적항 또는 공항

Port of Discharge / Airport : 도착할 항구 또는 공항

⑮ Place of Taking in Charge : 화물수령지

Place of Final destination : 최종목적지

⑯ Partial Shipment(분할선적) : 선택(□Allowed(허용) ■Prohibit(금지))

⑰ Transshipment(환적) : 선택(□Allowed(허용) ■Prohibit(금지))

⑱ Confirmation Instructions(확인은행 여부) : without(없음)

Confirmed L/C일 경우에 수신은행(receiving bank) 앞 확인에 대한 지시사항을 기입

- CONFIRM : 수신은행에 신용장의 확인을 요청한다.
- MAY ADD : 수신은행에 신용장의 확인을 허용한다.
- WITHOUT : 수신은행에 신용장의 확인을 요청하지 않는다.

⑲ Transferable(양도) : 양도신용장일 경우 선택을 기재합니다.

⑳ Charges(수수료) : 수입국 이외에서 발생하는 모든 은행 수수료는 수익자 부담, ■Beneficiary를 선택

㉑ Additional Conditions(추가조건) : 있을 경우에 명기함

취소불능화한신용장발행 신청서 샘플

(Application for Irrevocable Documentary Credit)

To : ○○은행

외환거래점 ①	○○은행 양재지점	신청일자	2013. 5.18.
신용장번호 ②		용도코드	
SWIFT CODE ③			
Advising Bank ④	TOKYO BANK, JAPAN		
Applicant ⑤	Global Inc		
Beneficiary ⑥	Asake Works Co., Ltd. 3-△-△, Minami-Shinagawa, Shinagawa-Ku, Tokyo Japan		

32B	AMOUNT ⑦	US$ 9,750.00
39A	Credit Amount Tolerance ⑧	more ( )% / Less ( )%
31D	Date and Place of Expiry ⑨	August 30, 2013
44C	Latest Date of Shipment ⑩	August 20, 2013
42C	Draft at... ⑪	■At sight □Reimbursement(상환방식) □Remittance(송금방식) □Usance : □Banker's □Shipper's ( )
46A	Document Required ⑫	■Full set of clean on board ocean bill of lading made out to the order of ○○bank and blank endorsed, marked freight (□collect / ■prepaid) and Notify (applicant), □Airway bills consigned to ○○bank marked freight (□collect / □pre-paid) and Notify ( ) indicating Credit No. ■Insurance policy or certificates in duplicate, endorse in blank for 110 percent of the Invoice value, stipulating that claims are payable in the currency of the draft and also indicating a claim-setting agent in Korea covering institute cargo clauses ((all risk) including War and SRCC risks.) ■Signed Commerce Invoice in (Triplicate) ■Packing List in (Triplicate) ■Other Documents : Certificate of Origin in Triplicate
45A	Description of goods and/or services ⑬	Country of Origin : (Japan) Price Terms (CIF Busan port, Korea) Commodity Description : (Control Unit (CU-234) 150 sets)

Port of Loading / airport ⑭	Yokohama port, Japan	Port of Discharge / Airport	Busan port, Korea
Place of Taking in Charge ⑮		Place of Final destination	

43P	Partial Shipments ⑯	□Allowed ■Prohibit
43T	Transhipment ⑰	□Allowed ■Prohibit
49	Confirmation Instructions ⑱	(without) Confirmation charge is for account of □Bneficiary □Prohibited
Transferable ⑲		□Allowed (Transfering Bank : 〈 〉) Documents must be presented within (7)days after the date of shipment but within the expiry date of this Credit.
71B	Charges ⑳	All banking charges outside Korea are for account of (■Beneficiary □Applicant □Other)
47A	Additional Conditions ㉑	□Late presentation(Stale) B/L acceptable □T/T Reimbursement : □Allowed □Prohibited ■The number of this Credit must be indicated in all documents □Other conditions

위와 같이 신용장 발행을 신청함에 있어서 따로 제출한 외국환 거래약정서의 해당조한을 따를 것을 확약하며,
아울러 위 수입물품에 관한 모든 권리를 귀행에 양도하겠습니다. 인감 및 원본확인
(THIS CREDIT IS SUBJECT TO THE ICC UCP600)

승인신청번호 : ( ) 주 소 :
고 객 번 호 : ( ) 신청인 : (인)

접수번호 : ( ) ○○은행

취소불능화환신용장발행 신청서 샘플 – 한글 번역
(Application for Irrevocable Documentary Credit)

To : ○○은행

외환거래점 ①	○○은행 양재지점	신청일자	2013. 5.18.
신용장번호 ②		용도코드	
SWIFT CODE ③			
Advising Bank ④	일본 도쿄은행		
Applicant ⑤	Global Inc		
Beneficiary ⑥	Asake Works Co., Ltd. 3-△-△, Minami-Shinagawa, Shinagawa-Ku, Tokyo Japan		

32B	금액 ⑦	US$ 9,750.00
39A	수량 또는 금액 과부족 용인여부 ⑧	more ( )% / Less ( )%
31D	유효기일 및 장소 ⑨	August 30, 2013
44C	선적일 ⑩	August 20, 2013
42C	지급조건…… ⑪	■일람불 □Reimbursement(상환방식) □Remittance(송금방식) □기한부 : □Banker's □Shipper's ( )
46A	요구서류 ⑫	■○○은행이 수하인이고 백지이서가 되어 있고 도착 통지처로 신용장 발행 의뢰인의 회사명 및 주소가 기재되어 있고 운임선불이라는 것과 지시식 무사고 본 선적재 해양 선하증권 원본 풀 세트(3부) □신용장 번호가 기재되고 ○○은행이 수하인이고 운임(□도착불/□선불)이 표시되고 통지처가 ( )로 명기된 항공화물운송장 ■보험증권 또는 증서는 원본 2통으로 하고, 백지 이서하고, 상업송장 금액의 110%의 금액을 부보하며, 환어음 통화와 같은 금액의 청구가 가능 명시하고, 또한 한국 대리점에 청구가 가능하도록 표시해야 한다. 보험 부보조건은 전쟁 위험 및 동맹파업을 포함하는 전위험담보조건으로 부보해야 한다. ■서명한 상업송장 (원본 3부) ■패킹리스트 (원본 3부) ■기타 서류 : 원산지 증명 3부
45A	상품에 관한 명세 ⑬	원산지국 : (Japan) 가격조건 (CIF Busan port, Korea) 상품명세 : (Control Unit (CU-234) 150 sets)

서적항 / 공항 ⑭	Yokohama port, Japan	하역항 / 공항	Busan port, Krea
화물수령장소 ⑮		최종목적지	

43P	분할선적 ⑯	□허용 ■금지
43T	환적 ⑰	□허용 ■금지
49	확인은행 여부 ⑱	(없음) 있을 경우 확인 수수료의 부담자 선택 □Bneficiary □Prohibited
양도 ⑲		□허용 (양도은행 : 〈 〉) 모든 서류는 선적일로부터 7일 이내에 제시되어야 하며, 이 신용장의 유효기한을 넘기지 않아야 한다.
71B	수수료 ⑳	대한민국 이외에서 발생하는 모든 은행 수수료의 부담은(■수익자 □신청자 □제삼자)
47A	추가조건 ㉑	□날짜가 지나간 B/L의 수락 여부 □T/T Reimbursement : □허용 □금지 ■모든 서류에는 신용장 번호가 기재되어야 한다. □기타조건 :

위와 같이 신용장 발행을 신청함에 있어서 따로 제출한 외국환 거래약정서의 해당조한을 따를 것을 확약하며,
아울러 위 수입물품에 관한 모든 권리를 귀행에 양도하겠습니다. 인감 및 원본확인
(THIS CREDIT IS SUBJECT TO THE ICC UCP600)

승인신청번호 : ( ) 주 소 :
고 객 번 호 : ( ) 신청인 : (인)

접수번호 : ( ) ○○은행

SECTION 3

20 신용장개설을 통지하는 서신을 작성합니다

가대리 신용장개설을 통지하는 서신 예문을 살펴보도록 합시다.

예 문

① **한글 문안** – 신용장개설을 통지하는 서신

제목 : **신용장개설통지**

귀사의 협력에 감사드립니다.

계약(번호 GA-444) 조건에 따라 신용장을 다음과 같이 개설하였으므로 연락합니다.

신용장 번호 : LK 192837

신용장 금액 : 9,750달러

선적일 : 2013년 8월 20일

종료일 : 2013년 8월 30일

개설은행 : 서울은행

통지은행 : 일본 도쿄은행

통지은행에서 신용장을 수령하면 확인바랍니다.

감사합니다.

포인트 설명
통지하다 : advise
개설하다 : establish, issue
선적일 : shipping date
종료일 : expiry date
개설은행 : opening(or issuing) bank
통지은행 : advising(or notifying) bank

② **영어 번역** – 신용장개설을 통지하는 서신

From : MaeHa Koo
To : Tamura
Sent : May 21, 2013
Subject : Advise of L/C establishment

Dear Mr. Tamura,
Thank you for your cooperation.

In accordance with terms and conditions of Contract(No. GA-444), we are pleased to advise of L/C establishment as follows.

L/C No. : LK 192837
L/C amount : USD9,750.00
Latest shipping date : August 20, 2013
Expiry date : August 30, 2013
Opening bank : Seoul Bank
Advising bank : Tokyo Bank, Japan

Therefore, please check your bank and inform us of your receipt of L/C.

We look forward to your reply.

Best regards,
MaeHa Koo, Trade team
Global Inc
XX, Nonhyeon-Ro 5gil, Kangnam-Ku,
Seoul, Republic of Korea
Tel. : +82-10-4XXX-7XXX, e-mail : mhkoo@global.co.kr

SECTION 3

21 수입상품 선적 전 준비사항 및 선적일정 확인

구매하: 신용장을 개설하고 통지까지 마쳤습니다.

가대리: 그 다음은 상품수령을 위한 사전준비를 합니다.
그리고 선적일정을 확인합니다.

1 수입상품 선적 전 준비사항

신용장을 개설한 후 선적일까지 수입자는 다음과 같은 사전준비를 합니다.

① 수입상품 결제대금을 준비합니다.

② 수입통관에 문제가 없는지 확인하고 문제의 여지가 있을 경우 사전에 조치를 취합니다.

③ 수입상품의 국내 판매를 위해 특별법의 규제를 받는다든가 아니면 인증이 필요한 경우 사전에 조치를 취합니다.

④ 사전 마케팅 및 영업을 합니다.

2 선적일정 확인

계약내용에 따라 선적일이 가까워오면 수출자에게 선적일정에 관해 확인합니다. FOB 조건의 경우에는 수입자가 선박을 예약해야 하므로 수출자로부터 선적가능시기 및 선복(ship's space)예약에 필요한 항목(총중량, 용적 등)을 확인해야 합니다.

SECTION 3

22 선적일정을 확인하는 서신을 작성합니다

가대리 선적일정을 확인하는 서신의 예문을 살펴보도록 합시다.

예 문

① **한글 문안** – 선적일정을 확인하는 서신

제목 : **선적일정 확인**

귀사의 협력에 감사드립니다.

당사의 오더(번호 GA-156)에 대한 선적일정을 알려주시길 바랍니다.

귀사의 빠른 회답을 기다립니다.

포인트 설명
협력 : cooperation
선적일정 : shipping schedule
알리다 : inform

② **영어 번역** – 선적일정을 확인하는 서신

From : MaeHa Koo

To : Shigeru Tamura

Sent : August 7, 2013

Subject : confirmation of shipping schedule

Dear Mr. Tamura,

Thank you very much for your cooperation.

Please inform us of shipping schedule for our Order No.GA-156 of Control Units(CU-234) 150sets.

We look forward to your early reply.

Best regards,

MaeHa Koo, Trade team

Global Inc

XX, Nonhyeon-Ro 5gil, Kangnam-Ku,

Seoul, Republic of Korea

Tel. : +82-10-4XXX-7XXX, e-mail : mhkoo@global.co.kr

SECTION 3

23 선적일정 통지 서신을 수령했습니다

가대리 선적일정 통지 서신 예문을 살펴보도록 합시다.

예 문

① 선적일정 통지 서신

From : Tamura
To : MaeHa Koo
Sent : August 10, 2013
Subject : advise of shipping schedule

Dear Mr. Koo,
Thank you very much for your cooperation.

In reply to your request of your e-mail dated August 7, 2013, we are pleased to inform you of shipping schedule for Order No. GA-156 of Control Units 150sets as follows.

ETD Yokohama port, Japan : August 18, 2013
ETA Busan port, Korea : August 22, 2013
Vessel name : Glory Ocean(voyage No. 113)

Please kindly note that we will inform you of our shipment for Order No. GA-156 of Control Units 150sets as soon as shipment.

Best regards,
Shigeru Tamura
Asake Works Co., Ltd.
3-△-△, Minami-Shinagawa, Shinagawa-Ku,
Tokyo 140-0004 Japan
Tel No. : (03)1234-5678, e-mail : stamura@asake.co.jp

포인트 설명
In reply to~ : ~ 대답으로, ~에 답하여
ETD : estimated time of departure의 약어, 출발 예정 시간
ETA : estimated time of arrival의 약어, 도착 예정 시간
voyage No. : 항차(선박회사에서 적절히 붙임)
as soon as~ : ~하자마자

② **한글 번역** – 선적일정 통지 서신

제목 : **선적일정 통보**

귀사의 협력에 감사드립니다.
귀사에서 2013년 8월 7일자 이메일로 요청한 내용에 답신으로, 우리는 주문 번호 GA-156 컨트롤 유니트 150세트의 선적일정에 대해 다음과 같이 연락합니다.

일본 요코하마 항구 출발예정일 : 2013년 8월 18일
한국 부산항 도착예정일 : 2013년 8월 22일
선명 : 글로리 오션(113항차)

우리는 컨트롤 유니트 150세트를 선적하는 즉시 선적 사실을 연락드리겠습니다.
감사합니다.

SECTION 3

24 선적통지 서신을 수령했습니다

가대리 선적통지 서신 예문을 살펴보도록 합시다.

예 문

① 선적통지 서신

From : Tamura
To : MaeHa Koo
Sent : August 19, 2013
Subject : Shipping advise

Dear Mr. Koo,
We are pleased to advise you that we shipped your Order (No. GA-156) for Control Units 150sets as follows.

Vessel name : Glory Ocean(voyage No. 113)
Departure Yokohama port, Japan : August 18, 2013
ETA Busan port, Korea : August 22, 2013
B/L No. : 12345

We trust that the goods will reach you in good order and give you complete satisfaction so that you may favor us with further orders.

Best regards,
Shigeru Tamura
Asake Works Co., Ltd.
3-△-△, Minami-Shinagawa, Shinagawa-Ku,
Tokyo 140-0004 Japan
Tel No. : (03)1234-5678, e-mail : stamura@asake.co.jp

포인트 설명
trust : 믿다, 신뢰하다
in good order : 아무 탈 없이
complete satisfaction : 대 만족
favor : ~에 호의를 보이다
further orders : 추가 주문

② **한글 번역** – 선적통지 서신

제목 : **선적통지**

우리는 귀사 오더(No. GA-156)의 컨트롤 유니트 150세트를 예정대로 아래와 같이 선적하였으므로 통지합니다.

선박명 : 글로리 오션(113 항차)
일본 요코하마 항구 출항 : 2013년 8월 18일
한국 부산 항구 도착예정 : 2013년 8월 22일
B/L No. : 12345

우리는 동 상품이 아무 탈 없이 도착하고 귀사가 당사의 추가 주문을 하고 싶을 만큼 귀사를 크게 만족시킬 것이라 믿습니다. 감사합니다.

SECTION 3

25 수입대금 결제 및 선적서류 수령

구매하 은행에서 선적서류가 도착했다는 연락을 받았습니다.

가대리 그럼 수입대금을 결제하고 선적서류를 수령해야 합니다.

수입대금 결제 및 선적서류 수령

수입대금 결제가 일람불 신용장(at sight L/C) 조건인 경우 개설은행으로부터 선적서류의 도착 및 환어음의 지급에 대해 연락을 받으면 정해진 기일 내에 수입대금을 결제한 후 선적서류를 수령합니다.

신용장개설은행은 수출자의 거래은행으로부터 선적서류를 받으면 신용장 내용과 일치하는지 검토합니다. 만약 일치하지 않는 부분이 있으면 수입자에게 알리고 인수 여부를 확인합니다.

수입자가 서류의 수령을 수락하면 통상대로 결제 처리하고 선적서류를 수입자에게 인도하지만 서류의 수령을 거절할 경우에는 개설은행은 수출지에 있는 매입은행에 지급 거절을 통지하는 등 거절 절차를 밟습니다.

한편 대금결제조건이 사후 송금인 경우에는 계약내용에 따라 대금을 수출자의 은행계좌로 송금하면 됩니다. 이 경우 선적서류는 수출자가 직접 수입자에게 보냅니다.

D/P, D/A 방식의 거래일 경우에는 수입자의 거래은행은 수출자의 거래은행으로부터 추심어음 및 선적서류를 받으면 수입자에게 통지합니다. 수입자는 D/P의 경우는 어음대금을 지급한 후, D/A의 경우는 어음을 인수하고서 선적서류를 수령합니다.

인보이스 샘플

INVOICE

① **Shipper/Exporter** Asake Works Co., Ltd. 3-△-△, Minami-Shinagawa, Shinagawa-Ku, Tokyo Japan	② **Invoice No.** **Date** AS - 556 August 14, 2013 ③ **Reference No.** L/C No. LK192837
④ **Ship to** To Order	⑤ **Buyer (if other than consignee)** Global Inc. Seoul, Korea Tel. : +82-10-4XXX-7XXX
⑥ **Shipped per** Glory Ocean (Voyage No : 113) ⑦ **Sailing on or about** August 18, 2013	⑧ **Terms of Shipment** CIF Busan port, Korea
⑨ **From** Yokohama port, Japan ⑩ **Via** ⑪ **To** Busan port, Korea ⑫ **Terms of Payment** irrevocable L/C at sight	⑪ **Case Marks** BUSAN NO. 1-50 MADE IN JAPAN

⑭ Description of Goods	⑮ Quantity	⑯ Unt Price	⑰ Amount
Control Unit (CU-234)	150sets	US$65.00	US$9,750.00

Asake Works Co., Ltd.
(signature)
Shigeru Tamura

인보이스 샘플 – 한글 번역

인보이스

<table>
<tr><td colspan="2">① 선적인/수출자
Asake Works Co., Ltd.
3–△–△, Minami–Shinagawa,
Shinagawa–Ku, Tokyo Japan</td><td colspan="2">② 인보이스 번호 발행일자
AS – 556 August 14, 2013

③ 참조서류번호
L/C No. LK192837</td></tr>
<tr><td colspan="2">④ 수하인

To Order</td><td colspan="2">⑤ 바이어(만일 수하인과 다를 경우)
Global Inc, Seoul, Korea
Tel. : +82–10–4XXX–7XXX</td></tr>
<tr><td colspan="2">⑥ 선명 및 항차 ⑦ 출항일
Glory Ocean August 18, 2013
(Voyage No : 113)</td><td colspan="2">⑧ 선적조건
대한민국 부산항까지 운임 보험료 포함 조건</td></tr>
<tr><td colspan="2">⑨ 선적항 ⑩ 경유지
Yokohama port, Japan

⑪ 도착항
Busan port, Korea

⑫ 지불조건
취소불능의 일람불 신용장</td><td colspan="2">⑪ 화인
BUSAN
NO. 1 – 50
MADE IN JAPAN</td></tr>
<tr><td>⑭ 상품명세</td><td>⑮ 수량</td><td>⑯ 단가</td><td>⑰ 총액</td></tr>
<tr><td>Control Unit (CU–234)</td><td>150sets</td><td>US$65.00</td><td>US$9,750.00</td></tr>
<tr><td colspan="4">Asake Works Co., Ltd.
(서명)
Shigeru Tamura</td></tr>
</table>

패킹리스트 샘플

PACKING LIST

<table>
<tr><td colspan="2" rowspan="2">① Shipper/Exporter
Asake Works Co., Ltd.
3-△-△, Minami-Shinagawa,
Shinagawa-Ku, Tokyo Japan</td><td colspan="3">② Invoice No. Date
AS - 556 August 16, 2013</td></tr>
<tr><td colspan="3">③ Reference No.
L/C No. LK192837</td></tr>
<tr><td colspan="2">④ Ship to

To Order</td><td colspan="3">⑤ Buyer (if other than consignee)
Global Inc. Seoul, Korea
Tel. : +82-10-4XXX-7XXX</td></tr>
<tr><td>⑥ Shipped per

Glory Ocean
(Voyage No : 113)</td><td>⑦ Sailing on or about

August 18, 2013</td><td colspan="3">⑧ Terms of Shipment

CIF Busan port, Korea</td></tr>
<tr><td>⑨ From
Yokohama port, Japan</td><td>⑩ Via</td><td colspan="3" rowspan="3">⑪ Case Marks

BUSAN
NO. 1 - 50
MADE IN JAPAN</td></tr>
<tr><td colspan="2">⑪ To
Busan port, Korea</td></tr>
<tr><td colspan="2">⑫ Terms of Payment
irrevocable L/C at sight</td></tr>
<tr><td>⑭ Description of Goods</td><td>⑮ Quantity</td><td>⑯ Net weight</td><td>⑰ Gross weight</td><td>⑱ Measurement</td></tr>
<tr><td>Control Unit (CU-234)</td><td>150sets</td><td>610Kgs</td><td>675Kgs</td><td>12CBM</td></tr>
<tr><td colspan="5">Asake Works Co., Ltd.
(signature)
Shigeru Tamura</td></tr>
</table>

패킹리스트 샘플 – 한글 번역

포장명세서

① **선적인/수출자**
Asake Works Co., Ltd.
3-△-△, Minami-Shinagawa,
Shinagawa-Ku, Tokyo Japan

② **인보이스 번호** AS – 556
발행일자 August 16, 2013

③ **참고 자료 번호**
L/C No. LK192837

④ **수하인**
To Order

⑤ **바이어(만일 수하인과 다를 경우)**
Global Inc, Seoul, Korea
Tel. : +82-10-4XXX-7XXX

⑥ **선박명**
Glory Ocean
(Voyage No : 113)

⑦ **출항일**
August 18, 2013

⑧ **선적조건**
대한민국 부산항까지 운임 보험료 포함 조건

⑨ **선적항**
Yokohama port, Japan

⑩ **경유지**

⑪ **화인**
BUSAN
NO. 1 – 50
MADE IN JAPAN

⑪ **도착항**
Busan port, Korea

⑫ **지불조건**
취소불능의 일람불 신용장

⑭ **상품명세**	⑮ **수량**	⑯ **순중량**	⑰ **총중량**	⑱ **용적**
Control Unit (CU-234)	150sets	610Kgs	675Kgs	12CBM

Asake Works Co., Ltd.
(서명)
Shigeru Tamura

선하증권(B/L) 샘플

<table>
<tr><td colspan="2">① Shipper
Asake Works Co., Ltd.
3−△−△, Minami−Shinagawa,
Shinagawa−Ku, Tokyo 140−0004 Japan</td><td colspan="2" rowspan="7">③ B/L No. : 5843

△△△ SHIPPING CO., LTD.
BILL OF LADING</td></tr>
<tr><td colspan="2">② Consignee
To Order</td></tr>
<tr><td colspan="2">④ Notify
Global Inc
Tel. : +82−10−4XXX−7XXX</td></tr>
<tr><td colspan="2">⑤ Place of Receipt
Busan port, Korea</td></tr>
<tr><td colspan="2">⑥ Name of Vessel
Glory Ocean (Voyage No. 113)</td></tr>
<tr><td colspan="2">⑦ Port of Loading
Yokohama port, Japan</td></tr>
<tr><td colspan="2">⑧ Port of Discharge
Busan port, Korea</td></tr>
<tr><td colspan="2">⑨ Place of Delivery
Busan port, Korea</td><td colspan="2">⑩ Final Destination</td></tr>
<tr><td>⑪ Marks and Numbers

BUSAN
NO. 1 − 50
MADE IN JAPAN</td><td>⑫ Description

Control Unit 150sets
(CU − 234)

L/C : LK192837
FREIGHT PREPAID
50Cartons</td><td>⑬ Gross(Net) Weight

675Kgs</td><td>⑭ Measurement

12CBM</td></tr>
<tr><td>⑮ Freight and Charges</td><td>⑯ Rate</td><td>⑰ Collect</td><td>⑱ Prepaid
O</td></tr>
<tr><td rowspan="2">⑲ Exchange rate</td><td rowspan="2">⑳ Prepaid at
Tokyo, Japan</td><td rowspan="2">㉑ Payable at</td><td>㉒ Place and Date of Issue
Tokyo, Japan 2013. 8. 18.</td></tr>
<tr><td>㉓ Number of Original B/L
Three(3)</td></tr>
<tr><td colspan="4">㉔ On Board Notation : AT YOKOHAMA PORT, JAPAN ON August 18, 2013</td></tr>
</table>

선하증권(B/L) 샘플 – 한글 번역

<table>
<tr><td colspan="2">① 선적인(화주)
Asake Works Co., Ltd.
3–△–△, Minami–Shinagawa,
Shinagawa–Ku, Tokyo 140–0004 Japan</td><td colspan="2" rowspan="7">③ 선하증권 번호 : 5843

△△△ SHIPPING CO., LTD.
BILL OF LADING</td></tr>
<tr><td colspan="2">② 수하인
To Order</td></tr>
<tr><td colspan="2">④ 통지처(수입자)
Global Inc
Tel. : +82–10–4XXX–7XXX</td></tr>
<tr><td colspan="2">⑤ 화물수령장소
Busan port, Korea</td></tr>
<tr><td colspan="2">⑥ 선박명
Glory Ocean (Voyage No. 113)</td></tr>
<tr><td colspan="2">⑦ 선적항
Yokohama port, Japan</td></tr>
<tr><td colspan="2">⑧ 도착항(양륙항)
Busan port, Korea</td></tr>
<tr><td colspan="2">⑨ 인도장소
Busan port, Korea</td><td colspan="2">⑩ 최종목적지</td></tr>
<tr><td>⑪ 화인, 패키지 수

BUSAN
NO. 1 – 50
MADE IN JAPAN</td><td>⑫ 상품명세

Control Unit 150sets
(CU – 234)

L/C : LK192837
FREIGHT PREPAID
50Cartons</td><td>⑬ 총중량
(순중량)

675Kgs</td><td>⑭ 용적

12 CBM</td></tr>
<tr><td>⑮ 제반비용
(운송에 따른)</td><td>⑯ 운임단가</td><td>⑰ 운임후불</td><td>⑱ 운임선불
O</td></tr>
<tr><td rowspan="2">⑲ 환률</td><td rowspan="2">⑳ 운임선불지불장소
Tokyo, Japan</td><td rowspan="2">㉑ 운임후불
지불장소</td><td>㉒ B/L 발행장소, 발행일
Tokyo, Japan 2013. 8. 18.</td></tr>
<tr><td>㉓ B/L 원본 발행부수
Three(3)</td></tr>
<tr><td colspan="4">㉔ 선적장소 및 일자 : AT YOKOHAMA PORT, JAPAN ON August 18, 2013</td></tr>
</table>

해상보험증권 샘플

ABC INSURANCE CO., LTD

1-23-4, EBISU, SHIBUYA-KU, TOKYO, JAPAN (TEL : 03-1234-5678)

MARINE CARGO INSURANCE POLICY

① Assured(s), etc. ASAKE WORKS CO., LTD.	
② Policy No. AK 33207	③ Ref. No. INVOICE NO. : AS-556 L/C NO. LK192837
④ Claim, if any, payable at : SEOUL, KOREA Claims are payable in	⑤ Amount insured US$10,725.00 (Say US Dollars Ten Thousand Seven Hundred and Twenty-Five only)
⑥ Survey should be approved by : CDF INC., SEOUL, KOREA	⑮ Conditions ALL RISK, 110% OF INVOICE AMOUNT
⑦ Local Vessel or Conveyance ⑧ From (interior port or place of loading)	
⑨ Ship or Vessel called the GLORY OCEAN (113) ⑩ Sailing on or about AUGUST 18, 2013	
⑪ at and from YOKOHAMA, JAPAN ⑫ transshipped at	
⑬ arrived at BUSAN, KOREA ⑭ thence to	
⑯ Goods and Merchandises BUSAN CONTROL UNIT(CU-234) 150SETS NO. 1 - 50 MADE IN JAPAN Marks and Numbers as per Invoice No. specified above	

⑰ Place and Date signed in
SEOUL, KOREA AUGUST 16, 2013

⑱ Numbers of Policies issued
ORIGINAL 2, COPY 3

⑳ IMPORTANT CLAUSE
(중요사항약관)

㉑ CONDITIONS

For ABC INSURANCE CO., LTD.

⑲ (signature)

By ____________________

해상보험증권 샘플 – 한글 번역

ABC INSURANCE CO., LTD

1-23-4, EBISU, SHIBUYA-KU, TOKYO, JAPAN (TEL : 03-1234-5678)

MARINE CARGO INSURANCE POLICY

<table>
<tr><td colspan="2">① 피보험자 ASAKE WORKS CO., LTD.</td><td></td></tr>
<tr><td colspan="2">② 보험증권번호 AK 33207</td><td rowspan="2">③ Ref. No.
INVOICE 번호: AS-556
L/C NO. LK192837</td></tr>
<tr><td colspan="2">④ 보험금 지불지
SEOUL, KOREA
Claims are payable in</td></tr>
<tr><td colspan="2">⑥ 손해사고 통지처
CDF INC., SEOUL, KOREA</td><td>⑤ Amount insured
US$10,725.00
(Say US Dallars Ten Thousand Seven Hundred and Twenty-Five only)</td></tr>
<tr><td>⑦ 국내운송용구(수단)</td><td>⑧ 내륙출발지</td><td rowspan="4">⑮ Conditions
전위험 담보,
인보이스 금액의 110%</td></tr>
<tr><td>⑨ 선박명
GLORY OCEAN (113)</td><td>⑩ 출항일
AUGUST 18, 2013</td></tr>
<tr><td>⑪ 선적항
YOKOHAMA, JAPAN</td><td>⑫ 환적항</td></tr>
<tr><td>⑬ 도착항
BUSAN, KOREA</td><td>⑭ 최종목적지/운송용구(수단)</td></tr>
<tr><td colspan="3">⑯ 보헌화물의 명세
BUSAN   CONTROL UNIT(CU-234)   150SETS
NO. 1 – 50
MADE IN JAPAN

Marks and Numbers as per Invoice No. specified above</td></tr>
</table>

⑰ 보험증권발행지 및 일자
SEOUL, KOREA AUGUST 16, 2013

⑱ Numbers of Policies issued
원본 2, 복사본 3

⑳ 난외약관 =	㉑ 본문약관 =
IMPORTANT CLAUSE (중요사항약관)	(준거법약관+타보험약관+약인약관 +선서관으로 되어 있음)

For ABC INSURANCE CO., LTD.
⑲ (서명)
By ______________________

SECTION 3

26 수입통관

구매하 선적서류를 수령했습니다.

가대리 그럼 수입통관절차를 진행해야 합니다.

1 수입통관

수입통관(customs clearance of import)이란 물품이 외국에서 우리나라 국내로 이동하는 경우에 세관의 통관을 의미합니다.

세관에 수입신고를 하여 서류심사와 물품검사를 받고, 수입신고 수리가 나면 관세 및 내국세를 납부한 후 수입신고필증을 받아 수입물품을 수령하는 과정을 수입통관절차라 합니다.

수입통관도 수출통관과 마찬가지로 관세사와 협의하고 의뢰하는 것이 일반화되어 있으며, 그것이 또한 편리합니다.

2 관세 및 부가가치세 산정방법

관세액은 과세표준에 관세율을 곱해서 산정합니다. 과세표준은 가격이나 수량을 말하며, 관세율은 HS Code(HS 품목별 분류)집에서 해당 수입상품의 HS번호로 확인합니다.

① **수입관세 = CIF가격 X 관세율(%)**

② **부가가치세 = (CIF가격 + 수입관세) X 부가가치세율(10%)**

③ **수입자가 지불해야 하는 금액 = 수입관세 + 부가가치세**

수입하는 제품에 따라서는 특별소비세(또는 주세), 교통세, 교육세, 농어촌특별세 등의 세금이 관세, 부가가치세액과는 별도로 부과되는 경우가 있습니다. 이 경우 부가가치세액의 산정은 (관세의 과세가격+수입관세)에 해당되는 세액을 포함한 금액을 기준으로 하여야 합니다.

한편 부가가치세액은 부가가치세 신고 시에 환급대상입니다.

수입통관의 흐름

수입신고(Invoice, B/L 첨부) : 수입자(관세사)
→ **서류심사 또는 물품검사** : 세관
→ **수입신고 수리** : 세관
→ **관세 납부** : 수입자
→ **수입신고필증 발행** : 세관
→ **물품반출** : 수입자

※ 관세는 사후납부요건이 되는 경우에는 담보제공하고 수입통관 완료 후 15일 내에 납부해야 함

(갑 지)

수 입 신 고 필 증

※ 처리기간 : 3일

①신고번호	②신고일	③세관.과	⑥입항일	⑦전자인보이스 제출번호
99999-99-9999999-9	YYYY/MM/DD	999-99	YYYY/MM/DD	XXXXXXXXXXX-X-XX-XXXXXX

④B/L(AWB)번호	⑤화물관리번호	⑧반입일	⑨징수형태
XXXXXXXXXXXXXXXX(XXXX)	YYXXXXXXXXX-9999-999	YYYY/MM/DD	99

⑩신 고 인 XXXXXXXXXXXXXXXXXXXXXXXXXXX
⑪수 입 자 XXXXXXXXXXXXXXXXXXXXXXXXXXXXX (99999999 X)
⑫납세의무자 (XXXXXXX-9-99-9-99-9 / 999-99-99999)
(주소) XXXXXXXXXXXXXXXXXXXXXXXXXXXXXXXXXXXXXXXXXX
(상호) XXXXXXXXXXXXXXXXXXXXXXXXXXXXXX
(전화번호) XXXXXXXXXXXXXXXXXXXXXXXXXXXX
(이메일주소) XXXXXXXXXXXXXXXXXXXXXXXXXXXX
(성명) XXXXXXXXXXXX
⑬운송주선인 XXXXXXXXXXXXXXXXXXXXXXXXXXXXX (9999999)
※해외거래처 XXXXXXXXXXXXXXXXXXXXXXXXXXXXXXXXXXXXXXXXXXX
XXXXXXXXXXXXXXXXXXXXX(XX) / XXXXX9999X

※통관계획 X XXXXXXXXXXXXXXXXX	※원산지증명서 유무 X	※총중량 9,999,999,999,999 XX	
※신고구분 X XXXXXXXXXXXXXXX	※가격신고서 유무 X	※총포장갯수 99,999,999 XX	
※거래구분 99 XXXXXXXXXXXXXXXXX	※국내도착항 XXXXX XXXXXXXXXXXX		※운송형태 XX-XXX
※종류 X XXXXXXXXXXXXXXXXX	※적출국 XX XXXXXXXXXXXXXXX ※선기명 XXXXXXXXXXXXXXXXXXXX XX		
※MASTER B/L 번호 XXXXXXXXXXXXXXXX		※운수기관부호 XXXX	

※검사(반입)장소 99999999-XXXXXXXXXX (XXXXXXXXXXXXXXXXXXXXXXXXXXXXXXXX)

● 품명·규격 (란번호/총란수 : 999/999)

※품 명 XXXXXXXXXXXXXXXXXXXXXXXXXXXXXXXXXXXXXXXXXXXXXXXXXXXX
※거래품명 XXXXXXXXXXXXXXXXXXXXXXXXXXXXXXXXXXXXXXXXXXXXXXXXXXXX
※상 표 XXXXXXXXXXXXXXXXXXXXXXXXXXXXXXXXXXXXXX XXXXXXXXXXXXXXXX

※모델·규격	※성분	※수량	※단가(XXX)	※금액(XXX)
XXXXXXXXXXXXXXXXXXXXXXXXXXXXXX XXXXXXXXXXXXXXXXXXXXXXXXXXXXXX XXXXXXXXXXXXXXXXXXXXXXXXXXXXXX	XXXXXXXXXXXXXXXXXXXXXXXXX XXXXXXXXXXXXXXXXXXXXXXXXX XXXXXXXXXXXXXXXXXXXXXXX	9,999,999.9999XXX	9,999,999.999999	99,999,999.9999
XXXXXXXXXXXXXXXXXXXXXXXXXXXXXX XXXXXXXXXXXXXXXXXXXXXXXXXXXXXX XXXXXXXXXXXXXXXXXXXXXXXXXXXXXX	XXXXXXXXXXXXXXXXXXXXXXXXX XXXXXXXXXXXXXXXXXXXXXXXXX XXXXXXXXXXXXXXXXXXXXXXX	9,999,999.9999XXX	9,999,999.999999	99,999,999.9999

※세번 부호	9999.99-9999	※순중량	9,999,999,999,999.9 XX	※C/S 검사	X XXXXXXXXXXXXXX	※사후확인기관	
※과세가격(CIF)	$999,999,999,999	※수 량	9,999,999,999 XX	※검사변경	X XXXXXXXXXX	999, 999, 999	
	₩999,999,999,999	※환급물량	9,999,999,999.999 XX	※원산지	XX-X-X-XX	※특수세액	99,999,999.99

※수입요건확인 (발급서류명)	9-999-99-99-99999999 (XXXXXXXXXXXXXXXXXXXX)	9-999-99-99-99999999 (XXXXXXXXXXXXXXXXXXXX)	9-999-99-99-99999999 (XXXXXXXXXXXXXXXXXXXX)	9-999-99-99-99999999 (XXXXXXXXXXXXXXXXXXXX)
	9-999-99-99-99999999 (XXXXXXXXXXXXXXXXXXXX)	9-999-99-99-99999999 (XXXXXXXXXXXXXXXXXXXX)	9-999-99-99-99999999 (XXXXXXXXXXXXXXXXXXXX)	9-999-99-99-99999999 (XXXXXXXXXXXXXXXXXXXX)

※세종	※세율(구분)	※감면율	※세액	※감면분납부호	감면액	* 내국세종부호
XX	9,999.99(XX XXXX) 9999999999	9,999.99	999,999,999,999	XXXXXXXXXXXX	999,999,999,999	
XX	9,999.99(XX XXXX)	9,999.99	999,999,999,999	XXXXXXXXXXXX	999,999,999,999	XXXXXX
XX	9,999.99(XX XXXX)	9,999.99	999,999,999,999	XXXXXXXXXXXX	999,999,999,999	
XX	9,999.99(XX XXXX)	9,999.99	999,999,999,999	XXXXXXXXXXXX	999,999,999,999	
XX	9,999.99(XX XXXX)	9,999.99	999,999,999,999	XXXXXXXXXXXX XXXXXXXXXXXX	999,999,999,999	

※결제금액(인도조건-통화종류-금액-결제방법)	XXX-XXX-999,999,999,999-XX	※환 율	99,999.9999

※총과세가격	$999,999,999,999	※운임	999,999,999,999	※가산금액	999,999,999,999	※납부서번호	999-99-99-9-999999-9
	₩999,999,999,999	※보험료	999,999,999,999	※공제금액	999,999,999,999	※총부가가치세과표	999,999,999,999

※세 종	※세 액
관 세	999,999,999,999
특 소 세	999,999,999,999
교 통 세	999,999,999,999
주 세	999,999,999,999
교 육 세	999,999,999,999
농 특 세	999,999,999,999
부 가 세	999,999,999,999
신고지연가산세	999,999,999,999
미신고가산세	999,999,999,999
※총세액합계	999,999,999,999

※신고인기재란
XXXXXXXXXXXXXXXXXXXXXXXXXXXXXXXXXXXXXX
XXXXXXXXXXXXXXXXXXXXXXXXXXXXXXXXXXXXX※
XXXXXXXXXXXXXXXXXXXXXXXXXXXXXXXXXXXXXX
XXXXXXXXXXXXXXXXXXXXXXXXXXXXXXXXXXXXXX
XXXXXXXXXXXXXXXXXXXXXXXXXXXXXXXXXXXXXX
XXXXXXXXXXXXXXXXXXXXXXXXXXXXXXXXXXXXXX
XXXXXXXXXXXXXXXXXXXXXXXXXXXXXXXXXXXXXX
XXXXXXXXXXXXXXXXXXXXXXXXXXXXXXXXXXXXXX
XXXXXX
— 전화번호 XXX-XXXXX XXXX
— 이메일주소 XXX-XXXXX XXXX

※세관기재란
XXXXXXXXXXXXXXXXXXXXXXXXXXXXXXXXXXXXXXXXXXXXXXXXXX
XXXXXXXXXXXXXXXXXXXXXXXXXXXXXXXXXXXXXXXXXXXXXXXXXX
XXXXXXXXXXXXXXXXXXXXXXXXXXXXXXXXXXXXXXXXXXXXXXXXXX
XXXXXXXXXXXXXXXXXXXXXXXXXXXXXXXXXXXXXXXXXXXXXXXXXX
XXXXXXXXXXXXXXXXXXXXXXXXXXXXXXXXXXXXXXXXXXXXXXXXXX
XXXXXXXXXXXXXXXXXXXXXXXXXXXXXXXXXXXXXXXXXXXXXXXXXX
XXXXXXXXXXXXXXXXXXXXXXXXXXXXXXXXXXXXXXXXXXXXXXXXXX
XXXXXXXXXXXXXXXXXXXXXXXXXXXXXXXXXXXXXXXXXXXXXXXXXX
XXXXXXXXXXXXXXXXXXXXXXXXXXXXXXXXXXXXXXXXXXXXXXXXXX
XXXXXXXXXXXXXXXXXXXXXXXXXXXXXXXXXXXXXXXXXXXXXXXXXX
XXXXXXXXXXXXXXXXXX
THE REPUBLIC OF KOREA

※담당자	XXXXXXXXXXXX 999999	※접수일시	YYYY/MM/DD,HH:MM	※수리일자	YYYY/MM/DD

발 행 번 호 : 999999999999(YYYY.MM.DD) 세관·과 : 999-99 신고번호 : 99999-99-9999999-9 Page : 999/999

* 본 신고필증은 발행 후 세관심사 등에 따라 정정·수정될 수 있으므로 정확한 내용은 발행번호 등을 이용하여 관세청 전자통관시스템(http://portal.customs.go.kr)에서 확인하시기 바랍니다.
* 본 수입신고필증은 세관에서 형식적 요건만을 심사한 것이므로 신고내용이 사실과 다른 때에는 신고인 또는 수입화주가 책임을 져야 합니다.

SECTION 3

27 수입물품 수령 및 국내 판매

구매하 수입통관을 완료하였습니다.

가대리 그럼 다음으로 국내 판매를 위한 준비를 한 후 판매활동에 들어갑니다.

1 수입물품 수령

운송회사로부터 수입물품의 수령 및 국내 목적지까지의 운송은 포워더에 의뢰하는 것이 일반적입니다. 선하증권을 포함하여 포워더가 요청하는 서류를 준비하여 주면 수입품을 수령하여 지정한 목적지까지 운송해줍니다.

수입신고수리 시 조건이 부과된 품목에 대해서는 그 의무를 이행한 후 국내 판매를 해야 합니다. 대상물품은 다음과 같습니다.

① 신고한 용도로 사용하지 않고 다른 용도로 사용할 우려가 있는 물품
② 원산지표시 대상물품으로 수입신고수리 후 분할 재포장 시 원산지표시 의무를 이행하도록 되어 있는 물품
③ 기타 수입관련 다른 법령의 규정에 의하여 수입신고수리 후 특정의무를 이행하도록 되어 있는 물품

수입신고 조건 불이행 시에는 관세법에 따라 처벌받게 됩니다.

2 수입물품의 국내 판매

수입물품을 수령하면 수입신고 조건이 부관된 물품은 그 조건을 이행한 후 국내 판매에 들어갑니다. 수입물품의 국내 판매는 수입형태에 따라 달라집니다. 수입형태는 일반적으로 다음과 같습니다.

① **오퍼 세일**(Offer Sale) : 수입을 중개하고 수수료를 받는 형태
② **선매수입**(대행수입) : 국내 구매자와 사전에 판매계약을 한 후 수입하는 형태
③ **재고수입**(Stock Sale) : 재고부담을 안고 수입하여 판매하는 형태
④ **자가 수요수입** : 자신이 직접 사용하기 위해 수입하는 형태

수입물품은 사전에 국내시장조사를 하고 치밀한 계획에 따라 수입한 것이지만 국내 판매가 계획대로 안 될 수도 있으므로 이에 대한 충분한 대비가 필요합니다.

TIP BOX

A.T.A Carnet 제도

ATA는 'Admission Temporaire(불어)'와 'Temporary Admission(영어)'의 합성어이며, 'Carnet'는 불어로 '표(증서)'라는 뜻으로 물품의 무관세임시통관증서를 말합니다.

ATA 까르네는 ATA협약 가입국 간에 일시적으로 물품을 수입·수출 또는 보세운송을 하기 위하여 필요로 하는 복잡한 통관 서류나 담보금을 대신하는 증서로서 통관절차를 신속하고 편리하게 하는 제도입니다. 따라서 ATA 협약가입국간 통관 시에 ATA 까르네를 이용하면, 부가적인 통관서류의 작성이 필요 없음은 물론 관세 및 부가세, 담보금 등을 수입국 세관에 납부할 필요 없이 신속하고 원활한 통관을 할 수 있습니다.

또한 해외전시회(Fairs/Exhibitions)에서 전시할 샘플 또는 사용할 물품, 상품견본(Commercial Samples), 직업용구(Professional Equipments) 등과 같은 물품을 해외에서 사용 후, 우리나라로 다시 가져올 물건에 대해서만 사용할 수 있습니다. 그러나 농산물, 식료품, 위험 물품, 소모품 등 부패의 우려가 있거나 1회용품 또는 수입국이 수입을 금지하고 있는 물품에 대해서는 사용할 수 없습니다.

ATA 까르네의 유효기간은 발급일로부터 최장 1년이며 연장할 수 없습니다. 또한 유효기간 이내라도 수입국 세관이 ATA 까르네 증서에 재수출 기간을 명시적으로 지정한 경우에는 동 기간 내에 재수출되어야 합니다. 재반출하지 않으면 협약 위반이 되어 관세를 지급하게 되며, ATA 까르네를 발급한 국가의 보증단체가 지급하여야 하는바, 우리나라의 보증단체는 대한상공회의소입니다.

까르네 제도 개요, 까르네 활용 체크리스트, 신청 및 이용절차, 주요체약국별 이용가이드 등 까르네 활용의 전반적인 가이드는 대한상공회의소 홈페이지를 방문하면 알 수 있습니다.

〈자료출처 : 대한상공회의소 사이트 www.korcham.net〉

★ 이 단원의 주요 용어 정리

용어	설명
financial standing	재무(신용) 상태
Domestic Market Survey	국내시장조사
Order Sheet	주문서(Purchase Order)
Order Letter	주문서신
Covering Letter	안내(표지) 서신
confirmation of order	주문승낙서(acknowledge of order)
Purchase Contract	구매(수입)계약서
General Terms and Conditions	일반거래조건
Proforma Invoice	견적송장
Application for Irrevocable Documentary Credit	수입신용장발행 신청서
shipping schedule	선적일정
estimated time of departure	ETD, 출발예정일, 출발예정시각
estimated time of arrival	ETA, 도착예정일, 도착예정시각
Voyage No.	항차
at sight L/C	일람불신용장
customs clearance of import	수입통관
Stock Sale	재고(수입) 판매

SECTION •4

인코텀즈

무역거래에서는 국가에 따라 각기 다른 상(商) 관행으로 인해 오해와 분쟁이 발생할 소지가 있습니다. 이를 미연에 방지하거나 최소화하기 위해 마련된 국제규칙입니다. 예를 들면 운송비는 수출자와 수입자 어느 쪽이 부담해야 하는가, 배송 도중에 화물이 파손되었을 때를 대비한 보험은 수출자와 수입자 중 어느 쪽이 부담할 것인가 등과 같이 비용 부담과 위험 부담을 명확히 할 필요가 있으며 인코텀즈는 이를 명확하게 해 줍니다.

SECTION 4

1 인코텀즈 2020

배우리: 오퍼를 보면 〈CIF New York〉이 가격 앞에 명기되어 있는데 무엇을 의미합니까?

가대리: CIF는 인코텀즈 규칙의 하나입니다.
국내 · 국제거래조건의 사용에 관한 ICC 규칙입니다.

1 인코텀즈(INCOTERMS) 2020이란?

INCOTERMS는 International Commercial Terms의 약칭이고, '국내 · 국제거래조건의 사용에 관한 ICC 규칙(ICC Rules for the Use of Domestic and International Trade Terms)'입니다.

외국과의 거래는 언어, 문화 생활습관이 다른 사람과의 거래이므로 상관습의 차이에 따른 문제가 발생하기 쉽습니다. 또한 외국으로의 운송도 장거리 운송이므로 비용이 많이 들며 상대국의 관세도 있습니다. 그런가 하면 운송 도중에 화물의 손상이나 없어질 가능성도 있습니다.

따라서 수출자(매도자)와 수입자(매수자) 간의 비용부담과 위험부담의 구분을 확실하게 하여 무역거래에서 발생할 소지가 있는 문제를 사전에 방지하거나 최소화하기 위해 국제상업회의소(ICC, International Chamber of Commerce)가 1936년에 제정 공표한 것입니다.

인코텀즈는 처음에 '무역조건의 해석에 관한 국제규칙(International Rules for the Interpretation of Trade Terms)'으로 제정 공표된 후 1953년, 1967년, 1976년, 1980년에 개정되었고, 그 이후에는 대략 10년을 주기로 개정되어 지금은 〈인코텀즈 2010〉을 개정한 최신판 〈인코텀즈 2020〉이

2020년 1월 1일부터 이용되고 있습니다.

2 인코텀즈는 조약이나 법률에는 없는 규칙입니다

인코텀즈를 매매계약에 받아들일지의 여부는 매매당사자가 합의에 의해 결정합니다. 받아들인 후에는 인코텀즈나 법의 규제를 받게 됩니다.

받아들일 경우에도 각 개정판의 내용이 조금씩 다르기 때문에 몇 년도에 개정된 인코텀즈인지를 명확히 해야 합니다. 예를 들면 계약서 조건에서는 다음과 같은 문장이 이용되기도 합니다.

"Trade terms such as FOB, FCA and any other terms which may be used in this Contract shall have the meanings defined and interpreted by the INCOTERMS 2020 as amended in 2019, unless otherwise specifically provided in this Contract."

(이 계약서에서 사용하고 있는 FOB, FCA와 같은 거래조건과 그 외의 다른 조건들은 이 계약서에서 달리 언급하지 않는 한 2019년에 개정된 인코텀즈 2020에서 정의되고 해석된 의미를 가집니다.)

3 인코텀즈 각 규칙의 표기

인코텀즈는 영문 알파벳 3문자+지명(인도장소)으로 표기됩니다. 알파벳 3문자는 비용부담과 위험부담의 구분을 표합니다.

예를 들면 'FCA Incheon CY, Korea'라 하면, '한국의 인천 컨테이너 야드에서 지정운송인에게 인도할 때까지의 비용과 위험을 수출자가 부담한다'라는 의미입니다. 지명은 가능한 한 구체적인 장소(항구명, 창고명, 공장명, CY명 등)를 명기하도록 국제상업회의소(ICC)에서 권장하고 있습니다.

4 인코텀즈에 따라서 가격이 달라집니다

가격이 같은 상품을 수출하더라도 적용하는 인코텀즈가 다르면 부담하는 비용도 달라집니다. 예를 들면 인도조건이 EXW(공장 인도)의 경우 수출자는 수출국 국내운송료는 물론 모든 운송료를 부담하지 않습니다. 그러나 DDP(관세지급 인도)의 경우는 수출자가 수입국의 지정목적지까지의 모든 운송료와 수입국의 수입관세까지 모두 부담하게 됩니다.

따라서 무역거래계약을 할 시에는 이 같은 인코텀즈를 고려해서 가격교섭을 할 필요가 있습니다.

5 인코텀즈 활용 시 유의사항입니다

* 인코텀즈가 모든 것을 보증해주는 것은 아니기 때문에 수출입계약 시에는 현실을 보면서 잘 대응할 필요가 있습니다.
* 보험계약을 체결할 경우에는 지정목적지까지 무보험 존(지역)이 나오지 않도록 주의할 필요가 있습니다.
* 선박이나 항공기 등 운송수단의 최종 선정에 관해서, C규칙과 D규칙에서는 수출자가 선정하고 F규칙에서는 수입자가 선정한다는 점에 유의해야 합니다.
* 인코텀즈 규칙 변용 시 유의점 : 인코텀즈 규칙을 조금 고쳐서 사용하는 것을 인코텀즈 2020 규칙은 금지하지 않지만 변경에는 위험이 따릅니다. 만약 계약에서 비용부담을 변경할 경우 위험이전 지점까지도 변경하는 것인지 명백하게 해야 합니다.

SECTION 4

2 인코텀즈 2020 규칙의 종류

배우리 인코텀즈는 몇 가지 규칙이 있습니까?

가대리 인코텀즈 2020에는 11규칙이 있습니다.

1 인코텀즈 2020 규칙의 종류

인코텀즈 2020에는 11종류의 규칙이 있으며 다음과 같습니다.

① 모든 운송방식에 적용되는 규칙

- EXW : Ex Works(공장 인도규칙)
- FCA : Free Carrier(운송인 인도규칙)
- CPT : Carriage Paid To(운송비지급 인도규칙)
- CIP : Carriage and Insurance Paid To(운송비·보험료지급 인도규칙)
- DAP : Delivered at Place(도착지 인도규칙)
- DPU : Delivered at Place Unloaded(도착지양하 인도규칙)
- DDP : Delivered Duty Paid(관세지급 인도규칙)

② 해상운송과 내수로운송에 적용되는 규칙

- FAS : Free Alongside Ship(선측 인도규칙)
- FOB : Free On Board(본선 인도규칙)
- CFR : Cost and Freight(운임포함 인도규칙)

• CIF : Cost Insurance and Freight(운임·보험료포함 인도규칙)

'모든 운송방식'으로는 비행기(항로), 트럭 · 기차(육로), 선박(해상 및 내수로) 등 어떤 운송수단도 사용 가능합니다. '해상운송과 내수로운송에 적용되는 규칙'은 배로 운송하는 경우만 말합니다.
인코텀즈 각 규칙의 주어는 수출자입니다. 수출자가 어디까지 비용과 위험을 부담할지에 관해 표시하고 있습니다.

2 인코텀즈 2020에서 위험과 비용부담의 이전 시점 및 수출자와 수입자의 역할

	위험부담 이전 시점	비용부담 이전 시점	운송 수배	보험 부담	수출지* 수출통관	수입지* 수입통관	도착지 양하비용
EXW	지정장소 (공장/창고)	지정장소 (공장/창고)	수입자	수입자	수입자	수입자	수입자
FCA	지정장소에서 운송인에게 인도될 때	지정장소에서 운송인에게 인도될 때	수입자	수입자	수출자	수입자	수입자
CPT	운송인에게 인도될 때	수출자는 지정 목적지까지의 운송비 부담	수출자	수입자	수출자	수입자	수입자
CIP	운송인에게 인도될 때	수출자는 지정 목적지까지의 운송비, 보험료 부담	수출자	수출자	수출자	수입자	수입자
DAP	지정목적지에서 양하 전	지정목적지에서 양하 전	수출자		수출자	수입자	수입자

DPU	지정목적지에서 양하까지	지정목적지에서 양하까지	수출자		수출자	수입자	수출자
DDP	지정목적지에서 양하 전	지정목적지에서 양하 전	수출자		수출자	수출자	수입자
FAS	본선 선측에서 인도될 때	본선 선측에서 인도될 때	수입자	수입자	수출자	수입자	수입자
FOB	본선 선상에 놓였을 때 또는 본선상에서 매매되었을 때	본선 선상에 놓였을 때 또는 본선상에서 매매되었을 때	수입자	수입자	수출자	수입자	수입자
CFR	본선 선상에 놓였을 때 또는 본선상에서 매매되었을 때	수출자는 수입항까지의 운임 부담	수출자	수입자	수출자	수입자	수입자
CIF	본선 선상에 놓였을 때 또는 본선상에서 매매되었을 때	수출자는 수입항까지의 운임, 보험료 부담	수출자	수출자	수출자	수입자	수입자

* 인코텀즈 2020에서는 국내거래에도 적용이 가능하도록 되어 있습니다.

* 당연한 것이지만 통관수속은 국제간 거래에만 적용되는 항목입니다.

※ D규칙에서는 수출자, 수입자 모두 보험가입의 의무가 없으므로 수입자가 보험에 가입하지 않는다면 목적지 도착까지 위험을 부담하는 수출자가 보험에 가입할 수밖에 없다는 점에 유의하여야 합니다.

SECTION 4

3 EXW, FCA

배우리 EXW, FCA에 관해 가르쳐주십시오.

가대리 각 규칙에 관해 설명합니다.

1 EXW, FCA

① **EXW**(Ex Works) **: 공장 인도규칙입니다.**

- 수출자의 비용부담 : 수출지 지정장소(공장이나 창고)까지
- 수출자의 위험부담 : 수출지 지정장소(공장이나 창고)까지

공장이나 창고 같은 지정장소에서 물품을 수입자의 처분하에 두는 때 인도한 것을 의미합니다. 이후부터 모든 비용 및 위험부담이 수입자에게 이전됩니다. 수출통관도 수입자가 합니다. 지정장소는 수출자의 영업구내일 수도 있고 아닐 수도 있습니다.

② **FCA**(Free Carrier) **: 운송인 인도규칙입니다.**

- 수출자의 비용부담 : 수출지 지정장소에서 운송인에게 인도까지
- 수출자의 위험부담 : 수출지 지정장소에서 운송인에게 인도까지

수출지 지정장소에서 수입자가 지정한 운송인에게 화물을 인도한 후에는 비용 및 위험부담이 수입자에게 이전됩니다. 수출통관은 수출자의 부담

입니다. 지정장소는 수출자의 영업구내일 수도 있고 아닐 수도 있습니다. 연속매매를 인정하고 있는데, 연속매매는 운송 중 전매에서 주로 사용되는 개념입니다.

2 위험과 비용부담의 이전 시점 및 수입자와 수출자의 역할

	위험부담 이전 시점	비용부담 이전 시점	운송 수배	보험 부담	수출지* 수출통관	수입지* 수입통관	도착지 양하비용
EXW	지정장소 (공장/창고)	지정장소 (공장/창고)	수입자	수입자	수입자	수입자	수입자
FCA	지정장소에서 운송인에게 인도되었을 때	지정장소에서 운송인에게 인도되었을 때	수입자	수입자	수출자	수입자	수입자

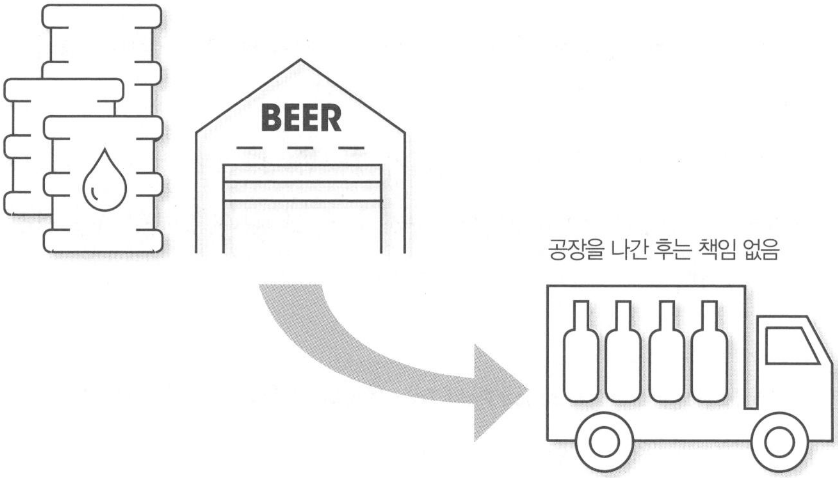

SECTION 4

4 CPT, CIP

배우리 CPT, CIP에 관해 가르쳐주십시오.

가대리 각 규칙에 관해 설명합니다.

1 CPT, CIP

① **CPT** (Carriage Paid To) **: 운송비지급 인도규칙입니다.**

- 수출자의 비용부담 : 수입지 지정목적지까지 운송비 부담
- 수출자의 위험부담 : 수출지에서 운송인에게 인도까지

수출지에서 운송인에게 물품을 인도하든가 또는 그렇게 인도된 물품을 조달함으로써 위험부담이 수출자로부터 수입자에게 이전됩니다. 수입지의 지정목적지까지 운송비는 수출자의 부담입니다. 수출통관은 수출자가, 수입지에서의 수입통관은 수입자가 부담합니다. CPT는 비용부담과 위험부담의 이전 시점이 다르므로 주의가 필요합니다. 연속매매를 인정하고 있습니다.

② **CIP** (Carriage and Insurance Paid To) **: 운송비 · 보험료지급 인도규칙입니다.**

- 수출자의 비용부담 : 수입지 지정목적지까지의 운송비와 보험료 부담
- 수출자의 위험부담 : 수출지에서 운송인에게 인도까지

위험부담은 수출지에서 운송인에게 물품을 인도하든가 또는 그렇게 인도된 물품을 조달함으로써 수출자로부터 수입자에게 이전됩니다. 수입지의 지정목적지까지 운송비 및 보험료는 수출자의 부담입니다. 이때 보험은 ICC(A) 약관에 따른 부보를 취득해야 합니다. 수출통관은 수출자가, 수입지에서의 수입통관은 수입자가 부담합니다. CIP도 비용부담과 위험부담의 이전 시점이 다르므로 주의가 필요합니다. 연속매매를 인정하고 있습니다.

2 위험과 비용 부담의 이전 시점 및 수입자와 수출자의 역할

	위험부담 이전 시점	비용부담 이전 시점	운송 수배	보험 부담	수출지* 수출통관	수입지* 수입통관	도착지 양하비용
CPT	운송인에게 인도될 때	수출자는 지정 목적지까지의 운송비 부담	수출자	수입자	수출자	수입자	수입자
CIP	운송인에게 인도될 때	수출자는 지정 목적지까지의 운송비, 보험료 부담	수출자	수출자	수출자	수입자	수입자

SECTION 4

5 DAP, DPU, DDP

배우리 DAP, DPU, DDP에 관해 가르쳐 주십시오.

가대리 각 규칙에 관해 설명합니다.

1 DAP, DPU, DDP

① DAP(Delivered at Place) : 도착지 인도규칙입니다.

지정목적지에서 물품을 도착운송수단에 실어둔 채 양하 준비된 상태로 수입자의 처분하에 놓인 때 위험부담과 비용부담이 수출자로부터 수입자에게 이전됩니다. 수입통관은 수입자가 합니다. 수출자는 보험가입 의무가 없습니다.

② DPU(Delivered at Place Unloaded) : 도착지양하 인도규칙입니다.

지정목적지에서 물품을 도착운송수단에서 양하된 상태로 수입자의 처분하에 놓인 때 위험부담과 비용부담이 수출자로부터 수입자에게 이전됩니다. 수입통관은 수입자가 합니다. 수출자는 보험가입 의무가 없습니다.

③ DDP(Delivered Duty Paid) : 관세지급 인도규칙입니다.

수출자가 수입지의 수입통관을 필하고 지정목적지에서 물품을 도착운송수단에 실어둔 채 양하 준비된 상태로 수입자의 처분하에 놓인 때 위험부담과 비용부담이 수출자로부터 수입자에게 이전됩니다. 수출자의 부담이 가장 무거운 규칙입니다. 수출자는 보험가입 의무가 없습니다.

2 위험과 비용부담의 이전 시점 및 수입자와 수출자의 역할

	위험부담 이전 시점	비용부담 이전 시점	운송 수배	보험 부담	수출지* 수출통관	수입지* 수입통관	도착지 양하비용
DAP	지정 목적지에서 양하 전	지정 목적지에서 양하 전	수출자		수출자	수입자	수입자
DPU	지정 목적지에서 양하까지	지정 목적지에서 양하까지	수출자		수출자	수입자	수출자
DDP	지정 목적지에서 양하 전	지정 목적지에서 하역 전	수출자		수출자	수출자	수입자

※ D규칙에서는 수출자가 보험가입의 의무가 없지만 수입자도 없기 때문에 수입자가 보험에 가입하지 않는다면 목적지 도착까지 위험을 부담해야 하는 수출자가 보험에 가입할 수밖에 없다는 점에 유의하여야 합니다.

※ D규칙에서도 연속매매(이미 인도된 물품을 운송 중 조달하는 것)를 인정하고 있습니다.

SECTION 4

6 FAS, FOB

배우리 FAS, FOB에 관해 가르쳐주십시오.

가대리 각 규칙에 관해 설명합니다.

1 FAS, FOB

① **FAS(Free Alongside Ship) : 선측 인도규칙입니다.**

- 수출자의 비용부담 : 지정선박의 측면에 물품이 놓인 때까지의 비용
- 수출자의 위험부담 : 지정선박의 측면(부두 또는 바지선)에 물품이 놓인 때

지정선적항에서 수입자가 지정한 선박의 측면에 물품이 놓인 때 또는 이미 그렇게 인도된 물품을 조달한 때 위험부담과 비용부담이 수출자로부터 수입자에게 이전됩니다. 연속매매를 인정하고 있습니다.

② **FOB(Free On Board) : 본선 인도규칙입니다.**

- 수출자의 비용부담 : 물품이 본선의 선상에 놓일 때까지의 비용
- 수출자의 위험부담 : 물품이 본선의 선상에 놓일 때까지

지정선적항에서 수입자가 지정한 선박에 물품이 적재(on board)되든가 또는 이미 그렇게 인도된 물품을 조달할 때(연속매매) 수출자로부터 수입자에게 인도되는 것을 말하며, 이 시점부터 위험부담과 비용부담은 수출

자로부터 수입자에게 이전됩니다.

2 위험과 비용부담의 이전 시점 및 수입자와 수출자의 역할

	위험부담 이전 시점	비용부담 이전 시점	운송 수배	보험 부담	수출지* 수출통관	수입지* 수입통관	도착지 양하비용
FAS	본선 선측에 놓인 때	본선 선측에 놓인 때	수입자	수입자	수출자	수입자	수입자
FOB	본선 선상에 놓였을 때 또는 이미 그렇게 인도된 것을 조달했을 때	본선 선상에 놓였을 때 또는 이미 그렇게 인도된 것을 조달했을 때	수입자	수입자	수출자	수입자	수입자

인코텀즈 2020 규칙 내 수출자와 수입자의 의무 10개 조항 순서표

수출자(A)/수입자(B) 의무	인코텀즈 2020
A1/B1	일반의무
A2/B2	인도/인도의 수령
A3/B3	위험이전
A4/B4	운송
A5/B5	보험
A6/B6	인도/운송서류
A7/B7	수출/수입통관
A8/B8	점검/포장/하인표시
A9/B9	비용분담
A10/B10	통지

SECTION 4

7 CFR, CIF

배우리 CFR, CIF에 관해 가르쳐주십시오.

가대리 각 규칙에 관해 설명합니다.

1 CFR, CIF

① **CFR**(Cost and Freight) **: 운임포함 인도규칙입니다.**

- 수출자의 비용부담 : 지정수입항까지의 운임
- 수출자의 위험부담 : 물품이 본선의 선상에 놓인 때까지

물품이 본선의 선상에 놓였을(on board) 때 또는 이미 그렇게 인도된 물품을 조달할 때 수출자로부터 수입자에게 인도되는 것을 말합니다. 위험부담은 물품이 수입자에게 인도된 때 이전하고, 지정수입항까지의 운임은 수출자가 부담합니다. 보험은 수입자가 부담합니다.

② **CIF**(Cost Insurance and Freight) **: 운임 · 보험료포함 인도규칙입니다.**

- 수출자의 비용부담 : 지정수입항까지의 운임, 보험료
- 수출자의 위험부담 : 물품이 본선의 선상에 놓인 때까지

물품이 본선의 선상에 놓였을(on board) 때 또는 이미 그렇게 인도된 물품을 조달할 때 수출자로부터 수입자에게 인도되는 것을 말합니다. 위험

부담은 물품이 수입자에게 인도된 때 이전하고, 지정수입항까지의 운임과 보험료는 수출자가 부담합니다. 이때 보험은 ICC(C) 약관에서 제공하는 최소담보조건에 따른 보험이므로 주의가 필요합니다.

2 위험과 비용 부담의 이전 시점 및 수입자와 수출자의 역할

	위험부담 이전 시점	비용부담 이전 시점	운송 수배	보험 부담	수출지* 수출통관	수입지* 수입통관	도착지 양하비용
CFR	본선 선상에 놓였을 때 또는 이미 그렇게 인도된 것을 조달했을 때	수출자는 지정수입항까지의 운임 부담	수출자	수입자	수출자	수입자	수입자
CIF	본선 선상에 놓였을 때 또는 이미 그렇게 인도된 것을 조달했을 때	수출자는 지정수입항까지의 운임, 보험료 부담	수출자	수출자	수출자	수입자	수입자

★ 이 단원의 주요 용어 정리

용어	설명
Trade Terms	무역조건
INCOTERMS	국제상업회의소가 제정한 무역조건의 정의로 비용부담과 위험부담을 정함
ICC	International Chamber of Commerce의 약어로 국제상업회의소
EXW	Ex Works(공장 인도규칙)
FCA	Free Carrier(운송인 인도규칙)
CPT	Carriage Paid To(운송비지급 인도규칙)
CIP	Carriage and Insurance Paid To(운송비·보험료지급 인도규칙)
DAP	Delivered at Place(도착지 인도규칙)
DPU	Delivered at Place Unloaded(도착지양하 인도규칙) (※ 인코텀즈 2020에서 신설)
DDP	Delivered Duty Paid(관세지급 인도규칙)
FAS	Free Alongside Ship(선측 인도규칙)
FOB	Free On Board(본선 인도규칙)
CFR	Cost and Freight(운임포함 인도규칙)
CIF	Cost Insurance and Freight(운임·보험료포함 인도규칙)

SECTION •5

대금결제

무역거래에서 대금결제는 대단히 중요합니다. 무역거래에 따른 위험을 피하기 위해 수출상은 선적 전에 수출대금을 받기를 희망하고, 수입상은 상품 수령 후에 대금을 지불하기 바랍니다. 무역거래에서 대금결제는 어떠한 방법이 있을까요?

송금 또는 신용장에 의한 결제, 추심에 의한 결제 등의 실무에 관해서 그 흐름을 표로 그려서 설명합니다.

SECTION 5

1 대금결제의 종류

배우리 대금결제 방법과 종류에 관해 가르쳐주십시오.

가대리 송금 방법, 신용장 방법, 추심결제 방법 등이 있습니다.

1 대금결제의 방법과 종류

수출입거래에서 대금결제 방법은 어떤 것이 있는지 지불 방법과 지불 시기의 측면에서 알아봅니다.

방법으로는 송금 방법, 신용장 방법 그리고 추심결제 방법 등이 있습니다. 그리고 지불 시기는 선불과 후불이 있습니다.

① 송금 방법

- 가장 간편하고 은행수수료도 적은 방법입니다.
- 송금수표 방법(Demand Draft, D/D), 우편송금 방법(Mail Transfer, M/T) 그리고 전신송금 방법(Telegraphic Transfer, T/T)이 있으며, 최근 들어 대부분의 송금은 전신송금 방법이 이용되고 있습니다.

② 신용장 방법

수입자가 거래은행을 통해 신용장을 개설하고 수출자의 거래은행이 신용장과 함께 화환어음을 매입하는 방법입니다.

③ 추심결제 방법

수출자의 거래은행이 화환어음을 수입자의 거래은행(추심은행)을 통해 추심을 한 후 대금을 결제하는 방법입니다. 다음과 같은 두 가지 방법이 있습니다.

- **지급도 방법**(Document against Payment, D/P) : 수입자가 환어음 대금을 지급한 후에 추심은행이 선적서류를 수입자에게 건네주는 방법입니다.
- **인수도 방법**(Document against Acceptance, D/A) : 수입자가 환어음의 앞면에 인수(Acceptance)의 의사만 표시하면 선적서류를 수입자에게 건네주는 방법입니다.

2 대금지불시기

① 송금 방법에는 사전송금 방법과 사후송금 방법이 있습니다.

② 신용장 방법에는 일람불(at sight)과 유전스(Usance) 방법이 있습니다.

SECTION 5

2 송금결제 방법

배우리: 송금 방법에 관해서 설명해주십시오.

가대리: 송금 방법 및 지불시기의 측면에서 설명합니다.

1 지불시점에 따른 송금 방법

① **사전송금 방법(Payment in Advance or Cash in Advance)**

수입자가 수출자 앞으로 물품을 주문하면서 미리 대금을 송금하는 방법으로 주문지급(Cash with Order, CWO)이라고도 합니다.

② **사후송금 방법**

말 그대로 수입자가 물품을 수령한 후 대금을 송금하는 방법입니다. 다음과 같은 방법도 여기에 해당됩니다.

- COD(Cash On Delivery) : 현품상환 방법
- CAD(Cash Against Documents) : 서류상환 방법
- O/A(Open Account) : 선적통지부 지불, 상호계정 방식
- European D/P

2 송금 방법 채택 시 유의사항

① 환어음을 사용하지 않으므로 어음법을 적용할 수 없는 거래입니다.

② 적용되는 국제규칙은 물론 은행의 지급확약도 없습니다.

③ 오직 매매계약서만 근거로 거래가 성립되기 때문에 수출입계약 체결 시 당사자의 권리·의무에 관한 내용을 더욱 구체적으로 확실하게 작성할 필요가 있습니다.

사전송금 방법 거래의 업무 흐름도

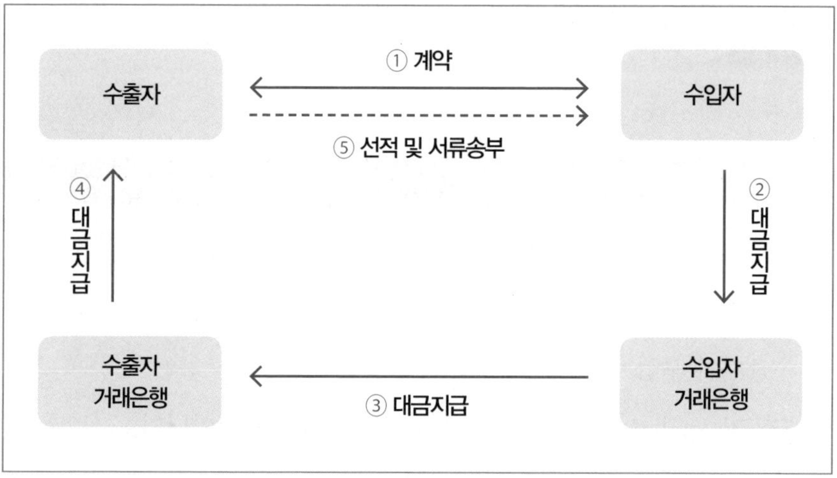

사후송금 방법 거래의 업무 흐름도

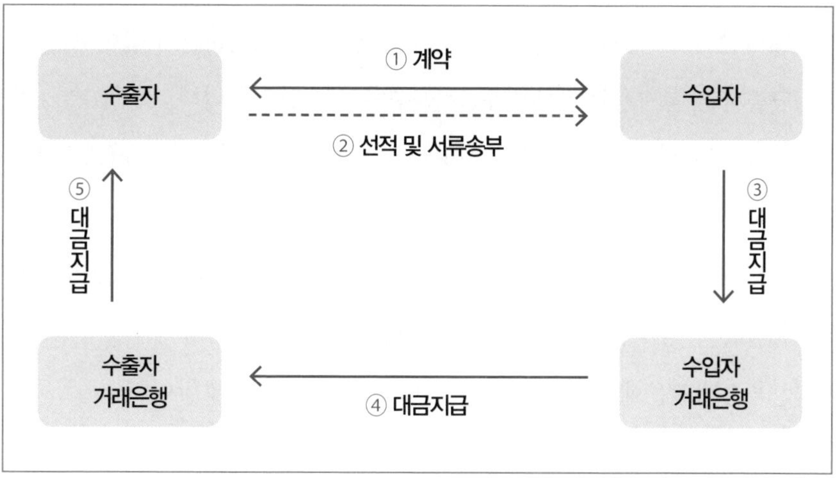

SECTION 5

3 신용장에 의한 대금결제

배우리: 신용장방식에서 대금수령은 어떻게 합니까?

가대리: 거래은행에 환어음 매입(Negotiation)을 의뢰하면 매입서류가 신용장조건을 충족할 경우 대금을 지급해줍니다.

1 신용장에 의한 대금결제의 흐름

신용장에 의한 화환어음 결제의 흐름은 다음과 같습니다.

① 수출자와 수입자가 매매계약을 체결합니다.

② 수입자(Applicant)가 거래은행에 신용장개설을 의뢰합니다.

③ 수입자 거래은행은 신용장을 개설합니다. 이때 거래은행은 신용장개설은행(Opening Bank)이 됩니다.

④ 신용장을 수령한 수출자의 거래은행은 수출자에게 신용장의 도착을 통지합니다. 이때 거래은행은 통지은행(Advising Bank)이 됩니다.

⑤ 수출자는 통지은행에서 신용장을 수령하고 선적합니다.

⑥ 수출자는 선적을 완료하면 신용장과 함께 서류를 갖춰서 거래은행에 화환어음 매입을 의뢰합니다.

⑦ 거래은행은 서류에 문제가 없으면 즉시 대금을 지급합니다. 그리고 서류를 신용장개설은행 앞으로 송부합니다.

⑧ 신용장개설은행은 서류가 도착하면 수입자에게 통보합니다.

⑨ 수입자는 정해진 기한 내에 수입물품 대금(신용장 금액)을 결제하고 선

적서류를 받아 통관을 합니다.

⑩ 신용장 발행은행은 수입물품 대금을 매입은행으로 송금합니다.

2 환어음 매입의뢰 시 첨부 서류의 종류

일반적으로 다음과 같은 서류가 필요합니다.

① **송장** (Invoice)

② **포장명세서** (Packing List, P/L)

③ **선하증권** (Bill of Lading, B/L)

④ **보험증권** (Insurance Policy, I/P)

⑤ **원산지증명서** (Certification of Origin)

⑥ **그 밖에 검사증명서** (Inspection Certificate) **등 신용장에서 요구하는 서류**

신용장조건 거래의 업무 흐름도

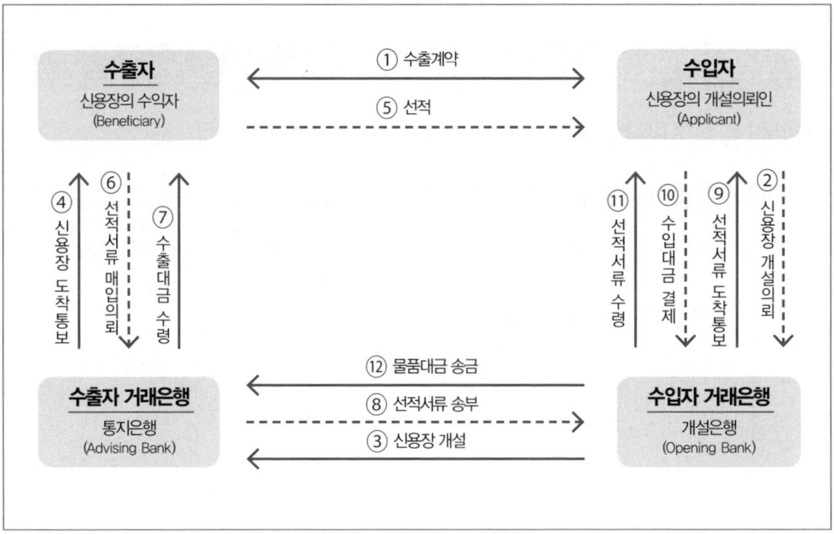

SECTION 5

4 추심결제 방법

배우리: 추심결제 방법은 어떻게 하는 것입니까?

가대리: 수출자의 거래은행이 환어음을 수입자의 거래은행(추심은행)에 보내서 추심한 후 대금을 지불해주는 방법입니다.

1 추심결제 방법이란?

추심(Collection)결제 방법이란 수출자가 수입자를 지급인(Drawee)으로 하여 환어음을 발행하고, 여기에 선하증권 등 계약서에 명시된 서류를 첨부하여 자신의 거래은행을 통하여 수입자 은행에 환어음 추심을 의뢰합니다. 그러면 수입자가 환어음 금액을 지불하거나(D/P) 환어음을 인수한(D/A) 경우 선적서류를 수입자에게 인도하도록 하는 결제 방법입니다.

2 추심결제 방법의 특징

① 환어음을 사용합니다(어음법 적용).

② 국제규칙(URC, 추심에 관한 통일규칙)을 적용합니다.

③ 서류와 대금을 관계은행(추심은행, 추심의뢰은행, 제시은행)을 통하여 송부 및 송금이 가능합니다.

④ 은행의 지급확약이 없으므로 신용이 확실한 거래관계에서만 이용합니다.

⑤ 신용장 거래보다 은행수수료 부담이 낮습니다.

⑥ 환어음의 지급인은 수입상이 됩니다.

3 URC에 관해서

URC(Uniform Rules for Collection)는 국제상업회의소가 제정한 '추심에 관한 통일규칙'입니다. 이 규칙을 적용하기 위해서는 추심 지시서에 다음과 같은 문언을 명기해야 합니다.

"This collection is subject to Uniform Rules for Collection, 1995 Revision, ICC Publication No. 522." 또는 "This collection is subject to URC522." (이 추심은 1995년에 개정되고 국제상업회의소 출판 번호 522의 추심에 관한 통일규칙에 따릅니다. 또는 이 추심은 URC522에 따릅니다.)

UCP와 마찬가지로 무역환경의 변화에 대응해서 대략 10년 주기로 개정되고 있습니다.

추심결제(D/P) 방법 거래의 업무 흐름도

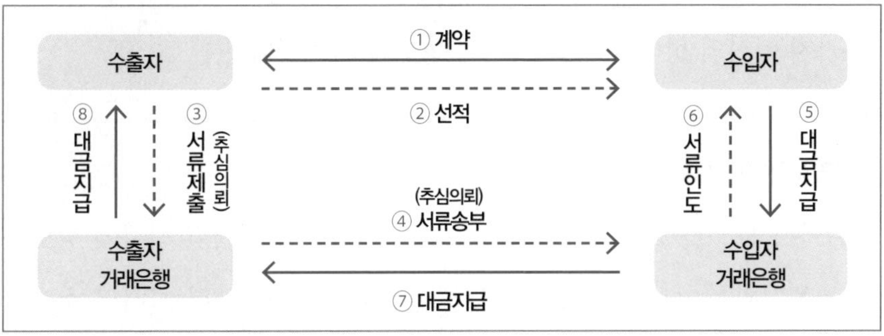

추심결제(D/A) 방법 거래의 업무 흐름도

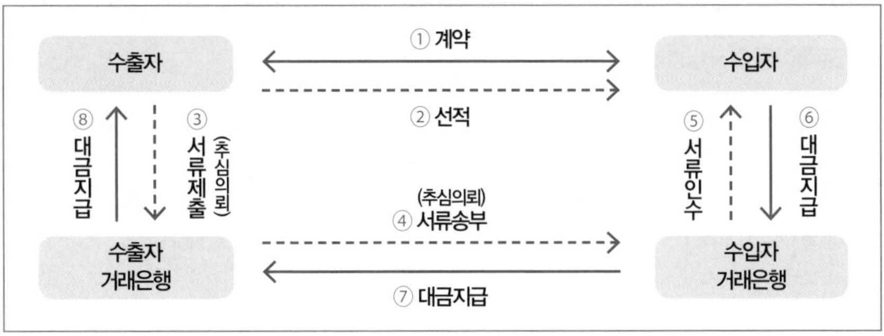

SECTION 5

5 기타 대금결제 방법

배우리: 송금 방법, 신용장 방법, 추심 방법 외에 다른 방법은 없습니까?

가대리: 혼합 방법, 국제팩터링, 포페이팅 방법 그리고 네팅 방법 등이 있습니다.

기타 대금결제 방법

기타 대금결제에는 다음과 같은 방법이 있습니다.

① 혼합 방법

두 가지 이상의 방법을 혼합한 결제 방법을 의미합니다.

② 국제 팩터링(International Factoring)

수출자가 물품을 공급하고 발생하는 외상매출권을 팩터링 회사에 양도하고 금융지원을 제공받는 무신용장 방법입니다. 30만 달러 이하의 소액거래이면서 외상기간이 1년 이하일 때 주로 사용됩니다.

③ 포페이팅(Forfaiting)

수출거래에서 발생하는 환어음을 소구의무 없이(without recourse) 고정금리로 할인 받는 방법으로 usance L/C 거래, 100만 달러 이상의 거액이면서 외상기간이 긴 거래에 주로 사용되는 결제 방법입니다.

④ 네팅(Netting)

둘 또는 그 이상의 거래자 사이에 받을 대금과 지불할 대금을 장부상에서 상쇄하고 실제 거래금액을 소액으로 하는 방법입니다. 거래금액을 소액으로 하면 다음과 같은 메리트가 있습니다.

- 거래 리스크를 줄일 수 있습니다.
- 어음수수료나 업무처리비용을 절감할 수 있습니다.
- 결제자금을 줄일 수 있습니다.

네팅 방법에는 2개 회사 간에 하는 바이라티럴 네팅, 3개 이상 회사 간에 하는 멀티라티럴 네팅이 있습니다.

★ 이 단원의 주요 용어 정리

용어	설명
Remittance	송금
Telegraphic Transfer	전신송금
Mail Transfer	우편송금
Demand Draft	송금수표를 등기우편으로 송금하는 방법
Document against Payment	D/P, 지급도 방식 : 어음의 수취인인 수입자가 은행에 대금을 지불하고 선적서류를 수령한 후 화물을 받는 방법
Document against Acceptance	D/A, 인수도 방식 : 어음의 수취인인 수입자가 은행에 대해서 화환어음의 지불을 확인하고서 선적서류를 수령한 후 화물을 받고, 지불일에 대금을 지불하는 방법
At sight	일람불 : 대금을 바로 지급하는 방식
Draft at 60 days after sight	일람 후 60일에 지불하는 방식
Netting	받을 대금과 지불할 대금을 장부상에서 상쇄하는 방식
Collection	추심
Negotiation	매입. 무역에서는 매입이라는 의미임
Bill of Exchange	환어음
Tenor	어음기한
Drawee	어음수취인, 지급인 (Drawer : 어음발행인)
URC	Uniform Rules for Collection, 추심에 관한 통일규칙
COD	Cash on Delivery, 현품상환방법
CAD	Cash against Documents, 서류상환방법
O/A	Open Account, 선적통지부 지불, 상호계정 방식
국제팩터링	International Factoring (대금결제 방법)
포페이팅	Forfaiting (대금결제 방법)

SECTION ·6

신용장

배우리 사원과 구매하 사원은 수출 및 수입계약을 체결하기에 이르렀습니다. 계약은 신용장을 사용하는 거래입니다. 은행이 수입자의 지불대금을 확인합니다. 신용장 거래를 함으로써 수출자는 대금회수의 리스크를 방지할 수 있습니다. 신용장 당사자의 관계, 신용장의 장단점 등에 관해서 설명합니다.

SECTION 6

1 신용장이란?

배우리 계약을 한 후에는 어떤 실무가 있습니까?

가대리 신용장조건의 거래일 경우 수입자는 수출자를 수익자로 해서 거래은행에 신용장개설을 의뢰합니다. 수출자는 신용장을 수령해서 내용을 확인한 후 물품 수배에 들어갑니다.

1 신용장이란?

신용장(Letter of Credit)은 외국 회사와의 거래에서 신용 리스크에 대비하는 보증의 한 수단입니다. 수입자의 거래은행(신용장개설은행)이 수입자를 대신해서 수출자에게 물품 대금의 지불을 보증하는 서장(書狀)을 말합니다.

2 신용장 거래의 특징

① 신용장은 당사자 간의 매매계약에 근거하여 개설되지만 신용장이 개설되면 신용장조건에만 구속됩니다.

② 개설은행은 수출자가 신용장조건에 따라 제시하는 서류가 오로지 신용장의 문면상 엄격하게 일치하는지 검토하고 대금지급 여부를 결정하게 됩니다. 한 글자라도 틀릴 경우 대금지불이 거절될 수 있습니다.

③ 신용장개설은행은 신용장조건을 충족하는 서류를 제시하기만 하면 대금지급을 거절할 수 없습니다. 따라서 수입자는 대금결제 후에 수입물품을 확인할 수 있다는 제약조건 때문에 수입자가 사기와 같은 위험을 당할 소지가 있습니다.

3 신용장 거래의 규칙

신용장 거래에서 은행이나 매매 당사자가 권리의무 또는 서류의 취급이나 해석 등이 다르면 다양한 문제가 발생할 가능성이 있습니다. 이를 미연에 방지하고 원활한 무역거래를 위해 국제상업회의소(International Chamber of Commerce, ICC)가 '신용장에 관한 통일규칙'을 제정하였습니다. 그 후 무역환경 변화에 따라 여러 번 개정되어 지금은 2007년에 개정된 것이 사용되고 있습니다.

정식명칭은 〈The Uniform Customs and Practice for Documentary Credit, 2007 Revision, ICC Publication No. 600〉(국제상업회의소 소책자 번호 600, 2007년 개정 상업화환신용장에 관한 통일규칙 및 관례, UCP600)입니다.

신용장상에 신용장통일규칙의 준거문언이 기재되면 개설은행은 이 규칙의 구속을 받으며, 은행 간의 규칙이 되는 동시에 신용장 확인 및 통지는 물론 무역 당사자까지 구속하는 법적효력을 갖게 됩니다.

SECTION 6

2 신용장 당사자의 관계

배우리: 신용장조건 거래를 할 경우 당사자의 관계에 관해 가르쳐주십시오.

가대리: 신용장조건 거래 시에 당사자의 관계에 관해 설명합니다.

1 신용장 당사자의 관계

신용장 당사자의 관계를 설명합니다. 신용장조건 거래 시에는 관여하는 당사자를 확인하고 그 흐름을 파악할 필요가 있습니다.

① **개설 의뢰인(Applicant)**

신용장개설을 의뢰하는 회사, 즉 수입자를 말합니다.

② **수익자(Beneficiary)**

신용장을 수령하는 수출자를 말합니다.

③ **개설은행(Opening Bank)**

신용장을 개설하는 은행을 말합니다. Issuing Bank 또는 Establishing Bank라고도 합니다.

④ **통지은행(Advising Bank)**

신용장을 수익자인 수출자에게 통지해주는 은행을 말합니다. Notifying

Bank라고도 합니다.

2 신용장의 흐름

신용장의 흐름에 관해서는 앞의 **SECTION 5.** 3 신용장에 의한 대금결제 페이지를 참조하십시오.

신용장의 흐름

신용장의 흐름	관계 당사자
① 신용장개설 의뢰	수입자 → 거래은행
② 신용장개설	수입자 거래은행(개설은행) → 수출자 거래은행
③ 신용장 도착 통지 및 수령	수출자 거래은행(통지은행) → 수출자(수익자)
④ 화환어음 매입의뢰	수출자 → 수출자 거래은행(매입은행)
⑤ 화환어음 및 서류 송부	수출자 거래은행 → 수입자 거래은행(개설은행)

SECTION 6

3 신용장의 장점과 단점

배우리 신용장은 수출자와 수입자에게 어떤 장점과 단점이 있습니까?

가대리 여러 가지 장점과 단점이 있습니다.

1 신용장의 장점과 단점

① 수출자의 입장에서 장점과 단점은 다음과 같습니다.

장점	단점
· 신용장은 은행의 대금 지불 보증서이므로 대금 회수의 확률이 상당히 높습니다. · 취소불능신용장이 개설되면 수출거래가 확정됩니다. · 선적 후 은행에 환어음 매입을 의뢰하면 즉시 대금을 지불받을 수 있습니다. · 수출자금을 융자받을 수 있습니다.	· 신용장상에 명시된 조건대로 서류 작성을 해야 하므로 취급이 번거롭습니다. · 환어음 매입은 매입은행의 판단에 따라 매입이 거부될 경우도 있을 수 있습니다. · 신용장개설은행이 파산하거나 고의적으로 대금지급을 거절하는 경우 해결 방안이 없습니다.

② 수입자의 입장에서 장점과 단점은 다음과 같습니다.

장점	단점
· 신용장이 은행의 대금 지불 보증서이므로 수출자에게 신용을 보이는 것이 됩니다. · 신용장에 기재된 선적기일을 근거로 제때 물품의 선적을 확신할 수 있습니다. · 신용장개설은행으로부터 신용을 공여 받게 되면 수입물품이 판매되는 동안 대금결제를 연기할 수 있는 혜택을 받을 수도 있습니다.	· 신용장조건을 충족하는 선적서류를 제시하면 은행은 대금을 지불해야 하므로 수출자가 선적한 제품이 계약한 제품이 아닐 경우 수입자는 사기와 같은 위험을 당할 수 있습니다. · 수출자가 일방적으로 선적하지 않아도 이에 대한 대비책이 없습니다.

SECTION 6

4 신용장 내용 수정

배우리: 신용장의 내용이 계약 내용과 다를 때는 어떻게 해야 합니까?

가대리: 수입자에게 신용장 내용 수정을 요청해야 합니다.

1 신용장 내용 수정

신용장을 수령해서 내용을 검토해보면 계약 내용과 다른 경우가 있습니다. 이때는 수입자에게 신용장 내용의 수정(Amendment)을 요구하고 수정해야 합니다.

신용장의 내용 수정을 신용장조건 변경이라고도 합니다.

2 신용장 내용 수정의 흐름

① 수출자(수익자)가 수입자(개설의뢰인)에게 신용장 내용 수정을 요청합니다.

② 이에 수입자가 동의하면 개설은행에 내용수정을 신청합니다.

③ 개설은행은 통지은행을 통하여 수출자에게 수정된 내용을 통지합니다.

3 신용장 내용을 수정하지 않을 수도 있습니다.

① 중요한 사항이 아닌 경우 수입자와 합의하에 그대로 진행합니다. 물론 그 사실을 매입은행과 개설은행에 통지합니다.

② 중요한 사항인 경우 그대로 진행한 후 Cable Nego 또는 L/G Nego를 합니다.

보충설명

① Cable Nego

다른 내용이 중대한 경우 매입은행이 신용장개설은행에 케이블로 매입 여부를 문의해서 승인을 받는 방법입니다. 수출자는 매입은행에 수수료를 지불하고 Cable Nego 의뢰서를 작성합니다.

② L/G Nego

매입은행은 내용이 다른 서류를 그대로 수입지의 은행에 송부합니다. 수출자는 신용장개설은행이 지불을 거절할 경우에 대비해서 보증서를 발행해서 매입은행에 제출합니다. 이때 어음이 부도날 경우 수출자는 그것을 부담해야 합니다.

※ Nego는 Negotiation의 약어입니다. 일상 영어회화에서는 '교섭 또는 협상'이라 하지만, 무역영어의 경우 '매입'이란 의미로 사용됩니다.

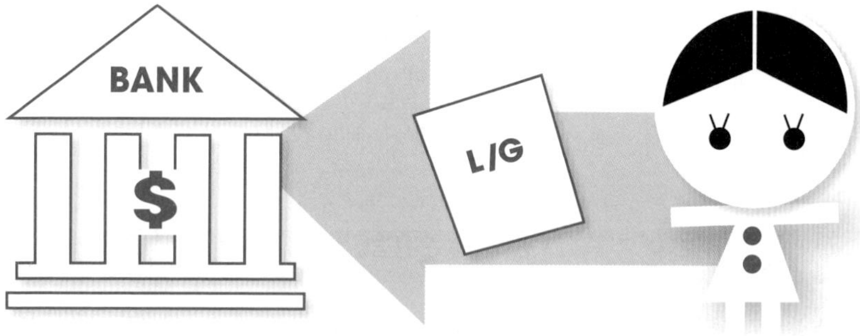

SECTION 6

5 신용장 내용 수정을 요청하는 서신을 작성합니다

가대리 신용장 내용 수정을 요청하는 서신의 예문을 살펴보도록 합시다.

1 작성 포인트

다음과 같은 내용으로 작성합니다.

① **서 두**

서두인사에 이어 신용장을 잘 받았음을 명기합니다.

② **본 문**

신용장을 검토한 결과 계약내용과 다른 부분에 관해 명기하고 변경을 요청합니다.

③ **끝맺음**

조속한 변경을 기다린다는 뜻을 전합니다.

2 예문

① **한글 문안** – 신용장 내용 수정을 요청하는 서신

제목 : **신용장의 내용 수정 요청**

귀사가 개설한 신용장(번호 M875643)을 잘 받았습니다.
당사에서 검토해 본 결과 최종 선적일이 계약 내용과 다르게 되어 있는 것을 발견했습니다.
따라서 당사는 귀사 앞으로 아래와 같이 신용장의 선적일에 관해 가능한 한 빨리 수정해 주실 것을 요청합니다.

〈현재 : 2013년 8월 10일 / 수정 후 : 2013년 8월 20일〉

귀사의 빠른 수정에 감사드립니다.

포인트 설명
검토하다 : study
~ 와 다르다 : be different from~
수정하다 : amend
아래와 같이 : as follows
수정 후 : after amended
빠른 수정 : prompt amendment

② **영어 번역** – 신용장 내용 수정을 요청하는 서신 예문

From : WooRee Bae

To : Lauren Clark

Sent : May 23, 2013

Subject : Request for amendment of L/C

Dear Miss Clark,

We have received your Letter of Credit(No. M875643) with thanks.

As a result of study, however, we have found that latest shipping date is different from time of shipment in the Contract(No. GA-444). Therefore, we are asking you to amend latest shipping date as soon as possible as follows.

Now : August 10, 2013 / After amended : August 20, 2013

Your prompt amendment would be much appreciated.

Best regards,

WooRee Bae, Trade Team

Global Inc

XX, Nonhyeon-Ro 5gil, Kangnam-Ku,

Seoul, Republic of Korea

Tel. : +82-10-3XXX-5XXX, e-mail : baewr@global.co.kr

SECTION 6

6 신용장의 종류

배우리 신용장의 종류에는 어떤 것들이 있습니까?

가대리 취소불능신용장을 비롯해서 다양한 조건의 신용장이 있습니다.

신용장의 종류

취소불능신용장(Irrevocable L/C)

신용장 당사자들의 합의 없이는 취소할 수 없는 신용장입니다. 통상의 무역거래에서는 이 신용장을 이용합니다. 이에 대해 취소가능신용장(Revocable L/C)이 있습니다.

화환신용장(Documentary L/C)

신용장개설은행이 화환어음의 지불을 확약하는 신용장입니다. 화환어음이란 환어음에 선하증권 등의 선적서류를 첨부한 것을 말합니다. 이에 대해 무화환신용장(Clean L/C)이 있습니다.

일람불신용장(at sight L/C)

신용장조건을 충족시키는 선적서류와 환어음을 제시하면 바로 신용장 대금을 지급하는 신용장입니다. 이에 대해 일정기간 후에 대금이 지급되는 신용장을 기한부신용장(Usance L/C)이라 합니다.

매입신용장(Negotiation L/C)

수출지에 있는 은행에 신용장에 의해 발행되는 환어음의 매입이 수권된 신용장입니다. 매입은행이 특정은행으로 제한되는 매입제한신용장(Restricted L/C)과 어느 은행에서든 자유롭게 매입 가능한 자유매입신용장(Freely Negotiation L/C)이 있으며 대부분 자유매입신용장입니다.

상환청구가능신용장(With Recourse L/C)

매입은행이 신용장개설은행에서 대금지급을 거부할 경우 수출자에게 이미 지급한 대금을 돌려달라고 요구할 수 있는 신용장입니다. 이에 대해 요구할 수 없는 신용장을 상환청구불가능신용장(Without Recourse L/C)이라 합니다.

확인신용장(Confirmed L/C)

신용장개설은행 이외의 제3의 은행이 지불을 확약하는 신용장입니다. 신용장의 신뢰도는 높아지지만 수수료가 들어갑니다.

하나의 신용장이 위에 소개한 신용장의 종류를 전부 또는 일부를 동시에 충족시키는 신용장이 개설될 수 있으며 통상 무역거래에서 그렇게 하고 있습니다.

(예) irrevocable, documentary, negotiation, with recourse, confirmed, at sight L/C

양도가능신용장(Transferable L/C)

수익자가 받은 신용장을 제3자에 신용장 금액의 전부 또는 일부를 양도 가능한 신용장을 말합니다. 신용장상에 'Transferable'이라는 용어가 반드시 있어야 합니다. 없으면 양도불능신용장입니다.

내국신용장(Local L/C)

수출용 원자재 또는 물품을 국내에서 구매하고자 하는 회사의 의뢰에 따라 외국환은행이 완제품 또는 원자재 공급업체를 수혜자로 하여 개설하는 신용장을 말합니다. 수입자로부터 받은 신용장을 원신용장(Master L/C)이라 말하며 내국신용장은 원신용장을 근거로 해서 개설됩니다.

회전신용장(Revolving L/C)

일정한 기간 일정한 범위 내에서 신용장 금액을 자동적으로 갱신하여 사용할 수 있는 신용장입니다. 수출자와 수입자 간에 동일 종류의 물품을 계속적으로 거래할 경우 매번 신용장을 개설해야 하는 번거로움을 피하고 개설 수수료를 절감할 수 있습니다.

기타 신용장

위의 열거한 신용장 이외에도 지급신용장(Payment L/C), 인수신용장(Acceptance L/C), 연지급신용장(Deferred Payment L/C), 동시개설신용장(Back to Back L/C), 기탁신용장(Escrow L/C), 스탠바이신용장(Stand-by L/C), 선대신용장(Red Clause L/C) 등이 있습니다.

SECTION 6

7 신용장 양도

배우리: 모든 신용장은 양도가 가능합니까?

가대리: 'Transferable'이라는 표시가 있는 신용장만 양도 가능합니다.

1 신용장 양도

수익자가 자신의 권리 중에서 전부 또는 일부를 제삼자에게 이양하는 것을 말합니다. 신용장상에 'Transferable'이라는 표시가 반드시 있어야만 양도 가능합니다. 신용장 양도는 여러 명에게 분할하여 양도할 수 있으나 단 1회에 한하며, 양수인이 또 다시 제삼자에게 양도할 수는 없습니다.

양도의 종류로는 전부양도(Total Transfer), 일부양도(Partial Transfer), 해외양도(Overseas Transfer)가 있습니다.

2 신용장 양도의 사유

① 수익자를 지사(대리인)로 해서 시간 여유를 가지고 가장 유리한 공급자를 찾고자 하는 경우

② 수출조합이나 동업자조합명의로 신용장을 받고 수출이행을 각 조합원에게 할당하고자 할 경우

③ 수익자가 당해 물품에 대한 쿼터를 보유하고 있지 않은 경우

④ 수익자가 공급능력이 없으나 양도 차익을 목적으로 신용장을 수령한 경우

3 신용장 양도 수순

① 양도인(제1수익자)과 양수인(제2수익자) 간에 신용장 양수도계약을 체결한 후 양도은행에 신용장 양도신청을 합니다.

② 양도은행은 신용장 양도신청을 받으면 양도자에게 양도에 따른 제반 비용을 받습니다.

③ 양도은행은 원신용장 뒷면에 양도 사실을 기재한 후 양도인에게 되돌려주고 양수인에게는 자기은행 명의로 양도신용장을 발행합니다.

4 신용장 양도인의 권리

① **송장대치**(substitution of Invoice) **및 추가어음 발행권리**

양도인이 제2수익자가 발행한 송장을 회수하고 자기 명의로 작성한 송장으로 대치하는 것을 송장대치라 합니다.

추가어음 발행권리는 금액을 낮추어 양도했을 경우 양도인은 차익에 해당하는 만큼의 금액을 추가한 새로운 어음을 발행하는 것을 말합니다.

② **양도지에서 지급 또는 매입을 요구할 권리**

양도인은 양수인에게 양도지(양도은행)에서 특정한 일시에 매입을 요구하는 권리를 말합니다.

TIP BOX

수출과 영세율제도

정책적으로 수출 및 외화획득을 지원할 목적과 국제적 이중과세를 방지하기 위하여 수출하는 재화나 용역에 대하여는 영세율을 적용합니다. 영세율이란 매출세율을 '0'으로 하기 때문에 자기가 부담한 매입세액을 전액 환급받게 되므로 수출을 주로 하는 사업자에게는 대단히 중요한 제도입니다.

대상 재화와 용역

- 수출하는 재화(구매확인서나 내국신용장에 의하여 공급하는 재화를 포함함)
- 국외에서 제공하는 용역

· 선박 또는 항공기의 외국항행용역

· 기타 외화획득사업

영세율 첨부서류

수출하는 재화에 대해서는 '수출실적명세서'만 제출하면 됩니다. 그러나 내국신용장, 구매확인서에 의한 국내공급, 중계무역수출, 외국인도수출, 위탁가공무역방식수출 등 기타 형태의 수출거래에 대해서는 수출 사실을 확인할 수 있는 수출계약서 사본이나, 수출대금의 획득 사실을 입증할 수 있는 외화입금증명서 등을 첨부해야 합니다.

영세율 조기환급제도

- 영세율 등 조기환급기간

수출업을 하는 사업자는 예정신고기간 중 또는 과세기간 최종 3월 중 매월 또는 매 2월에 조기환급기간 종료일로부터 25일 이내에 조기환급기간에 대한 과세표준과 환급세액을 관할 세무서장에게 신고하는 경우에는 조기환급기간에 대한 환급세액을 각 조기환급기간별로 당해 조기환급신고기한 경과 후 15일 이내에 환급받을 수 있습니다.

따라서 1·2월, 4·5월, 7·8월 및 10·11월이 조기환급기간이 될 수 있으며, 3월 및 9월에 대한 조기환급은 예정신고이며, 6월 및 12월에 대한 조기환급은 확정신고이므로 참조했으면 합니다.

- 영세율 조기환급신고 시 첨부서류

영세율 등 조기환급신고에 있어서는 다음의 사항을 기재한 영세율 등 조기환급신고서에 당해 과세표준에 대한 영세율 첨부서류와 매출처별 세금계산서합계표 및 매입처별 세금계산서합계표를 첨부하여 제출하여야 합니다.

① 사업자의 인적사항

② 과세표준과 환급세액 및 그 계산근거

③ 매출·매입처별 세금계산서합계표 제출내용

④ 기타 참고사항

★ 이 단원의 주요 용어 정리

용어	설명
Letter of Credit(L/C)	신용장. 은행이 수입자의 대금결제를 약속하는 보증서
Documentary L/C	화환신용장
Irrevocable L/C	취소불능신용장. 관련되는 모든 사람의 동의를 구하지 못하면 취소할 수 없는 L/C입니다.
Revocable L/C	취소가능신용장. 언제라도 취소 또는 조건변경을 할 수 있는 신용장
Confirmed L/C	확인신용장. 신용장 발행은행 이외의 은행이 지불을 보증하는 신용장
Restricted L/C	매입은행 지정신용장. 매입은행이 지정되어 있는 신용장
Transferable L/C	양도가능신용장. 제3자에게 금액의 일부 또는 전부를 양도하는 것이 가능한 신용장
Revolving L/C	회전신용장. 수출자와 수입자 간에 동일 종류의 화물을 계속적으로 거래할 때에 사용하는 신용장
Applicant	신용장개설 신청자. 통상 수입자임
Beneficiary	신용장 수익자. 통상 수출자임
Duplicate	2통의
Triplicate	3통의
Advising Bank	통지은행. Notifying Bank
Negotiation	매입. 교섭이라는 의미가 일반적이지만 무역실무에서는 매입이란 의미로 사용됩니다.
Presentation	제시
Date of Expiry	유효기한
Validity	유효
Banking Charges	은행 제비용
Issuing Bank	신용장 발행은행. Opening Bank
UCP	The Uniform Customs and Practice for Documentary Credit의 약어. 상업화환 신용장에 관한 통일규칙 및 관례
Amendment	수정, 변경
substitution of Invoice	송장대치

SECTION • 7

무역운송

수출 및 수입을 함에 있어서 어떤 운송수단이 있을까요? 국제운송의 수단으로는 해상운송과 항공운송, 그리고 국제복합운송이 이용됩니다. 여러 가지 운송수단 외에 선하증권, 항공화물운송장 등에 관해서 설명합니다.

SECTION 7

1 운송수단의 종류

구매하 운송수단에는 어떠한 것이 있습니까?

가대리 해상운송, 항공운송, 국제복합운송 그리고 국제택배 등이 있습니다.

운송수단의 종류

운송수단의 종류에는 다음과 같은 것이 있습니다.

① **해상운송(Marine Transportation)**

해상운송은 선박을 이용하는 운송입니다. 여기에는 다음의 두 가지 종류가 있습니다.

- **정기선**(Liner)**에 의한 운송** : 정기선이란 특정 항로에 정기적으로 운항되는 선박을 말합니다.
- **부정기선**(Tramper)**에 의한 운송** : 특별항로를 정하지 않고 화물이 있을 때 부정기적으로 운항하는 선박을 말합니다.

② **항공운송(Air Cargo Transportation)**

항공운송은 비행기를 이용하는 운송입니다. 여기에는 다음의 세 가지 종류가 있습니다.

- 직접화물운송
- Charter 운송
- 혼재화물운송

③ **국제복합운송(International Multimodal Transport)**

국제복합운송은 화물이 단일운송계약에 의거 두 가지 이상의 다른 운송수단을 이용하는 운송 방법으로 해상운송에 육상운송이나 항공운송을 조합하는 운송 방법입니다.

- **Sea & Air 방식** : 해상운송과 항공운송을 조합하는 운송 방식입니다.
- **랜드브리지(Land Bridge) 방식** : 철도를 가교(Bridge)로 하는 Sea-Land-Sea 방식의 복합운송형태를 말합니다.

SECTION 7

2 해상운송

구매하 해상운송은 어떤 형태로 이루어집니까?

가대리 컨테이너선과 재래선에 의한 운송 방법이 있습니다.

1 해상운송 방법

해상운송에는 컨테이너선과 재래선에 의한 운송 방법이 있습니다.

① 컨테이너선(Container ship)

- FCL(Full Container Load) : 컨테이너를 하나의 단위로 한 운송방법입니다.
- LCL(Less than Container Load) : 다른 하주(荷主)의 화물과 혼재되어 선적되는 운송방법입니다.

② 재래선(Conventional vessel)

컨테이너선이 등장하기 이전에 컨테이너 운송을 고려하지 않고 건조된 일반화물선을 말합니다. 재래선에 의한 운송화물을 루스 카고(Loose Cargo)라 합니다.

2 해상운송계약

해상운송계약으로는 크게 분류해서 두 종류가 있습니다.

① **개별운송계약**

정기선으로 화물을 운송하는 계약을 말합니다. 주의해야 할 항목은 운송화물, 선적수량, 적재선박, 선적일, 선적항 및 목적지항, 운임, 선내인부 임부담조건, 하역조건 등입니다.

② **용선계약**(Charter Party)

하주가 선박의 일부 또는 전부를 빌리는 계약을 말합니다. 곡물, 석탄 등과 같은 산적화물(Bulk Cargo, 포장하지 않고 운송하는 화물)을 운송할 경우 부정기선 선박을 계약합니다. 용선계약에는 두 종류의 계약이 있습니다.

- **기간용선계약**(Time Charter) : 일정 기간 배를 빌리는 계약을 말합니다.
- **항해용선계약**(Voyage Charter) : 화물의 선적항에서 하역항까지의 항해를 하주가 빌리는 계약으로, 선복(船腹) 전부용선계약과 일부용선계약이 있습니다.

SECTION 7

3 해상운임

구매하 해상운송의 운임은 어떻게 나누어집니까?

가대리 크게는 기본운임과 부대요금이 있습니다.

1 해상운임의 종류

기본요금 이외에 부대요금(할증료, 추가요금)이 있습니다.

① 기본요금의 종류

- **박스 레이트**(Box Rate) : 컨테이너 1대당 운임이 설정된 기본요금입니다.
- **중량요금**(Weight Basis) : 화물의 중량을 기준으로 운임을 산출합니다.
- **용적요금**(Measurement Basis) : 화물의 용적을 기준으로 운임을 산출합니다.
- **종가요금**(Ad Valorem Freight) : 귀금속 등의 고가품을 운송할 때 화물의 가격을 기초로 하여 이의 일정률을 운임으로 산출합니다.
- **최저운임**(Minimum Charge) : 운임이 일정 수준이 안 될 경우 적용하는 운임입니다.
- **차별운임**(Discrimination Rate) : 화주, 화물, 장소에 따라 차별적으로 부과하는 운임입니다.
- **무차별운임**(FAK, Freight All Kinds Rate) : 운송거리를 기준으로 일률적으로 책정하는 운임입니다.
- **품목별 기본요금**(Commodity Rate) : 품목에 따라 요금이 설정되어 있는 운

임입니다.

- **포장단위요금**(Piece Package Unit Basis) : 기계 등 1대 단위로 단위를 산정합니다.

이상은 운임을 부과하는 방법에 따른 것이며, 운임의 지급시기에 따라서 선불운임(Freight Prepaid)과 후불운임(Freight Collect)이 있습니다.

② 부대요금(할증료, 추가요금)의 종류

- **할증료**(Surcharge)

- 유류 할증료(BAF, Bunker Adjustment Factor) : 연료가격의 변동에 대해 조정되는 할증요금
- 통화 할증료(CAF, Currency Adjustment Factor) : 환율의 급격한 변동을 조정하는 운임
- 선박혼잡할증료(PCS, Port Congestion Surcharge) : 수입항에 도착해서 정박하고 있는 선박이 많아 정박기간이 길어졌을 때 발생하는 비용

- **추가요금**(Additional Charges)

- 터미널 화물처리비(THC, Terminal Handling Charge) : 컨테이너 터미널에서 발생하는 컨테이너 취급비용의 일부. 선적항·도착항 양 항구에서 발생
- CFS 작업료(Container Freight Station Charge) : 컨테이너 화물 집하장에서 컨테이너 소량화물(LCL Cargo)을 혼적 또는 분류하는 데 발생하는 비용
- 기타요금

2 해상운임의 조건

구분	내용
Liner Term	정기선의 개별운송 운임조건. 선적항과 도착항에서 선적 및 하역 등의 비용을 포함하는 조건
Berth Term	부정기선 운송의 운임조건. 선적항과 도착항에서 선적 및 하역 등의 비용을 포함하는 조건
Free In(FI)	운임에 선적항에서 선적 등에 드는 비용이 포함되지 않은 조건. 선적항에서의 그 같은 비용은 화주가 수배하고 부담함
Free Out(FO)	운임에 도착항에서 하역 등에 드는 비용이 포함되지 않은 조건. 도착항에서의 그 같은 비용은 화주가 수배하고 부담함
Free In & Out(FIO)	운임에 선적항에서의 선적에 드는 비용 및 도착항에서의 하역에 드는 비용 등이 포함되지 않은 조건. 그 같은 비용은 화주가 수배하고 부담함

해상운임의 조건

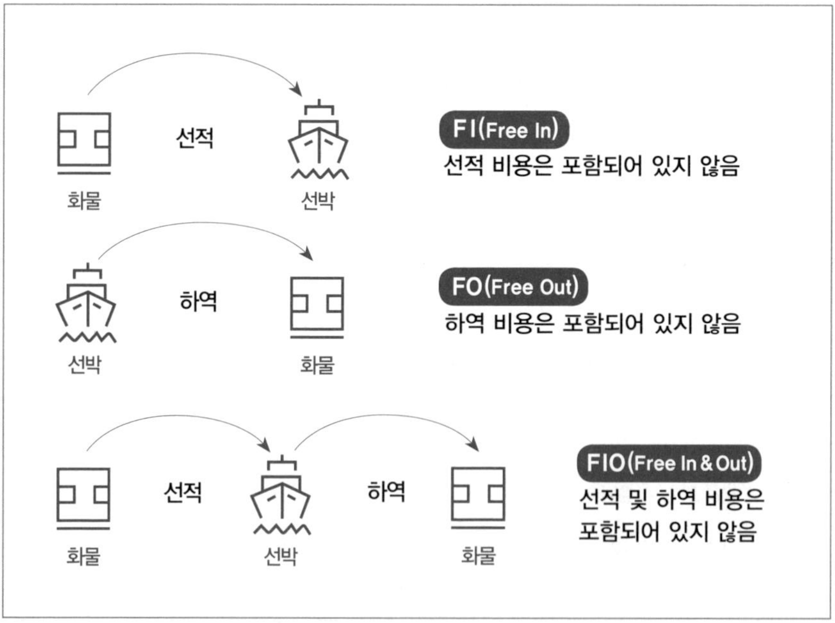

SECTION 7

4 선하증권

구매하: 선하증권의 성격은 어떤 것이 있습니까?

가대리: 선하증권은 소정의 화물이 선적된 사실을 증명하는 유가증권으로 선적서류 중에서 가장 중요한 서류입니다.

1 선하증권의 성격

선하증권은 다음과 같은 성격을 지니고 있습니다.

① 선박회사가 화물을 받았다는 것을 나타내는 화물수취증

② 선박회사가 운송한다는 것을 증명하는 운송계약서

③ 소지인이 화물의 인도를 요구할 수 있는 권리증권

④ 이서(Endorsement)에 의해 전매 가능한 유가증권

2 선하증권 검토 시 체크포인트

선하증권을 선박회사로부터 수령하면 잘못 기재된 사항은 없는지 검토해야 합니다. 검토 시 체크포인트에 관해 알아봅니다.

① 발행일자(B/L Date)를 확인합니다.

② 신용장 거래일 경우 기재된 내용이 신용장 내용과 일치하는지 확인합니다.

③ 선적선하증권으로 되어 있는지 확인합니다.

④ 원본 3부가 발행되었는지 확인합니다.

⑤ 신용장 거래일 경우 특별조건으로 스페인어나 프랑스어로 표시가 지시되는 것이 있으므로 확인합니다.

⑥ 선하증권의 번호 및 선박회사의 서명(Sign)이 있는지 확인합니다.

검토 결과 잘못 기재된 부분이 발견되면 즉시 선박회사에 연락하여 정정을 요청해야 합니다.

선하증권의 역할

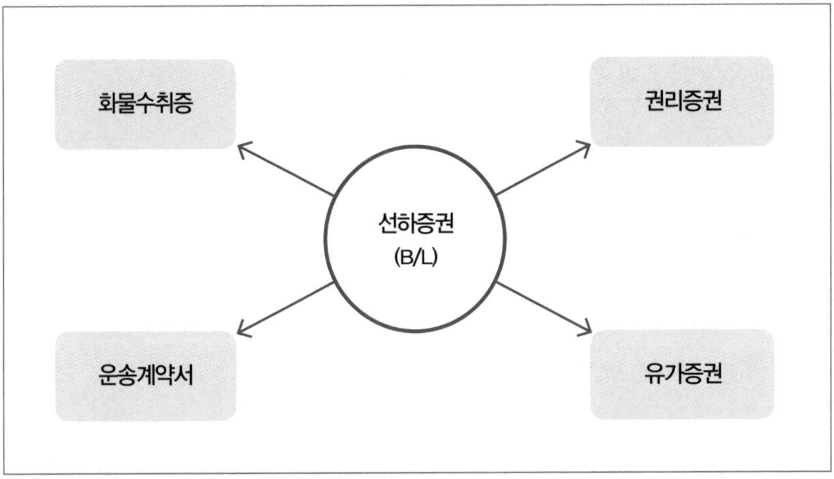

SECTION 7

5 선하증권의 종류

구매하 선하증권도 여러 종류가 있습니까?

가대리 선하증권은 성격이나 용도에 따라 여러 가지로 구분됩니다.

선하증권의 종류

선하증권에는 다음과 같이 여러 종류가 있습니다.

① **선적 선하증권 (Shiped or On Board B/L)**

실제로 화물이 선적된 후에 발행되는 선하증권입니다.

② **수취 선하증권 (Received B/L)**

화주가 화물을 지정 장소에 입고시키고 요구할 경우 선적 전에 발행되는 증권입니다. 선적이 완료되면 앞면의 'On Board Notation' 칸에 선적일과 사인을 해서 선적선하증권과 동일하게 취급합니다.

③ **무사고 선하증권 (Clean B/L)**

선적된 화물의 포장상태 및 수량에 문제가 없고 양호한 상태로 선적되었을 때 발행되는 증권입니다. 무고장 선하증권이라고도 합니다.

④ **사고부 선하증권 (Foul or Dirty B/L)**

선적된 화물에 이상이 있을 경우 그 내용을 명기해 발행되는 증권입니다.

⑤ **지시식 선하증권 (Order B/L)**

선하증권의 Consignee 칸에 'To Order'나 'To Order of Bank(or Shipper)' 등의 지시 문언이 명기된 증권입니다. 화물 소유자의 이서(배서)에 의해 양도 가능한 유동성 증권입니다.

⑥ **기명식 선하증권 (Straight B/L)**

선하증권의 Consignee 칸에 수입자 또는 특정인을 기재한 증권입니다. 유동성이 없으므로 기재된 자만이 화물을 수령할 수 있습니다.

⑦ **복합운송 선하증권 (Combined Transport B/L)**

화물의 선적지에서부터 도착지까지 복수의 운송수단(해상과 육상운송)에 의해 운송할 경우 발행되는 증권입니다.

그 외 선하증권의 종류

통과선하증권(Through B/L), 환적선하증권(Transshipment B/L), 약식선하증권(Short Form B/L), Red B/L, Stale B/L, Ocean B/L, Third Party B/L, 선 B/L(Back date B/L), Hitchment B/L, Destination B/L 등이 있습니다.

SECTION 7

6 신용장조건 거래 시에 요구되는 선하증권의 요건

가대리 신용장상의 선하증권에 관한 문언을 바탕으로 살펴보도록 합시다.

1 신용장에서 선하증권에 관련된 문언

Full set of clean on board ocean Bill of Lading made out to order and blank endorsed freight prepaid and nortify applicant evidencing shipment from Japan to Busan, Korea not later than August 20, 2013. (2013년 8월 20일 이전에 한국의 부산을 목적지로 일본에서의 선적을 증명하고 운임 선지급이라 표시하고 신용장개설 신청인을 통지인으로 하며 백지 이서된 은행 지시식으로 작성된 무사고 본선적재 해상 선하증권 풀 세트(전통))

① 상기 문언에서 요구하는 선하증권의 요건

다음과 같은 선하증권을 요구하고 있습니다.

- Full set B/L이어야 합니다. Full set라 함은 원본 3부를 말합니다. 통상 원본의 발행부수는 3부입니다.
- Clean B/L이어야 합니다. Foul B/L의 경우 수출자는 Letter of Indemnity(L/I)를 제출하고 Clean B/L을 발급받아야 합니다.
- On board B/L이어야 합니다.
- Ocean B/L이어야 합니다.

• 백지 이서(blank endorsed) 조건의 Order B/L이어야 합니다.
• 운임지불시기 및 통지처에 관한 표기방법을 지시하고 있습니다. 운임 지불이 후불일 경우는 'freight collect'를 표기합니다.

2 선하증권이 늦게 도착할 경우의 대응 요령

본선은 이미 입항했는데 수입자가 선하증권을 수령하지 못했을 경우의 대응 요령에 대해 알아봅니다.

① 수입자는 수입화물인수보증서(L/G, Letter of Guarantee)를 작성해서 거래은행에 연대보증을 의뢰합니다.
② 은행은 제출된 L/G를 확인하고 은행 내의 서명 권한자가 서명을 하여 수입자에게 되돌려줍니다.
③ 수입자는 수입화물을 수령하기 위해 은행이 연대 보증한 L/G를 선하증권 대신에 선박회사에 제출합니다.
④ 선박회사는 L/G를 확인하고 화물의 인도를 지시하는 인도지시서(D/O, Delivery Order)를 수입자에게 발행합니다.
⑤ 수입자는 이 D/O를 이용하여 화물을 인수하고, 후일 선하증권을 수령하면 선박회사에 제출합니다.
⑥ 수입자는 선박회사에 선하증권을 제출하고 L/G를 되돌려 받아 은행에 돌려주는 것으로 이 일련의 절차는 종료됩니다.

선하증권의 수령이 늦어져 화물을 항구에 도착 즉시 수령할 수 없는 사태를 피하기 위한 방안으로 Surrendered B/L 또는 WayBill(화물운송장)이 많이 이용되고 있습니다.

Surrendered B/L, Check B/L, FCR은 선하증권의 종류가 아니며, 다음과 같은 의미를 갖는 말입니다.

Surrendered B/L

수출자가 Surrendered B/L을 요청하면 선박회사는 B/L 원본을 교부하지 않고 사본에 'Surrendered' 및 자사의 직인을 찍어서 교부하고, 수입상이 그것으로 화물을 찾을 수 있도록 하는 것을 말합니다.
선적서류보다 선박이 먼저 도착하는 운송기간이 짧은 지역 간의 무역거래에서 이용됩니다. 또한 신용장 거래의 경우는 신용장상에서 명시적으로 요구하고 있을 때만 사용됩니다.

Check B/L

선박회사가 정식 선하증권을 발급하기 전에 선하증권 양식에 맞춰 내용을 작성하여 수출자에게 확인하도록 보내는 것을 말합니다.

FCR

Forwarder's Cargo Receipt의 약어로 포워더(운송주선인)가 수출자로부터 화물을 수령하고 그때마다 발행하는 화물수령증을 말합니다. House B/L도 FCR의 일종입니다.

SECTION 7

7 컨테이너 화물의 선적절차

가대리 컨테이너 화물의 선적절차에 대해 알아봅시다.

1 FCL Cargo의 선적절차

① 수출자는 선박회사로부터 컨테이너를 제공받고 기기수도증(EIR, Equipment Interchange Receipt)에 서명해 줍니다.

② 수출용 화물을 컨테이너에 신습니다. 이를 Vanning 또는 Stuffing이라 합니다.

③ 제삼자의 검수인 또는 책임자가 컨테이너별로 화물의 수량이나 상태를 확인하고 봉인한(Seal) 후 컨테이너 명세서(CLP, Container Load Plan)를 작성합니다.

④ CLP, 부두수취증(D/R, Dock Receipt), 수출신고필증과 함께 컨테이너 화물을 CY(Container Yard) 담당자(Operator)에게 제출하고, CY 담당자가 서명한 부두수취증을 돌려받습니다. 수출자는 선박회사에서 부두수취증을 선하증권과 교환합니다.

⑤ 수출용 컨테이너는 정해진 본선에 실립니다.

FCL Cargo의 흐름

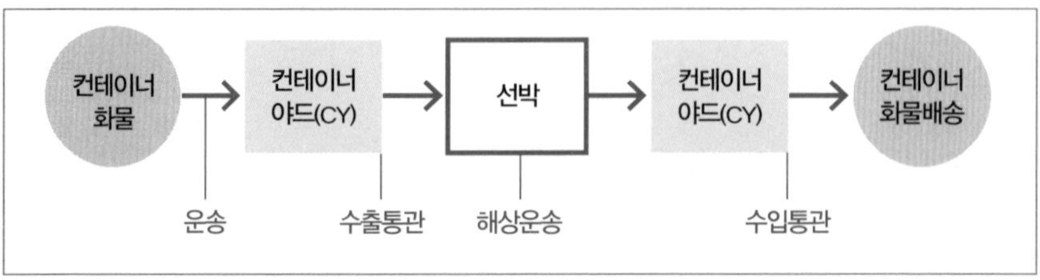

2 LCL Cargo의 선적절차

① 수출자는 수출화물을 선박회사가 지정한 CFS(Container Freight Station, 화물집하지)로 운송합니다.

② CFS에 반입이 되면 CFS 담당자(Operator)가 화물수령을 증명하는 화물인수도증(Forwarder's Cargo Receipt, FCR)을 발행합니다.

③ CFS에서 다른 화물과 혼재(consolidate)됩니다. 내륙 CFS에서 적하된 화물은 컨테이너 전용열차 또는 트럭으로 컨테이너 터미널로 수송됩니다.

이상의 과정을 수출자는 운임상의 혜택과 동일 지역행 화물의 혼재를 용이하게 하기 위해 대부분 포워더에 의뢰하고 있습니다.

④ CFS 담당자는 작성한 CLP와 함께 혼재컨테이너를 CY 담당자에게 인도합니다.

⑤ CY 담당자는 정해진 본선에 싣습니다.

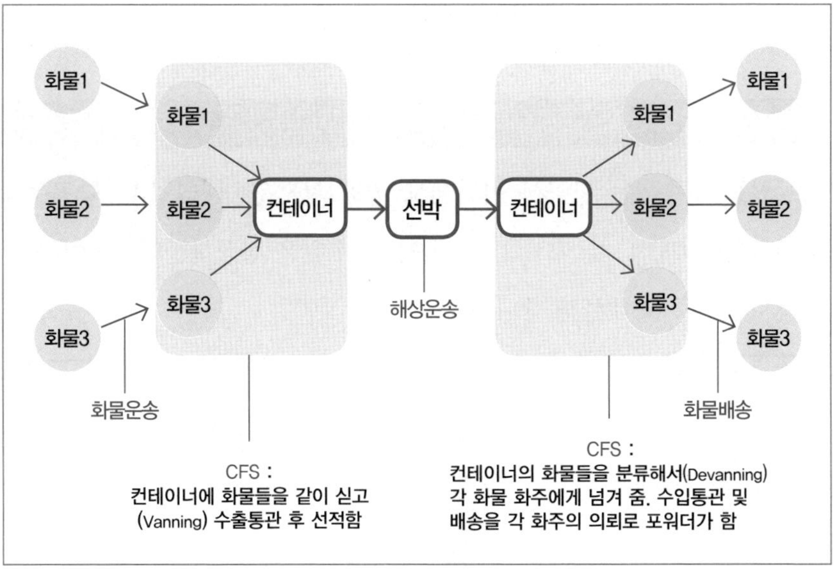

SECTION 7

8 항공운송

구매하 항공운송은 어떤 화물을 운송합니까?

가대리 고가, 소형, 긴급을 요하는 화물을 운송합니다.

1 항공운송의 특징

해상운송에 비해 운송시간이 짧고 화물의 손상위험이 적으며 내륙도시에도 정확한 시간에 도착할 수 있지만 운임이 상당히 비쌉니다.

전자기기와 같은 고가이면서 소형의 화물, 신문이나 잡지 등과 같은 단시간에 수송해야 하는 것, 신선한 식료품과 같은 선도를 요하는 물품, 파손의 위험을 피해야 하는 물품, 긴급을 요하는 물품 등이 항공으로 운송됩니다. 최근에 자주 이용되는 것이 국제택배입니다.

2 항공화물의 선적

항공화물 운송에는 항공사 이외에도 항공화물 운송대리업자, 항공운송주선업자(혼재업자 또는 포워더)가 있으며, 이 같은 항공화물대리점이 중간매체로서 업무를 대행해 줍니다.

항공화물의 선적(기적)은 준비가 완료되면 포워더에 선적을 의뢰합니다. 그러면 포워더가 필요한 모든 절차를 완료하고 항공화물운송장(AWB, Air Waybill)을 건네줍니다. 항공화물운송장은 항공회사가 발행하는 운송장을 'Master Air Waybill'이라 하고, 포워더가 발행하는 운송장을 'House

Air Waybill'이라 구별하고 있습니다.

3 항공화물운송장의 역할

다음과 같은 역할이 있습니다.

- 화물의 운송계약을 맺은 증거서류
- 운송화물을 수령한 영수증
- 운임의 청구서
- 세관신고 시의 서류

항공화물운송장은 선하증권과는 달라 유가증권이 아니며 양도성, 유통성을 갖고 있지 않습니다. 그렇기 때문에 신용장조건 거래의 경우에는 수하인으로 신용장 발행은행을 명기하여 담보의 안전을 도모하고 있습니다.

항공화물운송대리업자

항공회사의 업무를 대행하는 곳으로 항공회사의 운송약관, 운임률표(Tariff), 스케줄 등에 따라서 항공운송의 업무를 행하고 항공회사로부터 소정의 수수료를 받는 사업자입니다.

항공운송주선업자(혼재업자 또는 포워더)

항공기를 소유하지 않은 사업자가 복수의 화주로부터 작은 화물을 의뢰받아서 자신이 화주가 되어 많은 양의 화물로 만들어 운송하는 사업자입니다. 항공회사와는 다른 독자적인 운송약관, 운임률표를 가지고 각각의 화물주와 운송계약을 체결합니다.

항공화물의 흐름

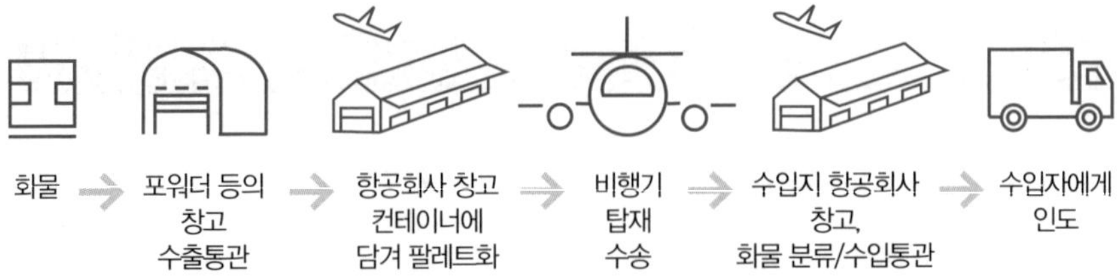

혼재화물이란?

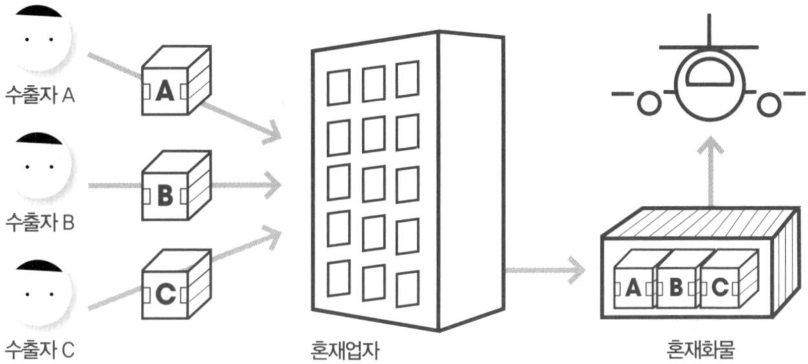

혼재업자가 화물을 모아서 하나의 혼재화물을 만들어 항공운송

SECTION 7

9 항공화물운송장

구매하: 항공화물운송장은 무엇입니까?

가대리: 항공기에 의한 화물수송 시 항공회사에서 발행하는 서류입니다.

1 항공화물운송장

항공화물운송장(Air Waybill, A.W.B.)은 운송수단으로 비행기를 이용했을 때 항공회사에서 발행하는 서류입니다. 해상운송 시의 선하증권에 해당되지만 선하증권과 달리 유가증권이 아니며 양도성, 유통성이 없습니다.

2 항공화물운송장의 기재 항목 해설

각 항목에 대한 해설은 다음과 같습니다(298쪽 항공화물운송장 샘플 참조).

① Air Waybill : 항공화물운송장

② Shipper's Name Address : 송하인 성명, 주소

③ Shipper's Account Number : AWB 발행 항공사의 임의로 사용됩니다.

④ issued by~ : ~(운송장 발행인)에 의해 발행

⑤ Consignee's Name and Address : 수하인의 성명, 주소

⑥ Consignee's Account Number : 고객 분류를 위한 부호를 기입하며, 인도항공사의 임의로 사용합니다.

⑦ Copies 1. 2 and 3 of this Air Waybill are originals and have the same Validity : 이 운송장의 1, 2, 3 세 통은 모두 원본으로 유효기간도 같

습니다.

⑧ M.A.W.B NO.(Master Air Waybill NO.) : 항공회사가 발행하는 운송장 번호

⑨ Issuing Carrier's Name and City : 운송장 발행 운송인의 이름 및 도시명

Account Number : AWB 발행 항공사의 임의로 사용합니다.

⑩ Airport of Departure : 출발공항

⑪ Accounting Information : 회계처리에 관한 내용 기록(운송료 지불방법이나 기타 필요사항 기재)

⑫ To : 도착지

⑬ By First : 항공사의 풀네임, 또는 코드

⑭ Airport of Destination : 목적지 공항

⑮ Requested Flight Date : 예약편명, 출발일

⑯ Currency : 화폐단위

⑰ Amount of Insurance : 보험금액

⑱ Handling Information : 다른 칸에 표시할 수 없는 각종 사항의 표시를 위해 사용합니다.

⑲ No. of Pieces : 화물의 개수

⑳ Gross Weight : 총중량

㉑ Rate Class : 화물요율에 따라 별도의 Code가 사용됩니다.

Commodity Item Number :

- SCR이 적용될 경우 품목번호 기재
- CCR이 적용될 경우 해당 Percentage 표시
- BUC를 적용했을 경우 ULD의 Rating Type을 표시

㉒ Chargeable Weight : 적용중량(실제중량과 부피중량 중 높은 중량)을 기재, 최저운임 적용의 경우 기재하지 않습니다.

㉓ Rate/Charge : kg당 또는 lb당 적용요율을 기입합니다.

㉔ Total : 운임적용중량(㉒)×요율(㉓) 금액을 기입합니다.

㉕ Nature and Quantity of Goods(Dimensions or Volume) : 화물의 품목을 기재

㉖ Prepaid : 선불인 경우 운임 기재

㉗ Weight Charge : 해당화물의 운임 기재

㉘ Collect : 도착불의 경우 운임 기재

㉙ Valuation Charge : 종가운임(하주의 신고가격에 따라 부과)

㉚ Tax : 제세금

㉛ Other Charges : 화물운임 및 종가요금을 제외한 기타비용의 명세 및 금액을 기입합니다.

㉜ Total other Charges Due agent : AWB 발행 수수료가 대리점 몫일 경우 이 내용이 기입되어야 합니다. '대리점 몫'의 비용 중 착지불 금액만 표시합니다.

㉝ Total other Charges Due Carrier : 운임이나 종가요금을 제외하고, 표시되는 비용 중 '항공사 몫'에 해당하는 비용을 선불 또는 착지불 칸에 기재합니다.

㉞ Shipper certifies that the particulars on the face hereof are correct. And agrees THE CONDITIONS ON THE REVERSE HEREOF : 화주는 본 증서 앞면의 기재 사항이 정확한 것을 증명하고, 뒷면에 인쇄되어 있는 조건들에 동의합니다.

㉟ Signature of Shipper or this agent : 송하인 또는 그 대리점의 서명

㊱ Total Prepaid : 운임, 종가요금, 기타 제비용(항공사 몫, 대리점 몫 포함) 중 선불 칸에 표시된 금액의 합계를 기입합니다.

㊲ Total Collect : 운임, 종가요금, 기타 제비용 중 착지불 칸에 표시된 금액의 합계를 기입합니다.

㊳ XYZ AIRWAY EXPRESS LTD. AS AGENT FOR CARRIER KOREAN AIRLINES

㊴ H.A.W..B NO(House Air Waybill NO.) : 포워더가 발행하는 운송장 번호

㊵ ORIGINAL 2-(FOR CONSIGNEE) : 수하인용 원본 2통

화물인수지점에서 본선 선적항까지 운송을 담당한 운송인을 기재합니다.

항공화물운송장 샘플

② Shipper's Name Address **Global Inc** **XX, Nonhyeon-Ro 5gil, Kangnam-Ku,** **Seoul, Korea**	③ Shipper's Account Number	① **Air Waybill** ④ issued by XYZ AIRWAY EXPRESS LTD.
⑤ Consignee's Name and Address To Order of Bank	⑥ Consignee's Account Number	⑦ Copies 1, 2 and 3 of this Air Waybill are originals and have the same Validity ⑧ M.A.W..B NO : 180 – 68927843
⑨ Issuing Carrier's Name and City ABC Shipping Co., Ltd. ⑩ Airport of Departure SEOUL, KOREA (INCHEON AIRPORT)		⑪ Accounting Information (NOTIFY NAME AND ADDRESS) **General Corporation** **0010 Broadway, New York, N.Y. 10010, U.S.A.** **Tel : (123)331-5678**

⑫ To New York	⑬ By First KE		⑯ Currency USD		
⑤ Airport of Destination New York, USA	⑥ Requested Flight Date KE335 / Aug 20, 2013		⑦ Amount of Insurance	NIL	

⑱ Handling Information
ATTACHED : INVOICE

L/C NO. M875643

⑲ No. of Pieces	⑳ Gross Weight	㉑ Rate Class	㉒ Chargeable Weight	㉓ Rate/Charge	㉔ Total	㉕ Nature and Quantity of Goods (Dimensions or Volume)
1 MARKS:	1.0K	M	1.5K		AS ARRANGED	210 SETS OF DIGITAL CONTROLLER(DC-700) INV NO : GI-810/2013 FREIGHT PREPAID

㉖ Prepaid	㉗ Weight Charge	㉘ Collect	㉛ Other Charges H/C : 17.00 A/P : 21.00 AWB FEE : 3.00
	AS ARRANGED		
	㉙ Tax		
	㉚ Valuation Charge		
	㉜ Total other Charges Due agent		㉞ Shipper certifies that the particulars on the face hereof are correct And agrees THE CONDITIONS ON THE REVERSE HEREOF ㉟ Signature of Shipper or this agent
	38.00		
	㉝ Total other Charges Due Carrier		
㊱ Total Prepaid		㊲ Total Collect	㊳ XYZ AIRWAY EXPRESS LTD. AS AGENT FOR CARRIER KOREAN AIRLINES 20 AUG 2013 SEL M. I. SUL/LEE
			㊴ H.A.W..B NO : AEL -A 910208

㊵ ORIGINAL 2-(FOR CONSIGNEE)

항공화물운송장 샘플 – 한글 번역

② 송하인 성명, 주소 **Global Inc** **XX, Nonhyeon-Ro 5gil, Kangnam-Ku,** **Seoul, Korea**	③ Shipper's Account Number	① **항공화물운송장** ④ issued by XYZ AIRWAY EXPRESS LTD.
⑤ 수하인 성명, 주소 To Order of Bank	⑥ Consignee's Account Number	⑦ 이 운송장의 1, 2, 3의 세 통은 모두 원본으로 유효기간도 같음. ⑧ 항공회사 발행의 운송장 번호 180 – 68927843
⑨ 운송장 발행 운송인의 이름 및 도시명 ABC Shipping Co., Ltd. ⑩ 출발공항 SEOUL, KOREA (INCHEON AIRPORT)		⑪ Accounting Information (통지인 성명, 주소) **General Corporation** **0010 Broadway, New York, N.Y. 10010, U.S.A.** **Tel : (123)331-5678**
⑫ 도착지 New York	⑬ 항공사 이름(코드) KE	⑯ 화폐단위 USD
⑮ 목적지 공항 New York, USA	⑥ 예약편명, 출발일 KE335 / Aug 20, 2013	⑦ 보험금액 NIL
⑱ Handling Information ATTACHED : INVOICE L/C NO. M875643		

⑲ 화물의 개수	⑳ 총중량	㉑ Rate Class	㉒ 적용중량	㉓ 적용요율	㉔=㉒×㉓ 금액	㉕ 화물의 품목기재 (Dimensions or Volume)
1 MARKS:	1.0K	M	1.5K		AS ARRANGED	210 SETS OF DIGITAL CONTROLLER(DC-700) INV NO : GI-810/2013 운임 선지급

㉖ 선불	㉗ 운임	㉘ 도착불
AS ARRANGED		
㉙ 종가운임		
㉚ 제세금		
㉜ Total other Charges Due agent		
38.00		
㉝ Total other Charges Due Carrier		
㊱ 선불란에 표시된 금액의 합계	㊲ 착불란에 표시된 금액의 합계	
㊵ (수하인용) 원본 2통		

㉛ 기타의 비용 및 금액
H/C : 17.00
A/P : 21.00
AWB FEE : 3.00

㉞ 화주는 이 운송장 앞면의 기재사항이 정확함을 증명하고, 뒷면에 있는 조건들에 동의합니다.

㉟ 선주 또는 대리점의 서명

㊳ 운송인 대한항공의 대리점,
XYZ AIRWAY EXPRESS LTD.
2013. 8. 20. 서울 M. I. SUL/LEE

㊴ 포워더가 발행하는 운송장 번호
AEL-A 910208

SECTION 7

10 항공운임

구매하 항공운임은 어떻게 정해집니까?

가대리 요율, 부대요금, 기타 수수료로 결정합니다.

1 항공운임의 종류

항공운임에는 일반화물용 운임과 혼재화물용 운임의 두 종류가 있습니다.

① 일반화물용 운임

IATA(International Air Transport Association : 국제항공운송협회)의 운임조정 회의의 결정에 따라 관계 각국의 정부가 허가한 운임입니다.

② 혼재화물용 운임

혼재화물용 운임은 포워더에 의해서 설정된 운임입니다.

2 항공운임의 구성

항공운임은 일반적으로 요율(Rate), 부대요금(Charge) 그리고 기타 수수료로 결정합니다.

① 요율(Rate)

화물운송의 대가로 징수하는 운임을 중량 단위당 또는 단위 용기당 금액으로 나타내는 것으로 대개 노선별로 요율표(Tariff)로 정해져 있습니다. 요율표의 중량단위는 미국이 파운드(Lbs)를 사용하고, IATA를 비롯하여 대부분의 국가는 Kg을 사용합니다.

② 부대요금(Charge)

운송에 관련한 부수적인 업무에 따른 대가와 설비 사용의 대가를 의미합니다.

③ 기타 수수료

취급 수수료, 위험물품취급 수수료, 결제 수수료 등이 이에 해당됩니다.

한편 요율구조는 일반화물요율(GCR, General Cargo Rates), 특정품목할인요율(SCR, Specific Commodity Rate), 품목분류요율(Class Rate, Commodity Classification Rates), 단위탑재용기운임(BUC, Bulk Unitization Charges), 종가요금(Valuation Charges) 그리고 기타요금 등이 있습니다.

SECTION 7

11 국제복합운송

구매하 국제복합운송에 관해 알고 싶습니다.

가대리 국제복합운송의 장점, 기본요건, 복합운송증권의 성격 및 특징, 형태 그리고 복합운송 방식의 종류에 관해 알아봅시다.

1 국제복합운송의 장점

이 운송방법은 해상운송에 비해 소요일수를 대폭 줄일 수 있으며 항공운송에 비해 소요운임을 절감할 수 있다는 이점이 있습니다. 이외에도 컨테이너화에 의해 수송 수속의 간소화로 서류의 단순화, 운송책임의 일원화, 화물추적의 용이 등을 들 수 있습니다.

국제복합운송을 이용하려면 복합운송주선업자와 협의하고 선적을 의뢰하면 됩니다. 복합운송주선업자는 물품을 수령하면 복합운송증권을 발행합니다.

2 국제복합운송의 기본요건

국제복합운송의 기본요건은 다음과 같습니다.

① 운송책임의 단일성 (Through Liability)

② 복합운송증권 (Combined or, Multimodal Transport B/L) 의 발행

③ 일관운임 (Through Rate)

3 복합운송증권의 성격 및 특징

① **복합운송증권의 성격**

- 복합운송계약을 증명하는 증권
- 유통증권(선하증권과 똑같은 기능이며, 지시식 또는 무기명식이어야 함)

② **복합운송증권의 특징**

- 단일운송인이 전 운송구간을 커버하므로 화물의 멸실, 손상에 대한 일관 책임
- 선하증권과 달리 운송인뿐만 아니라 운송주선인도 발행
- 화물이 본선적재 전에 복합운송인이 수탁 또는 수취한 상태에서 발행

4 복합운송증권의 형태

① **선하증권 형태의 복합운송증권** : Multimodal Transport B/L, Combined Transport B/L, Intermodal Transport B/L 등과 같은 형태의 복합운송증권을 말합니다.
실무에서 많이 사용되는 선하증권 형식의 복합운송증권은 FIATA(International Federation of Freight Forwarders Associations, 국제복합운송협회)가 제정한 FIATA B/L이 보편적입니다.

② Combined Transport Documents(CTD) : 선하증권이라는 명칭을 사용하지 않고 '복합운송서류'라는 명칭을 사용하는 복합운송증권을 말합니다.

③ 기타 복합운송증권은 발행인에 따라 해상운송인, 항공운송인, 육상운송인 등 실제 운송인이 발행하는 증권이 있고, 운송주선인(Freight Forwarder)이 복합운송인으로서 발생한 증권이 있습니다.

5 국제복합운송의 종류

다음과 같은 방식이 있습니다.

① **Sea & Air 방식**

- 북미 서안 경유 Sea & Air 방식 : 부산에서 북미 서안 주요항구까지 해상운송, 그 다음 서안 공항에서 북미 동안 경유 유럽공항까지 항공운송하는 방식입니다.
- 러시아 경유 Sea & Air 방식 : 부산에서 러시아 보스토치니(블라디보스토크)까지 해상운송, 그 다음 모스크바, 룩셈부르크, 베를린까지 항공운송 후 다시 항공기나 트럭을 이용하는 육상운송으로 유럽지역, 중동지역, 아프리카 등지까지 운송하는 방식입니다.
- 동남아 경유 Sea & Air 방식 : 부산에서 홍콩, 싱가포르, 방콕까지 해상운송, 그 다음 유럽공항까지 항공운송 후 트럭으로 최종 목적지까지 운송하는 방식입니다.
- 중국에서 인천항 경유 Sea & Air 방식 : 북중국의 10여 개 항만에서 인천항까지 해상운송, 인천공항을 통해 북미 또는 유럽지역의 목적지까지 항공운송 하는 방식입니다.

② **Land Bridge 방식**

- 미니 랜드브리지(Mini Land Bridge, MLB) 방식 : 북미 서안까지 해상운송, 그 다음 철도로 북미 동안 또는 멕시코만까지 일관 운송하는 방식입니

다. 최종 인도지에서의 통선하증권(Through B/L)이 발행됩니다.

- **마이크로 랜드브리지** (Micro Land Bridge) **방식** : 부산에서 미국 서안 항구까지 해상운송, 그 다음 철도나 트럭으로 목적지까지 운송하는 방식입니다. 일반적으로 IPI(Interior Point Intermodal) 서비스로 일컬어지고 있으며, MLB가 port to port 운송인데 반하여 IPI는 미국 내륙지역으로부터 최소한 2개의 운송수단을 이용한 일관된 복합운송 서비스를 말합니다.
- **시베리아 랜드브리지** (Siberia Land Bridge) **방식** : 부산에서 러시아 보스토치니(블라디보스토크)까지 해상운송, 그 다음 철도로 중동근접지역이나 동구제국 국경지역까지 운송하고, 다시 유럽 각 지역, 지중해, 아프리카 등지로 철도, 컨테이너선, 트럭 등으로 연결되는 복합운송방식입니다. 시베리아 대륙횡단철도를 이용하기 때문에 TSR(Trans-Siberian Railroad)이라고도 합니다.
- **중국 국제복합운송경로** (TCR, Trans Chinese Rail) : 인천 또는 부산에서 중국의 렌윈(連運)까지 해상운송, 그 다음 중국횡단철도(TCR)에 환적해서 북유럽과 중동지역으로 해륙복합운송합니다.

이 외에도 ALB(American Land Bridge), CLB(Canadian Land Bridge) 그리고 RIPI(Reserved Interior Point Intermodal) 등과 같은 복합운송방법이 있습니다.

★ 이 단원의 주요 용어 정리

용어	설명
Marine Transportation	해상운송
Air Cargo Transportation	항공운송
International Multimodal Transport	국제복합운송
Shipper	송하인, 화물을 보내는 사람, 수출자
Consignee	수하인, 화물을 받는 사람, 수입자
Notify Party	통지인, 화물이 도착한 것을 알려주는 상대
Port of Loading	선적항, 화물을 싣는 항구
Port of Discharge	하역항, 화물을 내리는 항구
Transshipment	환적
Sea & Air	해상운송과 항공운송을 조합하는 운송방식
Land Bridge	철도를 가교(Bridge)로 하는 Sea-Land-Sea 방식
Liner	정기선
Tramper	부정기선
Conventional Vessel	재래선
Bill of Lading	B/L, 선하증권
Shipped B/L	선적선하증권, on Board B/L
Received B/L	수취선하증권
Straight B/L	기명식선하증권
Order B/L	지시식선하증권
Clean B/L	무사고선하증권, (Foul B/L : 사고부 선하증권)
Air Waybill	A.W.B, 항공화물운송장
FCL(Full Container Load)	컨테이너를 하나의 단위로 한 운송방법
LCL(Less than Container Load)	다른 하주의 화물과 혼재되어 선적되는 운송방법
Charter Party	용선계약
BAF	Bunker Adjustment Factor, 유류 할증료
CAF	Currency Adjustment Factor, 통화 할증료
Endorsement	이서, 배서
Combined Transport B/L	복합운송선하증권

SECTION •8

무역보험

무역거래에는 화물 수송상의 위험, 신용상의 위험, 제조물책임 리스크 등 다양한 위험이 있습니다. 그러한 위험에 대비해서 보험에 가입할 필요가 있습니다.
여기서는 보험의 여러 가지 종류, 해상보험에 들기 등에 관해서 설명합니다.

SECTION 8

1 무역에 관련되는 보험의 종류

배우리  무역거래에서 사고가 발생하면 어떻게 합니까?

가대리  보험으로 대응합니다.

1 무역에 관련되는 보험

무역거래에서는 운송 리스크, 신용 리스크 등 각종 리스크가 존재하고 있으며, 이 리스크에 대비하기 위해 보험에 가입합니다. 그 보험은 여러 가지가 있습니다.

2 무역에 관련되는 보험의 종류

그 종류는 다음과 같습니다.

① **해상보험**(Marine Insurance)

해상 또는 항공운송 중에는 여러 가지 위험이 있습니다. 이 위험에 대비하기 위한 보험입니다. 보험은 무역계약 시에 적용한 인코텀즈의 조건에 따라 수출자 또는 수입자가 가입합니다.

② **수출보험**(Trade Insurance)

무역거래에서 신용 리스크에 대비한 보험입니다. 수출대금을 받지 못할 경우를 가정해서 가입하는 보험입니다. 신용 리스크와 비상 리스크가 있습니다.

- **신용 리스크**(Credit Risk) : 거래 상대방의 파산 또는 지불지연 등에 의해 채권의 회수가 늦어지는 리스크
- **비상**(非常) **리스크**(Country Risk) : 전쟁, 외환거래의 제한, 금지 등에 따른 불가항력에 따른 리스크

수출보험은 한국무역보험공사에서 취급하고 있습니다. 수출보험의 종류는 다양하므로 동 공사의 홈 페이지를 참조하고 담당자에 문의하면 상세히 알 수 있습니다. 환변동 보험도 수출보험의 한 종류입니다.

③ **운송보험**

육상운송 중에 일어나는 위험에 대비하는 보험입니다.

④ **PL 보험**(PL Insurance)

제조물 책임법을 근거로 제품의 결함이나 업무의 원인으로 배상책임이 발생할 경우의 손해를 커버하는 보험입니다.

무역거래에서의 리스크와 보험의 종류

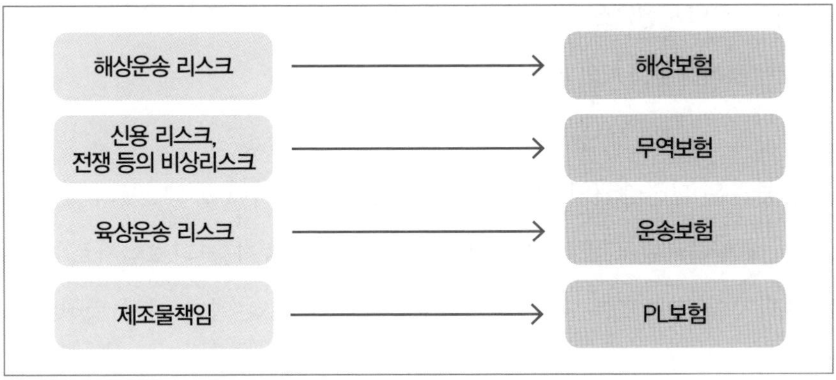

SECTION 8

2 해상보험

배우리 해상운송 중에 사고가 발생하면 어떻게 합니까?

가대리 해상보험으로 대응합니다. 해상보험에 대해 살펴보도록 합시다.

1 해상보험

해상보험에는 선박의 침몰이나 좌초 등에 대비하는 선박보험과 화물의 손실이나 멸실에 대비하는 적하보험 등이 있으며 일반적으로 해상보험이라 하면 적하보험을 말합니다.

2 해상보험증권의 기능

보험에 들면 보험회사는 해상보험증권을 발행해 줍니다. 해상보험증권의 기능에는 다음과 같은 것들이 있습니다.

① **보험계약 성립의 증거서류**

② **선적서류의 구성요소**

③ **보험 클레임 발생 시의 제출서류**

보험증권은 선하증권의 발행에 앞서 발행되어야 하며 통상 2부가 발행됩니다. 보험증권은 CIF의 경우 보험계약자인 수출자를 피보험자로 하여 발행되지만 실제로는 수입자가 피보험자가 되므로 백지 이서 방식으로 이서하여 수입자에게 보험증권을 양도합니다.

3 해상보험증권에 반드시 기재되어야 하는 사항

① 보험의 목적 및 보험자가 부담하는 위험

② 보험금액 및 보험료, 지급방법

③ 보험계약자의 상호(성명), 주소 및 보험계약일자

④ 보험증권의 작성자와 작성일자

4 보험료율 산정을 위해 필요한 사항

① 화물의 명칭, 성질, 화물량

② 운송수단(선박, 비행기 등), 운송경로, 출발지 및 도착지

③ 보험조건(All Risk 등) 및 부가위험

④ 보험금액(인보이스 금액이나 희망이익)

⑤ 과거의 손해율

SECTION 8

3 해상보험의 종류

배우리 해상보험도 여러 종류가 있습니까?

가대리 예, 보험의 범위에 따라 여러 종류가 있습니다.

1 해상보험의 종류

해상(적하)보험에는 보험위험과 보전대상 손실의 범위에 대한 전형약관이 있습니다. 런던보험자협회(The Institute of London Underwriters)가 제정한 협회화물약관(ICC, Institute Cargo Clause)을 말하며, 이 약관은 구약관(종래의 약관이라고도 함)과 신약관(ICC)이 있습니다.

① **단독해손부담보(FPA, Free from Particular Average)**

전손(Total Loss), 공동해손(G/A, General Average), 단독해손 중 특정분손(SPA, Specified Particular Average)에 대해서만 보전해주는 보험입니다. 담보의 범위가 가장 좁으며 보험료는 가장 쌉니다. ICC(C)와 유사합니다.

② **분손담보(WA, With Average)**

전손과 공동해손은 물론 단독해손까지 보전해주는 보험입니다. ICC(B)에 해당합니다.

③ **전위험담보(A/R, All Risk)**

전쟁이나 동맹파업 등의 위험을 제외한 모든 위험을 담보해주는 보험입니다. 담보의 범위가 가장 넓은 보험으로 ICC(A)와 같습니다.

④ **전손담보(TLO, Total Loss Only)**

담보의 범위가 ICC(C), FPA보다 더 좁은 보험입니다.

※ ICC 뒤의 (A), (B), (C)는 신약관에 붙어 있는 조항 번호입니다.

2 전손 및 분손

운송 중의 손해는 그 정도에 따라서 전손(全損, Total Loss)과 분손(分損, Partial Loss)으로 분류합니다.

① **전 손**

보험에 든 화물이 전부 멸실되어 시장가격을 상실한 경우를 말합니다. 현실전손과 추정전손으로 구분됩니다.

- **현실전손**(Actual Total Loss) : 보험에 든 화물이 전부 멸실되어 회복할 수 없을 정도의 손실이 발생한 것을 말합니다.
- **추정전손**(Constructive Total Loss) : 보험에 든 화물이 전손에 준할 정도로 커서 화물의 회수나 복구가 가능하더라도 비용이 발생해서 채산(採算)이 맞지 않을 것 같은 손해를 말합니다.

② **분 손**

화물의 일부가 손상을 입은 것을 말합니다. 해손(海損, Average)이라고도 합니다. 여기에는 단독해손과 공동해손이 있습니다.

- **단독해손**(Partcular Average) : 개개의 피보험자가 단독으로 부담하는 손해로서 공동해손이 아닌 손해를 말합니다.
- **공동해손**(General Average) : 선박의 사고로 인한 공동의 위험을 피하기 위해 발생한 손해로 이해 당사자 모두가 공동으로 부담하는 손해를 말합니다.

해상보험의 범위

구분	A/R	WA	FPA
전손	O	O	O
공동해손	O	O	O
침몰, 화재, 좌초, 충돌에 인한 단독해손	O	O	O
포장단위 1개에 대한 전손	O	O	O
구조료, 손해방지비용	O	O	O
특별비용	O	O	O
피난항에서의 하역 중의 손해	O	O	O
투하	O	O	X
해수루손(海水漏損)	O	O	X
갑판유실	O	O	X
기타의 분손	O	X	X

SECTION 8

4 해상보험 관련 용어

배우리 해상보험에 관련한 용어는 어떤 것이 있습니까?

가대리 보험자, 보험계약자, 피보험자 등과 같은 관련 용어를 알아둘 필요가 있습니다.

해상보험 관련 용어

해상보험 관련 용어는 다음과 같은 것이 있습니다.

① **보험자(Insurer, Assurer)**

보험료를 받고 보험금 지급을 약속한 보험회사를 말합니다.

② **보험계약자(Policy Holder)**

보험자와 보험계약을 체결하고 보험료(Insurance Premium)를 지급하는 당사자입니다.

③ **피보험자(Insured, Assured)**

보험계약에 의해 손해에 대한 보전을 받는 쪽을 말합니다.

④ **피보험이익(Insurable Interest)**

피보험자가 미래의 사고로부터 재산상의 손실을 보상받을 수 있는 이익입니다.

⑤ **보험가액(Insurable Value)**

사고가 발생했을 때 피보험자가 입게 될 경제적 손실의 최고 한도액입니다.

⑥ **보험금액(Insured Amount)**

보험계약자가 보험 가입한 금액으로 만일의 사고가 일어날 때 보험자로부터 지불받는 최고 한도의 보험계약금액을 말합니다.

⑦ **보험료(Premium)**

보험자의 위험 부담에 대한 대가로 보험계약자가 보험자에게 지불하는 금액입니다.

⑧ **보험금(Claim Amount)**

피보험자가 손해에 대해 실질적으로 보험자로부터 수령하는 보상액입니다.

⑨ **보험기간(Period of Insurance, or Duration of Coverage)**

보험자의 책임이 시작되는 시점에서 종료까지의 기간입니다.

⑩ **보험증권(Insurance Policy)**

보험계약을 체결한 증빙으로서 보험자가 보험계약자에게 발급하는 증서입니다.

⑪ **보험약관(Insurance Clause)**

보험증권에 기재된 보험계약의 내용을 말합니다.

⑫ **희망이익(Expected Profit)**

화물이 항해 중에 소멸한다든가 손상을 입었을 경우에 그 화물을 매각함으로써 얻게 되는 이윤(이익)을 말합니다.

SECTION 8

5 해상보험 들기

배우리 해상보험에 가입은 어떻게 합니까?

가대리 해상보험 신청 절차에 따라 가입하면 됩니다.
신청 절차에 대해 설명하겠습니다.

1 해상보험의 당사자

해상보험을 들 때 당사자는 다음과 같습니다.

① **보험계약자** : 보험을 계약하는 회사(Applicant, Policy Holder)

② **보험자** : 손실을 보상하는 보험회사(Insurer, Assurer)

③ **피보험자** : 보험의 보상을 받는 회사(Insured)

해상보험 당사자와의 관계

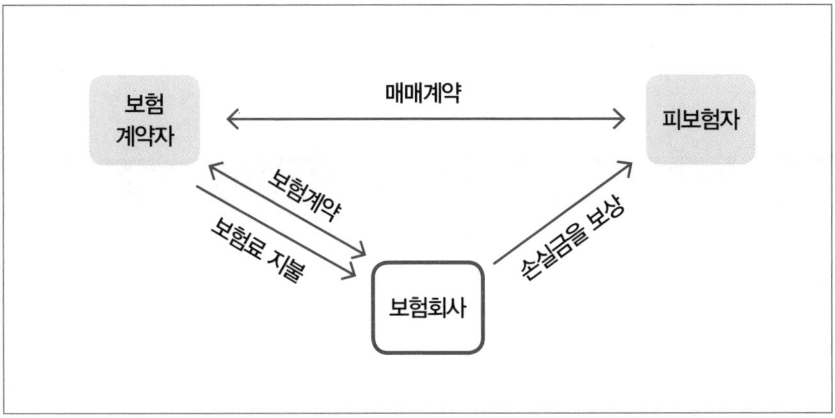

2 해상보험 들기

화물에 대한 해상보험은 선적 전에 들어야 합니다. 해상보험은 화재보험 회사에서 취급하고 있습니다.

화재보험회사에 전화로 해상보험 가입 의향을 밝히면 보험회사는 가입에 필요한 서류를 제출하도록 알려줍니다. 필요서류는 일반적으로 인보이스(송장), 신용장조건의 경우 신용장 사본 등입니다.

필요서류를 제출하면 보험회사는 보험증권을 발행합니다. 신용장조건의 경우 보험증권의 보험금액이나 보험조건이 일치하는지 확인합니다.

해상보험 들기

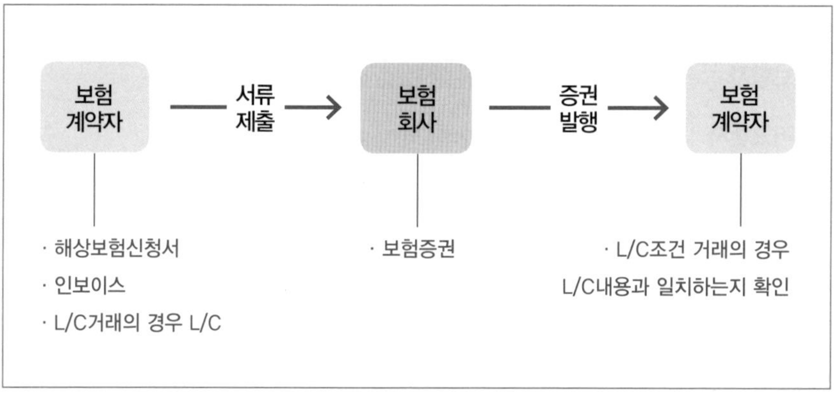

3 최저 보험금 : 보험금액은 어느 정도?

보험대상이 되는 금액을 보험금액(Amount Insured)이라 합니다. 통상 CIF, CIP가격에 10%를 더한 금액(희망이익으로 부가한 금액)을 보험금액으로 합니다.

희망이익(Expected Profit)이란 화물이 목적지에 도착해서 매각했을 때 발생하는 이익을 말합니다.

TIP BOX

CBM이란?

'CBM'은 Cubic Meter(세제곱미터, 1세제곱미터는 세로·가로·높이가 각각 1미터인 정육면체의 부피임)의 약어로 화물의 용적을 나타내는 단위입니다. 화물의 세로·가로·높이를 미터로 고쳐 곱셈한 값(단위 : CBM/M3)을 말합니다. Packing List(포장명세서), 선박 회사가 발행하는 선하증권(B/L)이나 도착 안내(Arrival Notice) 등의 서류에 기재됩니다.

CBM이 운임의 기본 레이트로 사용되는 것은 주로 LCL 화물이며, 선박 회사나 항로의 거리에 따라서 1CBM 당의 운임, 그리고 추가 요금이 정해져 있습니다. 계산법은 1CBM 당 운임에 화물 한 박스의 CBM을 곱하고 다시 화물의 수량을 곱하는 것입니다. (FCL 화물의 경우는 컨테이너 1대 당 요금을 지불하기 때문에 그 안에 실린 화물의 용적 즉, CBM에 영향을 받지 않는 것이 일반적입니다).

CBM 계산방법의 예

Q) 46cm x 32cm x 29cm의 카튼 박스(Carton Box)의 CBM은?

A) 0.46m x 0.32m x 0.29m = 0.042688CBM

해설) 각각을 미터로 고친다.

일반적으로 배에 싣는 화물의 용적은 소수점 이하 두 자리 또는 세 자리까지 계산됩니다. 소수점 이하를 반올림할지에 관한 규칙은 선박 회사에 따라서 다릅니다. 통상 선박 회사는 1CBM 이하의 화물은 모두 1CBM으로 계산하는 경우가 많습니다.

또한 일반적으로 컨테이너선에 싣는 LCL 화물은 포크리프트로 하역할 수 있도록 팔레트 위에 쌓아서 싣는 것도 많이 있으며 그 경우는 팔레트도 포함한 CBM이 계산되므로 코스트(비용) 계산 등에 관련하여 화물의 CBM를 계산할 때는 주의할 필요가 있습니다.

컨테이너별 최대적재용량은 대체로 20피트가 32.9CBM이고 40피트는 67.1CBM이지만, 화물의 형상이나 선적 과정에서 발생하는 공간을 감안하면 평균적재용량은 대체로 20피트가 25CBM, 40피트가 55CBM 정도 됩니다.

한편 LCL 화물의 해상운송 시 운임계산 부과 기준으로 사용되는 톤을 운임톤(R/T : Revenue Ton)이라 말하며 Freight Ton이라고도 합니다. 해상운임 계산 시 화물의 총중량(Gross weight)과 총용적(Gross Measurement)을 비교하여 큰 쪽을 운임톤(R/T)으로 선정하여 계산하게 되는데, 이때 중량과 용적의 분기점은 1CBM(Cubic Meter=1㎥) 당 1MT(Metric ton=1,000kg)이 됩니다.

* 1CBM(1㎥) = 1MT(1,000kg)

즉, 화물 용적 1CBM의 무게가 1,000kg 이상이 되면 중량화물(weight cargo)이 되어 무게를 기준으로 운임을 부과하고, 무게가 그 이하면 용적화물(measurement cargo)이 되어 부피를 기준으로 운임을 부과합니다. 그러므로 중량(실중량, 총중량)도 정확히 기재하여야 합니다.

★ 이 단원의 주요 용어 정리

용어	설명
Partial Loss	분손. 화물의 일부가 손해를 받은 것, 해손이라고도 함
Total Loss	전손(全損)
Insure/Assure	보험자. 보험금을 지불하는 자
Insured	피보험자. 보험 보상을 받을 수 있는 자
Policy Holder	보험계약자. 보험계약을 신청하고 보험금을 지불하는 자
Expected Profit	희망이익. 화물이 목적지에 도착해서 수입자가 그것을 판매함으로써 취득할 수 있는 이익을 말한다.
Insurance Policy	보험증권. 보험계약의 성립이나 계약내용을 증명함
Premium	보험료. 보험계약자가 보험회사에 지불하는 금액
Insured Amount	보험금액. 보험회사가 지불하는 최고 한도의 금액
Duration of Coverage	보험기간. 보험회사가 손해를 보증하는 기간
Insurance Clauses or Condition	보험약관. 보험조건, 보통약관과 특별약관이 있음
All Risk	A/R, 전위험 담보 = 전쟁위험 및 동맹파업위험(스트라이크) 이외 모든 위험을 커버하는 보험
With Average	WA, 단독해손 담보 = 전손, 공동해손, 분손을 보증하는 보험
Free From Particular Average	FPA, 단독해손 담보 = 전손과 공동해손의 경우를 보증하는 보험
Total Loss Only	TLO, 전손만 담보 = 전손의 경우만 보증하는 보험
Marine Insurance	해상보험
Insurable Value	보험가액
Insurable Interest	피보험이익
Average	해손(海損)

SECTION・9

통관

해외여행 시에 입출국 수속이 필요한 것처럼 화물의 수출입 시에도 입출국 수속이 필요합니다. 화물의 입출국 수속을 통관이라 말합니다. 통관에 관련되는 사항에 관해서 설명합니다.

SECTION 9

1 수출입 통관 방식

구매하  우리나라의 수출입 통관은 어떻게 이루어집니까?

가대리  유니패스라는 전자통관 시스템을 통해 이루어집니다.

1 수출입 통관 방식

우리나라의 통관(Customs Clearance) 방식으로는 100% 전자 방식 수출입 신고체계를 완성한 관세청 전자통관 시스템인 유니패스(UNI-PASS)로 이루어집니다.

EDI(Electronic Data Interchange, 전자문서교환) 방식에 의한 수출입 통관 방식 그리고 일반적인 수출입 통관 방식도 활용되고 있습니다.

2 유니패스란?

유니패스는 모든 세관신고 업무를 통합하여 원스톱 처리가 가능한 관세청의 통합 서비스입니다. 관세청 통관망과 무역업체, 관세사 사무실, 운송업체 및 관련기관 등이 연계되어 있어 신고인은 세관에 '서류제출 없이' 수출입을 신고하고 수리결과를 확인해 볼 수 있는 시스템입니다.

유니패스 수출입 통관이용 신청절차를 포함하여 보다 구체적인 내용에 관해서는 관세청 인터넷 포털사이트(portal.customs.go.kr)를 방문하거나, 직접 관세청의 유니패스 담당자에게 문의하면 알 수 있습니다.

3 유니패스 수출입 통관 시스템의 구성

수출통관 시스템은 수출업무시스템, 수출통관 정보제공 시스템, 통계정보 시스템 등으로 구성되어 있습니다. 특히 수출 업무 시스템은 신고서 접수 및 심사, 심사 및 검사기준 관리, 통관현황 조회 등으로 구성되어 있으며, 수입통관 시스템, 화물 시스템 및 환급 시스템과 연계 운영되고 있습니다.

신속통관을 요하는 물품은 세관장의 사전승인을 받아 선적 후 신고를 할 수 있으며, 그 외에도 특정 수출통관으로서 무환수출품에 대한 수출통관, 샘플이나 소액의 수출물품에 대한 간이수출통관 등이 있습니다. 수출물품은 수출신고수리일로부터 30일 이내에 선적항의 보세구역에 반입하거나 선적해야 합니다.

수입통관 시스템은 수입신고서 접수 및 심사, 수입 C/S(Cargo Selectivity System), 상표권 관리, 까르네(ATA Carnet, 무관세 임시 통관증서) 관리, 정보관리 등으로 구성되어 있습니다.

또한 은행과 연계되어 인터넷뱅킹에 의한 전자수납이 이루어지고 있으며, 요건확인기관과 연계되어 전자문서에 의한 확인 및 처리가 가능하도록 되어 있습니다.

종전에는 수입신고가 보세구역장치 후에 가능하였으나 이제는 입항 전 수입신고뿐만 아니라 해당물품을 적재한 선박이 수출국에서 출항하기 전에도 수입신고가 가능합니다.

선박 또는 항공기가 출항하기 전에 선박회사 또는 항공회사(대리점 포함)는 출항지 세관장에게 적하목록을 제출하고 입항지에 있는 선박회사 또는 항공회사에 적하목록을 송부해야 합니다. 적하목록이 제출되지 않으면 신고수리가 불가능합니다.

한편 관세감면을 받으려면 납세의무자가 관세감면신청서를 작성하여 수입신고 시에 제출해야만 합니다.

4 간이통관이란?

일반적으로 수출입 물품에 대해서 보세구역 등에 물품장치와 신고·검사·면허 등의 통관절차를 이행하여야 되는데, 자가 사용 물품, 상용견품, 휴대품, 탁송품, 별송품, 우편물과 재수출면세 및 정부용품 등 면세가 적용되는 물품에 대해서 간이한 방법에 의하여 통관절차를 이행할 수 있으며, 이를 간이통관(Simplified Customs Clearance)이라 합니다.

간이통관을 이용하려면 관세사 사무실에 의뢰하든가 아니면 관세청 홈페이지에 들어가서 간이통관이라고 입력하면 이에 해당하는 정보를 얻을 수 있습니다.

SECTION 9

2 관세의 종류

구매하 관세는 어떤 것이 있습니까?

가대리 크게 나누어 기본관세, 탄력관세, 양허관세가 있습니다.

1 관세와 관세율

관세는 관세법을 근거로 하여 정해진 관세율에 따라 산정합니다. 관세율은 수입물품의 통관 시에 적용되는 세율을 말합니다.

2 관세의 종류

① 기본관세

우리나라 국회에서 법률의 형식으로 제정한 세율을 기본 관세율이라 하며, 이 세율에 따라 산정하는 관세를 말합니다. 관세법 별표의 관세율표에 품목별 세율이 기재되어 있습니다.

② 잠정관세

특정 품목에 대해 불가피하게 기본세율의 틀을 벗어난 세율을 잠정적으로 적용하는 관세를 말합니다.

기본관세와 공통점은 둘 다 국회의 의결을 거쳐 법률로 정한 세율이란 점이며, 차이점은 기본세율 개정은 법률 개정을 통해서 해야 하지만 잠정세율은 법률개정뿐만 아니라 대통령령 개정으로도 가능하다는 것입니다.

③ **탄력관세(Flexible Tariff)**

급격하게 변동하는 국내외 경제여건 변화에 신축성 있게 대응하고 관세 정책을 좀 더 효과적으로 수행하게 하는 관세로 관세율의 변경권을 일정 한 범위 안에서 행정부가 위임받아 결정합니다.

탄력관세의 종류로는 덤핑방지관세, 상계관세(Countervailing Duties), 보복관세, 긴급관세, 농림축산물에 대한 특별긴급관세, 조정관세, 할당관세, 계절관세, 편익관세 등이 있습니다.

④ **양허관세(Bounded Tariffs, 讓許關稅)**

특정국가 또는 WTO 등과 같은 국제기구와 조약 또는 행정협정 등에서 양허한 관세이며 협정관세라고도 합니다. WTO(세계무역기구) 협정관세, WTO 개도국 협정관세, 전 세계 각국과의 관세협상에 따른 국제협력관세 등과 같은 것을 말합니다.

협정세율은 협정의 종류에 따라 당해협정에 가입한 국가에서 생산된 물품에 한하여 적용되므로 원산지증명서에 따라 원산지를 확인하고 적용합니다.

⑤ **일반특혜관세(GSP, Generalized System of Preferences)**

선진국이 개발도상국으로부터 수입하는 농수산품, 공산품의 제품 및 반제품에 대해 대가없이 일방적으로 관세를 면제하거나 기본세율보다도 낮은 세율을 적용하는 관세입니다. 원산지증명서가 반드시 필요합니다.

⑥ **자유무역협정관세(FTA 협정관세)**

FTA를 체결하고 발효된 국가를 원산지로 하는 물품에 적용하는 관세입니다.

3 관세율 적용순서

관세율표를 보면 동일한 품목에 기본세율 또는 탄력세율 이외에 여러 가지 관세율이 표시되어 있습니다. 이러한 경우에는 관세율 적용순서에 따라 어떠한 세율을 적용하여야 하는지 결정합니다.

관세율의 적용순서를 보면 다음과 같습니다.

① **1순위** : 덤핑, 상계, 보복, 긴급, 농림축산물에 대한 특별긴급관세

② **2순위** : 자유무역협정관세(FTA 협정관세)

③ **3순위** : 편익, 국제협력관세. 단, 3·4·5순위 세율보다 낮은 경우에만 적용하고 농림축산물 양허관세(WTO 별표 1나 및 3다)는 4순위 및 5순위 세율보다 우선 적용

④ **4순위** : 조정, 계절, 할당과세

⑤ **5순위** : 일반특혜관세

⑥ **6순위** : 잠정관세

⑦ **7순위** : 기본관세

위에서 언급된 각 관세율에 대해 구체적이고도 상세한 내용은 관세청 홈페이지 및 관세법을 참고로 하면 알 수 있습니다.

SECTION 9

3 관세의 납부기한 및 방법

구매하 관세는 수입신고 즉시 납부해야 합니까?

가대리 관세는 신고 후 15일 이내에 납부하면 됩니다.

1 관세의 납부기한 및 방법

관세액 산정을 위해 기준이 되는 가격이나 수량을 과세표준이라 하며, 이것에 관세율을 곱해서 나온 것이 관세액입니다. 해당 품목의 관세율은 HS 번호를 찾은 후 〈HS 품목별 분류집〉에서 확인할 수 있습니다(관세액 산정 방법에 관해서는 220쪽 **SECTION 3.** 26 수입통관을 참조바랍니다).

① 관세의 납부기한

관세는 수입신고 전 또는 수리 후 15일 이내에 국고수납은행 또는 우체국에 납부하면 됩니다.

② 관세의 납부방법

관세 전액을 납부 기한 내에 납부하면 되지만, 특정한 물품에 대해서는 분할 납부도 가능합니다. 또한 특별한 경우에는 관세의 일부 또는 전부를 면제하는 관세감면제도도 있습니다.

2 간이세율

간이세율(Simplified Duty Rate)은 관세, 부가세, 내국세 등 모든 종류의 세금을 통합한 단일세율입니다. 세액산출 및 통관을 신속하게 하기 위한 제도로 다음과 같은 물품에 적용됩니다.

① 여행자 또는 외국에 왕래하는 운수기관의 승무원이 휴대하여 수입하는 물품

② 우편물품(다만 수입신고를 하여야 하는 물품은 제외함)

③ 외국에서 선박 또는 항공기의 일부를 수리 또는 개선하기 위하여 사용된 물품

④ 탁송품 및 별송품

SECTION 9

4 HS에 관해서

구매하 HS란 무엇을 말합니까?

가대리 전 세계에서 공통으로 사용하고 있는 '국제통일 상품분류체계'입니다.

1 HS란?

HS는 Harmonized System(Harmonized Commodity Description and Coding System)의 약어로 세계에서 공통으로 사용하고 있는 '국제통일 상품분류체계'입니다.

HS 제정의 목적은 상품분류 체계의 통일을 기하여 국제무역을 원활히 하고 관세율 적용의 일관성을 유지하기 위한 것입니다. 우리나라에서도 관세율 및 수출입품목에 대한 규제여부를 이 품목분류체계에 따라 정해두고 있습니다.

2 관세와 품목분류

수입물품에 대한 관세는 품목분류에서 HS 번호마다 적용되는 관세율이 정해져 있으므로 관세를 정확하게 납부하기 위해서는 올바른 품목분류가 선행되어야 합니다.

3 HS 코드의 구조

HS 상품분류 코드에서 6자리까지는 국제적으로 공통으로 사용하는 코드이며, 7자리부터는 각 나라에서 6단위 소호의 범위 내에서 이를 세분하여 10자리까지 사용할 수 있습니다.

그렇다면 10단위 HS 번호(10단위 HSK) **0102.90-10.00**를 예로 들어 설명합니다.

① **류** (Chapter) : HS 번호 앞 2자리를 말합니다. **01**

② **호** (Heading) : 류의 2자리를 합친 앞 4자리를 말합니다. **0102**

③ **소호** (Subheading) : 앞 5, 6자리를 말합니다. **90**

④ 7단위 이하(**10.00**)는 6단위(**0102.09**)에서 정하는 범위 내에서 각국이 이를 세분하여 사용할 수 있습니다. 우리나라는 마지막 4자리를 세분하여 10단위로 사용하고 있습니다. 이를 HSK(HS of Korea)라 합니다.

4 HS 코드의 확인 방법

① 관세청의 품목분류 사전심사 제도를 통한 확인 방법

② 관세청 일반 민원질의를 통한 확인 방법

③ 관세사 등의 전문가, 관세종합상담센터, 각 세관에 상담을 통한 확인 방법

④ 법규집, 인터넷을 통한 확인방법

⑤ 관세청 홈페이지(품목분류) 에서도 확인이 가능

SECTION 9

5 보세구역

구매하 보세구역이란 어떤 지역을 말합니까?

가대리 외국 화물의 관세를 일정기간 유보할 수 있는 지역입니다.

1 보세구역

보세구역(Bonded Area)은 외국 화물의 관세를 일정 기간 유보할 수 있는 지역입니다. 통관질서 확립 및 수출보세공장을 지원해 주기 위해 보세구역제도를 운영합니다. 보세구역의 종류는 다음과 같습니다(관세법 제7장 참조).

① 지정보세구역(DBA, Designated Bonded Area)

세관에서 직접 관리하는 보세구역으로 세관장이 지정합니다.

- **지정장치장** : 통관을 하고자 하는 물품을 일시 장치하기 위한 장소입니다.
- **세관검사장** : 통관을 하고자 하는 물품을 검사하기 위한 장소입니다.

② 특허보세구역

개인이 세관장의 특허를 받아서 설치, 운영할 수 있습니다.

- **보세창고(Bonded Storage)** : 통관절차를 취하려고 하는 물품을 장치하는

곳입니다.

- **보세공장**(Bonded Factory) : 외국 화물의 관세를 유보한 채로 외국 화물의 가공, 제조, 화물의 분류 등을 할 수 있는 장소입니다.
- **보세전시장**(BEG, Bonded Exhibition Ground) : 국제전시회나 시연회 등으로 외국 물품을 장치, 전시할 수 있는 장소입니다.
- **보세건설장** : 공장 등을 건설하는 데 필요한 수입 기계 설비 또는 공사용 장비를 장치, 사용하여 건설공사를 할 수 있는 장소입니다.
- **보세판매장** : 외국인들을 위한 면세판매장을 말합니다.
- **종합보세구역**(IBA, Integrated Bonded Area) : 보세창고, 보세공장, 보세전시장, 보세건설장, 보세판매장의 기능 중 둘 이상의 기능을 종합적으로 수행할 수 있는 장소를 말합니다.

2 보세운송

외국에서 수입한 물품을 통관절차를 거치지 않은 상태에서 보세구역까지 운송하는 것을 말합니다.

SECTION 9

6 검역제도

구매하 검역제도에는 어떤 것이 있습니까?

가대리 동물검역, 식물검역, 목재포장재 검역이 있습니다.

1 검역제도

수출입 화물의 이동에 따른 전염병, 병해충의 확산을 방지하기 위한 제도입니다.

2 검역제도의 종류

동물검역(Animals Quarantine), 식물검역(Plant Quarantine), 목재포장재 검역(Wood Packaging Material Quarantine) 등이 있습니다.

① 동물검역

가축 및 기타 동물, 축산물을 수출입할 때 가축의 모든 질병을 예방하기 위하여 공항이나 항만에서 실시하는 검역으로 가축전염병예방법에 따라 실시됩니다.

동물검역의 목표는 국내에서 발생되지 않고 있는 가축전염병의 유입방지(流入防止)와, 국내에서도 현재 발생되고 있으나 새로운 유입을 막아서 국내발생을 점점 줄여 가축전염병을 종식시키는 데 있습니다.

지정검역물을 반입하려면 수량의 다소나 선물 또는 자가소비용을 막론하고 수출국 정부기관에서 발행한 검역증(檢疫證)을 첨부하여야 합니다. 또한 수입된 지정검역물은 동물검역소에서 전염병의 전파 우려가 없다고 인정되는 지정된 장소(검역장소)에서만 검역을 받아야 합니다.

② 식물검역

외국에서 수입되는 식물류는 농림수산검역검사본부의 검역을 거쳐야만 수입이 가능합니다. 식물검역은 식물방역법에 따라 실시되며, 식물에 해를 주는 병해충이 국경을 넘어 전파되거나 유입되는 것을 방지하기 위한 제도입니다.

③ 목재포장재 검역

팔레트, 나무상자, 받침목 등 수출입 화물을 지지, 보호, 운반하는 데 사용되는 목재포장재에 의한 병해충의 국가 간 이동을 방지하기 위해 실시하는 제도입니다(농림축산검역본부 고시 제2013-114호).

소독방법은 열처리(HT, Heat Treatment), 또는 MB 훈증(Methyl Blomide)이 있으며, 소독사실을 증명하는 소독처리마크가 있어야 합니다.

수출의 경우는 수입국의 검역요건에 따라 소독하고 소독작업결과서를 발급받아야 합니다. 그리고 수입의 경우는 국제기준에 따라 소독하고 소독처리마크가 표시되어야 합니다. 국가에 따라서는 위생증명서를 요구하므로 식물검역소에서 발급받아야 합니다.

SECTION 9

7 관세환급

구매하 관세환급이란 무엇입니까?

가대리 수입 시에 세관에 납부한 관세를 되돌려 받는 것을 말합니다.

1 관세환급

관세환급이란 세관에 낸 관세를 되돌려 받는 것으로, 〈관세법〉 및 〈수출용 원재료에 대한 관세 등 환급에 관한 특례법〉상에 관세의 환급에 대하여 규정하고 있습니다.

2 〈관세법〉 · 〈수출용 원재료에 대한 관세 등 환급에 관한 특례법〉상 환급 규정 내용

위의 두 법에서 규정하고 있는 환급의 개념은 다소 다릅니다. 일반적으로 관세환급이라 하는 것은 환급특례법에 의한 관세환급을 말합니다.

① 〈관세법〉상 규정하고 있는 관세환급에 관한 규정 내용

- 납세의무자가 관세를 과오납한 경우의 환급
- 수입신고가 수리된 물품이 계약내용과 다르기 때문에 다시 수출하는 경우의 환급
- 지정보세구역에서 장치물품의 멸실·손상으로 인한 환급
- 종합보세구역 판매물품에 대한 관세 등의 환급

② 〈수출용 원재료에 대한 관세 등 환급에 관한 특례법〉상의 환급 규정

우리나라 수출물품에 대한 국제가격경쟁력을 제고시키기 위한 수출지원 제도입니다. 수출용 원재료를 수입할 때 납부한 관세를, 해당 수출용 원재료를 사용한 물품을 수출한 경우에 환급받을 수 있는 제도로 크게 두 가지로 구분됩니다.

- **개별환급** : 수출물품 제조에 소요된 원재료의 품명·규격·수량과 동 원재료의 수입 시 납부세액을 원재료별로 개별 확인하여 환급금을 산출하는 방법
- **간이정액환급** : 개별환급을 받을 능력이 없는 중소기업의 수출을 지원하고 환급절차를 간소화하기 위해 도입된 제도입니다.
  환급신청년도가 속하는 년도의 직전 2년간 매년도 환급액이 6억원 이하인 중소기업에서 제조한 수출물품에 대한 환급액 산출 시에, 정부가 정하는 일정금액(간이정액 환급율표상의 금액)을 수출물품 제조에 소요된 원재료의 수입 시 납부세액으로 보고 환급액 등을 산출토록 한 제도라 할 수 있습니다.

관세환급요건, 납부세액증명방법, 수출물품을 생산하는 데 소요되는 원재료의 종류별 양을 말하는 소요량의 관리 등 관세환급에 관한 구체적인 내용은 관세청 홈페이지를 방문 또는 관세사에게 문의하면 알 수 있습니다.

SECTION 9

8 병행수입

구매하 병행수입은 모든 제품에 해당합니까?

가대리 일정한 수입요건에 해당하는 경우에만 허용됩니다.

1 병행수입

병행수입(Parallel Import)이란 국내의 독점수입업자에 의하여 수입되고 있는 외국상품을 국내의 제삼자가 국내 독점수입업자의 허락 없이 다른 유통경로를 통하여 동일한 상품을 수입하는 것을 말합니다.

우리나라는 수입상품 간에 국내경쟁을 촉진하여 가격을 안정시키고, 소비자의 이익을 증진시키기 위해 상표법상의 상표보호의 목적과 상표의 기능을 해하지 않는 범위 내에서 병행수입을 허용하고 있습니다.

2 병행수입 가능여부 판단기준

외국상표권자와 국내상표권자가 동일인 혹은 동일인 관계이거나 아닌 경우가 병행수입의 가능여부 판단기준이 됩니다. 이때 동일인 관계란, 국내외 상표권자가 동일인이거나 계열회사 관계(주식의 30% 이상을 소유하면서 최다 출자자인 경우), 수입대리점 관계 등 동일인으로 볼 수 있는 관계를 말합니다.

① 외국상표권자와 국내상표권자가 동일인이거나 동일인 관계인 경우

- 제삼자 병행수입 가능합니다(수출입사실 통보대상 아님).
- 예외적으로 국내 전용사용권자가 외국상표권자와 동일인 관계가 아니고, 제조·판매만 하는 경우에는 제삼자의 병행수입 제한됩니다(수출입사실 통보대상).

② 외국상표권자와 국내상표권자가 동일인 관계가 아닌 경우

- 제삼자 병행수입 제한됩니다(수출입사실 통보 대상).
- 예외적으로 국내 상표권자 또는 전용사용권자가 외국상표권자가 생산한 진정상품을 수입·판매하는 경우에는 제삼자 병행수입 가능합니다(수출입사실 통보 대상 아님).

3 병행수입 시 주의할 점

병행수입은 일정한 기준에 따라 제한적으로 허용되고 있으므로 사전에 수입하고자 하는 물품의 상표가 병행수입이 허용되는지 여부를 확인해야 합니다. 병행수입 가능여부는 관세청 홈페이지를 참고로 하여 문의하면 확인할 수 있습니다.

병행수입이 허용되는 상표라 하더라도 상품의 진위여부가 의심스러운 경우에는 세관장 또는 상표권자의 요청에 의해 통관이 보류될 수 있으니 이 점에 주의할 필요가 있습니다.

★ 이 단원의 주요 용어 정리

용어	설명
Customs Clearance	통관
UNI-PASS	유니패스, 관세청 전자통관시스템
EDI(Electronic Data Interchange)	전자문서교환방식
C/S(Cargo Selectivity System)	수입물품선별검사시스템
Carrier	운송회사
Declaration	신고
Export (Import) Declaration	수출(수입) 신고
Shipping Instruction	S/I, 선적지시서
Simplified Customs Clearance	간이통관
Flexible Tariff	탄력관세(彈力關稅)
Bounded Tariffs	양허관세(讓許關稅)
GSP	Generalized System of Preferences, 일반특혜관세
HS(Harmonized System)	Harmonized Commodity Description and Coding System, 국제통일 상품분류체계
Bonded Area	보세구역
DBA	Designated Bonded Area, 지정보세구역
IBA	Integrated Bonded Area, 종합보세구역
Animals Quarantine	동물검역
Plant Quarantine	식물검역
Wood Packaging Material Quarantine	목재포장재 검역
Parallel Import	병행수입

SECTION · 10

무역계약의 기본조건

무역거래는 다른 나라의 무역업자와의 거래이므로 국내 거래보다 더 다양한 문제가 발생할 개연성이 있습니다. 이들 문제를 사전에 예방하기 위해 무역계약 체결 시에 적용하는 다양한 조건이 있습니다. 품질은 어떻게 해서 결정되는 것인가 등등 무역거래에 따른 다양한 조건에 관해서 설명합니다.

SECTION 10

1 무역계약의 기본조건

구매하 무역계약의 기본조건에는 어떤 것이 있습니까?

가대리 품질조건, 수량조건, 가격조건, 선적조건, 결재조건 등이 있습니다.

1 무역계약의 기본조건이란?

무역거래에서 발생하는 다양한 문제들을 사전에 방지하기 위해 여러 가지 비용부담 문제를 포함하여 가격 등과 같은 제반 조건을 명확하게 해 둘 필요가 있습니다.

이와 같은 조건을 통틀어 무역계약의 기본조건이라 말합니다. 무역거래의 기본조건, 수출입거래의 기본조건, 수출입계약의 기본조건이라고도 합니다.

2 무역계약의 기본조건 종류

무역계약의 기본조건 종류는 다음 표와 같습니다.

구분	무역계약의 조건 및 내용
상품 자체에 대한 조건	품질조건(Quality) : 품질결정방법, 품질결정시기
	수량조건(Quantity) : 수량단위, 수량표시방법, 수량결정시점
	가격조건(Price) : 가격책정기준, 결제통화
	포장조건(Packing) : 포장재와 포장단위, Shipping Mark
계약이행조건 : 제3의 당사자와 추가 계약	선적조건(Shipment) : 선적시기, 방법, 선적항, 도착항 → 물품인도 : 운송계약
	결제조건(Payment) : 결제 방법, 시기, 결제수단, 결제통화 → 대금결제 : 환계약
	보험조건(Insurance) : 보험금액, 보험조건, 부보통화, 지급지 → 선적 후 위험담보 : 보험계약
계약불이행사항 불이행 : 이행불능(Frustration), 계약위반(Breach)	불가항력조항(Forcemajeure)
	클레임 해결조건 · 중재조항(Arbitration) · 준거법(Governing Law)
기타사항	Trade Terms
	계약체결일자, 당사자 등

※ 위의 표에서 품질조건, 수량조건, 가격조건, 선적조건, 결제조건을 수출입계약의 5대 조건이라 합니다.

SECTION 10

2 품질조건

구매하 상품의 품질은 어떻게 결정합니까?

가대리 사전에 정해둔 품질조건으로 결정합니다.

1 품질조건이란?

품질조건(Terms of Quality)이란 상품의 품질에 관해서 구체적으로 정한 것입니다. 품질분쟁을 피하기 위해 사전에 품질의 결정방법 및 결정시기를 당사자 간에 명확히 해야 합니다.

품질 결정 방법

품질은 상품의 성질을 표시하는 방법에 따라 결정되는바, 다음과 같은 방법이 있습니다.

- **견본매매**(Sale by Sample) : 견본에 의해 상품의 품질을 결정하는 방법입니다. 실제로 거래되는 상품의 품질과 견본의 품질이 일치해야 합니다.

- **표준품매매**(Sale by Standard) : 사전에 표준품을 설정하고 그것에 따라 품질을 결정하는 방법입니다. 농수산물 거래에 자주 사용됩니다.
  여기에는 농수산물의 경우 FAQ(Fair Average Quality Terms, 평균 중등 품질조건 : 수확물의 중등품을 표준품으로 지정), 냉동어류나 목재의 경우

GMQ(Good Merchantable Quality, 판매 적격 품질조건 : 거래하는 것이 적절한 품질인지), USQ(Usual Standard Quality, 보통 품질조건)가 있습니다.

- **상표 · 브랜드매매**(Sale by Trademark or Brand) : 트레이드 마크나 브랜드를 지정해서 품질을 결정하는 방법입니다.

- **사양서매매**(Sale by Specification) : 재료, 구조, 성능 등에 관해서 상세하게 결정한 사양서에 따라 품질을 결정하는 방법입니다. 기계나 화학품 등의 공업품을 발주할 때 사용됩니다.

- **규격매매**(Sale by Grade or Type) : 국제적인 표준이 정해져 있는 경우 그것을 기준으로 품질을 결정하는 방법입니다. ISO 규격 등 국제적인 표준이 사용됩니다.

2 품질결정시기

분쟁을 예방하기 위해 품질결정시점을 사전에 명확하게 해두어야 합니다.

① 선적품질조건(Shipped Quality Terms)

해당물품을 수출항에서 선적할 때 약정한 품질과 동일하면 되는 조건입니다. 사전 합의되었거나 권위 있는 검사기관의 검사증명서(Inspection Certificate)를 제출해야 합니다.

② **양륙품질조건(Landed Quality Terms, 하역품질조건)**

해당물품이 수입지에서 하역 시에 검품하는 조건입니다. 수입자는 현품이 계약조건대로의 물품이 아닐 경우 수취를 거부할 수 있습니다. 또한 검사증명서 또는 감정보고서(Survey Report)를 증거로 손해배상청구도 할 수 있습니다.

품질결정은 언제, 누구에게 검사시킨 결과를 채용할 것인가, 물품의 검사방법, 검사장소, 검사기관 등과 같은 상세 사항에 대해 명확하게 정해두어야 합니다.

또한 국제거래에서는 물품의 종류, 성질에 따라서 당사자 간의 합의유무에 관계없이 수출국 내지는 수입국 정부의 법령, 규칙 등에 의해 검사방법이 지정 또는 강제되는 경우가 있습니다.

그 같은 규칙, 법령에 합격하지 않으면 수출 또는 수입할 수 없는 경우가 생길 수 있기 때문에 사전에 상호 정보를 교환하는 등 조사·검토가 필요하며 이는 대단히 중요합니다.

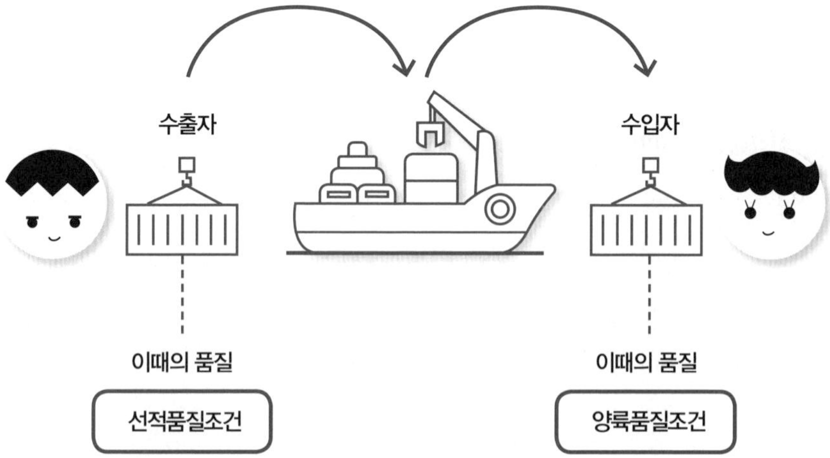

SECTION 10

3 수량조건

구매하 상품의 수량은 어떻게 결정합니까?

가대리 사전에 정해둔 수량조건으로 결정합니다.

1 수량조건이란?

수량조건(Terms of Quantity)이란 수량의 단위, 수량표시방법, 수량결정시점을 계약 시에 미리 결정한 조건을 말합니다. 무역거래에서 사용되는 수량기준은 물품의 성질, 종류나 상관습에 따라 다양합니다.

2 수량의 단위

무역거래에서 자주 사용되는 수량의 단위는 다음과 같습니다.

구분	내용
중량 Ton(Weight)	· Long Ton(L/T,=English Ton,=Gross Ton) 2,240lbs≒1,016Kgs · Short Ton(S/T,=American Ton,=Net Ton) 2,000lbs≒908Kgs · Metric Ton(M/T,=Middle Ton,=Kilo Ton) 2,204lbs≒1,000Kgs
용적 Ton(Measurement)	· 1㎥ = 1cubic metre=1M/T · 1M/T(Measurement Ton)=480SF=40Cubic Feet · SF(Super Foot) : 목재에서의 수량표시단위, 1SF=1' × 1' × 1'
길이(Length)	· 1Foot/Feet≒0.3048m · 1Yard≒0.9144m

면적(Square)	· 1Square Foot/Feet≒0.0283㎡ (1변이 1foot/feet의 정사각형의 면적)
개수(Number)	· piece(1개)=pc, each(1개)=ea, dozen(12개)=dz · Gross(12dz)=144pcs, Small Gross(10dz)=120pcs, · Great Gross(12Gross)=1,728pcs

3 수량결정시점

선적수량조건과 양륙수량조건이 있습니다.

① **선적수량조건(Shipped Weight Terms)**

수출항에서 선적 시의 수량을 거래 수량으로 하는 조건입니다. 판매자는 검정기관이 발급한 용적중량증명서(Certificate and List of Measurement and/or List)를 제출하는 것이 일반적입니다.

② **양륙수량조건(Landed Weight Terms, 하역수량조건)**

물품의 도착항에서 하역 시의 수량을 거래 수량으로 하는 조건입니다. 수출자의 손해를 줄이기 위해 물품이 도착한 당시의 수량을 입증해야 합니다.

위의 어느 수량조건이라도 검량에 관한 증명서가 중요하므로 어느 검정기관에서 어떤 방법으로 검량 받을지 사전에 정해 두는 것이 중요합니다.

4 수량 과부족의 용인조건(More or Less Terms)

물품의 성질, 종류에 따라 정확하게 계약수량을 인도하는 것이 어려운 경우가 있으므로 어느 정도의 범위에서 수량의 과부족을 용인하는 조항(More or Less Clause)으로 사전에 표시해 두는 방법입니다. 신용장통일규칙에서는 한도를 5%로 규정하고 있습니다.

개수(槪數) 표시어인 about, approximately, around, some 등을 계약수량 앞에 표시해서 수량의 과부족을 용인하는 방법도 있습니다. 신용장통일규칙에서는 10% 범위 내에서 과부족을 용인합니다.

※ 정산기준 가격

· Day of Shipment Price
· Day of Arrival Price
· Contract Price(통상적)

등이 있습니다.

SECTION 10

4 가격조건, 포장조건

구매하 상품의 가격 및 포장은 어떻게 결정합니까?

가대리 사전에 정해둔 가격조건, 포장조건으로 결정합니다.

1 가격조건이란?

가격조건(Terms of Price)이란 물품의 단가(unit price)를 어떠한 요소 비용을 포함해서 책정할 것인가 하는 문제입니다.

무역거래에서는 물품의 인도장소, 비용부담의 한계, 위험 및 소유권의 이전시기뿐만 아니라 물품의 검사에 관련한 비용 등과 같은 가격구성요소 중에서 어떤 요소를 포함시키느냐에 따라 가격이 달라집니다.

따라서 무역거래에서 가격을 제시할 때는 정형거래조건(인코텀즈)을 반드시 표시하고, 또 다른 거래조건(trade terms)이 있을 경우에는 함께 제시해서 명확히 해야 합니다.

수출입 가격구성요소에 관해서는 **SECTION 12. 수출입상품 가격책정**을 참조바랍니다.

2 포장조건이란?

포장조건(Terms of Packing)이란 물품의 유통과정에서 그 물품의 내용이나 외형을 보호하기 위한 포장을 어떻게 할지를 정하는 것입니다.

물품의 특성이나 운송수단과 거리 등을 고려하여 적절한 포장재의 선택,

총중량에 따른 운임 등을 고려한 알맞은 포장단위의 선정, 물품이 수송의 목적물임을 쉽게 판별하고 찾을 수 있게 하는 Shipping Mark(하인=荷印 또는 화인=貨印)의 결정 그리고 포장방법 등에 대해 수출자와 수입자 간에 합의를 해야 합니다.

구체적인 합의가 없는 경우에는 export standard packing(수출자의 표준 포장)으로 하며, Shipping Mark는 수입자가 정하는 것이 일반적이지만 경우에 따라서는 수입자의 양해 아래 수출자가 임의로 정해서 사용하기도 합니다.

포장의 종류로는 외장(outer packing), 내장(inner packing or interior packing), 개별포장(each packing or unitary packing)이 있습니다.

포장의 불충분으로 인한 손해에 대해서 보험자는 면책되며, 운송인도 면책된다는 것에 유의할 필요가 있습니다.

SIPPING MARK 샘플

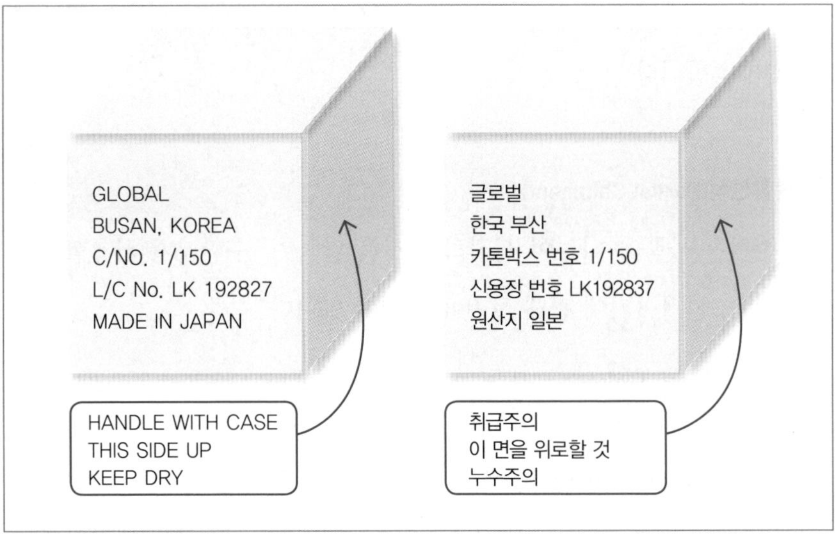

※ 117쪽 화인의 기입 항목 및 118쪽 기입 예시를 참조 바람

SECTION 10

5 선적조건, 결제조건

구매하 선적에 관련한 사항과 결제에 관한 사항은 어떻게 결정합니까?

가대리 사전에 정해둔 선적조건, 결제조건에 따라 결정합니다.

1 선적조건이란?

선적조건(Terms of Shipment)이란 물품을 인도하는 방법, 시기, 장소 등과 같이 선적에 관련되는 제반 조건을 말합니다. 선적조건에 관련해서는 인코텀즈의 이해가 필수적입니다.

운송방법은 해상운송과 항공운송의 어느 방법을 할 것인지 정해야 합니다. 그리고 선적시기와 관련해서는 최종선적일(latest shipping date)과 지연선적에 관한 규정도 정합니다. 또한 분할선적과 환적의 허용 여부도 정해 두어야 합니다.

① 분할선적(Partial Shipment)

분할선적은 물품을 나누어 선적하는 것을 말하며, 수입자가 허용할 경우 선적회수, 선적시기에 관해 사전에 정해야 합니다.

② 환적(Transshipment)

환적은 선적항에서 목적지항까지 운송 도중에 다른 선박이나 운송수단으로 옮겨 싣는 것을 말합니다. 정기운송노선이 없다든가 하는 특별한 사유가 없는 한 환적은 멸실(loss)이나 손상(damage)의 위험이 있으므로 가급적 피하는 것이 좋습니다.

2 결제조건이란?

결제조건(Terms of Payment)이란 물품대금을 언제, 어떤 방법으로, 어떻게 지불받을 것인지에 관한 조건을 말합니다. 결제 방법으로는 송금 방식, 추심 방식(D/A, D/P), 신용장 방식 등이 있으며, 결제수단으로는 어음결제, 현금결제, 환결제 등이 있습니다.

그리고 가격조건에서 표시통화(通貨)인 결제통화는 미국 달러화, 유로화로 하는 것이 일반적이며 경우에 따라서 다른 통화로 결정하기도 합니다.

결제와 관련한 구체적인 내용은 **SECTION 5. 대금결제**에서 설명하고 있습니다.

SECTION 10

6 보험조건, 기타 조건

구매하 보험에 관련한 사항은 어떻게 정합니까?

가대리 사전에 정해둔 보험조건에 따라 결정합니다.

1 보험조건이란?

보험조건(Terms of Insurance)이란 물품의 운송 중에 발생할 위험에 대비한 적하보험계약을 체결할 때 보험기간, 보전대상 손실의 범위 등에 대해 정하는 것을 말합니다.

보험계약은 인코텀즈에 따라 FOB, FCA, CFR의 경우에는 수입자가 보험회사와 체결하며, CIF, CIP의 경우에는 수출자가 보험회사와 체결합니다. 보험에 관련한 표시 문언의 예를 다음과 같이 소개합니다.

① **FOB, FCA, CFR의 경우** : 바이어 부담을 영문으로 다음과 같이 간략하게 표현합니다.

- Insurance : to be covered by the Buyer(바이어 부담)
- Insurance : for the Buyer's account(바이어 부담)

② **CIF, CIP의 경우** : 수출자 부담을 영문으로 다음과 같이 간단하게 표현합니다.

- Insurance : Insurance shall be effected by the Seller for the invoice amount plus ten(10) percent, covered all risk including War and S.R.C.C.(셀러는 전쟁 및 동맹 파업을 포함하는 모든 위험에 대해 인

보이스 금액의 110%를 부보한다)

- **Insurance** : Seller shall effect marine insurance on ICC(A) for (110%) of the invoice amount. (셀러는 ICC(A)에 따라서 인보이스 금액의 110%를 부보한다)

2 기타 조건

계약불이행 시를 대비한 항목으로 계약위반(Breach), 이행불능(Frustration), 불가항력(Force Majeure)에 관한 조항이 있으며, 클레임 또는 분쟁이 발생했을 때 해결하는 조건으로 중재조항(Arbitration), 준거법(Governing Law) 조항 등이 있습니다.

이 같은 조항들은 일반거래조건(General Terms and Conditions)으로 정형화된 계약서에서는 대부분 이면에 인쇄되어 있습니다.

무역계약의 5대 조건이라 하는 품질조건, 수량조건, 가격조건, 선적조건, 결제조건 등과 비교해서 그 중요도는 다르지만 포장조건, 보험조건을 포함해서 이들 조건도 무역거래에서 무시할 수 없는 중요한 조건입니다.

★ 이 단원의 주요 용어 정리

용어	설명
Terms of Quality	품질조건
Sale by Sample	견본매매
Sale by Standard	표준품매매
Sale by Trademark or Brand	상표·브랜드매매
Sale by Specification	사양서매매
Sale by Grade or Type	규격매매
Terms of Quantity	수량조건
Terms of Price	가격조건
Terms of Packing	포장조건
Terms of Shipment	선적조건
Terms of Payment	결제조건
FAQ	Fair Average Quality Terms, 평균중등품질조건. 수확물의 중등품(표준품)을 지정함
GMQ	Good Merchantable Quality Terms, 적상품질조건. 거래하는 것이 적절한 품질
Shipped Quality Terms	선적품질조건. 수출항에서 선적시의 품질
Landed Quality Terms	하역품질조건. 수입항에 도착 후 하역시의 품질
Shipped Weight Terms	선적수량조건. 수출항에서 선적시의 수량
Landed Weight Terms	하역수량조건. 수입항에 도착 후 하역시의 수량
More or Less Terms	수량과부족용인조건. 수출자, 수입자의 합의를 바탕으로 일정의 수량과부족을 용인하는 것
Gross Weight	총중량. 포장중량 포함
Net Weight	화물의 정미중량, 순중량(포장중량 불포함)
Breach	계약위반
Frustration	이행불능
Force Majeure	불가항력
Terms of Insurance	보험조건
each packing or unitary packing	개별포장
outer packing	외장
inner or interior packing	내장

SECTION • 11

무역계약

무역계약은 무역거래 양 당사자 간에 각각의 권리와 의무를 확인하고 실천을 약속하는 것입니다. 무역계약의 성립, 계약서 작성의 필요성, 무역계약의 종류, 그리고 대리점 계약 등에 관해 설명합니다.

SECTION 11

1 계약의 성립 및 계약서 작성의 필요성

배우리 계약 성립의 원칙은 무엇입니까?

가대리 계약은 수출자의 제의와 수입자의 승낙에 의해서 성립합니다.

1 계약의 성립

계약(Contract)은 수출자의 제의와 수입자의 승낙에 의해서 성립하는 것이 원칙입니다. 수출자가 거래제의(Offer)를 하고 수입자가 거래제의 조건을 그대로 승낙(Acceptance)하면 계약은 성립합니다. 그 반대로 수입자의 거래제의를 수출자가 승낙해도 계약은 성립합니다.

카운터 오퍼는 승낙이 아니기 때문에 계약의 성립은 아니며 상대방의 새로운 오퍼로 간주됩니다. 계약이 성립되려면 처음의 오퍼나 카운터 오퍼를 상대방이 무조건 승낙할 필요가 있습니다.

2 계약서 작성의 필요성

계약은 구두로도 성립하지만 국제간의 무역거래에서는 계약서를 작성하는 것이 통상적입니다. 무역거래에서 계약서가 필요한 이유는 다음과 같습니다.

① 매매 당사자 간의 오해와 오인(誤認)을 피합니다.

상식으로 생각하는 것들도 문화, 풍토, 관습 등에 따라 다른 경우가 많이 있기 때문에 계약의 내용을 문서화해서 용어 등을 정의해 둠으로써 계약 내용의 해석에 따라 발생할 문제의 소지를 사전에 방지합니다.

② 구두계약 시에 발생할 문제의 소지를 방지합니다.

문제가 발생하게 되면 계약 당사자는 자신에게 유리하게 해석하려는 경향이 있으므로 계약서가 없으면 문제는 더욱 복잡하게 전개될 소지가 있습니다.

③ 중재나 재판으로 갔을 경우 해결을 용이하게 합니다.

분쟁으로 발전되었을 경우 계약내용이 명확하지 않으면 제삼자일지라도 최종적인 결론을 내리기가 어렵게 됩니다.

④ 수출입에 따른 제반 업무를 위한 증거서류입니다.

수출입국에서 상품의 종류나 계약내용에 따라서 수출입의 허가, 승인, 검사 등이 필요한 경우에 계약서가 없으면 어려울 수가 있습니다. 또한 무역금융 등을 이용할 경우에도 증빙자료로 활용됩니다.

SECTION 11

2 무역계약의 종류

배우리 무역계약의 종류로는 어떤 것이 있습니까?

가대리 개별계약, 포괄계약, 독점계약 등이 있습니다.

1 무역계약의 종류

무역계약의 종류로는 개별계약(Case by Case Contract), 포괄계약(Master Contract), 독점계약(Exclusive Contract)이 있습니다.

① 개별계약

거래가 성립될 때마다 체결하는 계약을 말합니다. 거래가 종결되면 그것으로 계약이 종료되는 것입니다. 대부분의 무역계약은 여기에 속합니다.

② 포괄계약

지정 물품에 대해서 일반거래조건을 쌍방 합의하고 문서화하여 교환하는 일반거래협정서를 말합니다. 거래 시마다 거래조건 등을 재확인 내지 계약하는 번거로움을 없애줍니다. 이 계약은 오랜 기간 거래하여 서로를 잘 알고 있고, 일정기간에 지정된 물품을 계속하여 거래할 경우에 활용합니다.

③ 독점계약

특정물품에 대해 수출입거래를 특정회사와만 하는 독점판매계약을 말합니다. 계약서상에는 반드시 거래조건, 당사자의 준수할 사항, 계약유효기간, 계약연장조건 등이 기재되어야 합니다.

2 무역계약 체결 시 주의사항

무역계약을 체결할 때, 아래의 사항에 관해서는 특별한 주의가 필요합니다.

① 계약의 내용은 추후에 문제가 될 소지가 있을 것으로 판단되는 사항은 모두 망라하고, 계약서상의 표현은 명확하게 해야 하며 애매하게 해서는 안 됩니다.

② 계약서의 뒷면 조항도 앞면과 같은 법적 효력이 있으므로 상대방이 제시하는 계약서의 경우에는 검토에 소홀해서는 안 됩니다. 계약서 문안은 작성자 자신에게 유리한 내용으로 작성하는 것이 일반적이기 때문입니다.

③ 계약서의 서명은 계약서의 내용을 신중하게 여러 번 검토한 후 하는 것이 중요합니다.

SECTION 11

3 영문계약서를 쉽게 작성하려면

가대리 영문계약서 작성 요령에 대해 알아봅시다.

1 영문계약서 작성 요령

무역거래에서 영문계약서는 정형화된 계약서 서식을 활용하는 경향이 높지만 큰 금액의 계약일 경우에는 세세한 부분까지 양자가 합의해서 영문계약서를 작성합니다.

영문계약서 작성은 전문부서나 변호사 등의 전문가에게 맡기는 일이 많지만 중소기업에서는 여건상 무역담당자가 직접 작성해야 할 경우도 있으므로 무역비즈니스를 하는 실무자라면 작성 방법에 대해서 기본적인 것들은 알아 둘 필요가 있습니다. 영문계약서를 쉽게 작성할 수 있는 요령을 소개합니다.

① 샘플을 잘 활용합니다.

유사한 상황의 사례 샘플을 잘 활용하면 쉽게 작성할 수 있습니다.

② 필요 사항을 리스트 업하고 계약전체의 구성을 그려봅니다.

먼저 정하고 싶은 것을 생각나는 대로 씁니다. 그리고 그것들을 테마 별로 분류한 후 알기 쉽고 논리적인 순서로 배열하는 것입니다.

③ 조문의 골격을 만듭니다.

전체의 구성이 그려지면 개개의 조문을 씁니다.

④ 조문을 균형 있게 살 붙이기 합니다.

살 붙이기에는 육하원칙(5W1H)이 기본입니다. 영문계약서에서 '왜'는 거의 사용하지 않습니다.

⑤ 한 문장에는 하나의 사항만 정합니다.

읽기 쉽고 오해를 피하기 위해 필요합니다.

⑥ 잘 아는 용어나 용법을 사용하도록 합니다.

용어나 용법은 실수하지 않도록 그 내용을 충분히 이해하고 사용해야 합니다.

⑦ 가능한 한 능동태를 씁니다.

수동태로 쓰게 되면 문장의 의미(특히 행위의 주체)가 불명확하게 될 우려가 있습니다.

⑧ 원칙을 우선하고 예외는 뒤에 씁니다.

원칙을 먼저 쓰고 그 다음에 예외를 씁니다.

⑨ 정의는 충분하게 합니다.

정의가 충분하지 않으면 오히려 분쟁이 될 수 있으므로 분명하게 해야 합니다.

⑩ 용어의 일관성에 주의합니다.

같은 의미를 표시하는 경우에는 같은 용어를 일관성 있게 사용해야 합니다.

⑪ 권리는 강하게, 의무는 가볍게 합니다.

계약서 작성의 경우에는 평등의 원칙을 의식해야 한다고 하지만 작성하는 쪽의 권리를 가능한 한 강하게, 의무는 가능한 한 가볍게 하는 것이 철칙이라 할 수 있습니다.

⑫ 용법과 용어를 확실하게 숙지합니다.

영문계약서에 사용되는 단어의 용법 및 관용어를 숙지해야 합니다. Shall, Will, May의 용법, 시(時), 기간에 관한 표시(휴일과 기간의 계산), 동의어 중복 사용, 관용어, 영어 아닌 외국어에서 나온 용어 등에 관해서 숙지해야 합니다.

2 영문계약서 읽기

영문계약서는 작성하는 것도 중요하지만 외국의 거래 상대방으로부터 제시된 영문계약서를 정확하게 읽는 것도 대단히 중요합니다.
영문계약서는 작성자에게 유리하게 되어 있는 것이 일반적이므로 영문계약서를 받으면 정확하게 읽고 자기 측에 불리한 점이 없는지, 어떤 문제가 있는지 찾아내어 상대방과 협상을 해야 합니다.
따라서 계약서를 읽을 때는 의심을 가지고 이면에 숨어 있는 상대방의 진의를 정확하게 간파하는 것이 중요합니다.

SECTION 11

4 대리점 계약

배우리 대리점 계약에서 중요한 것은 무엇입니까?

가대리 독점계약을 의미하는 exclusive입니다.

대리점 계약이란?

한쪽의 당사자가 다른 쪽 당사자를 대리하여 계속적으로 상품을 판매하는 내용, 또는 한 쪽의 당사자가 다른 쪽 당사자에 대해 상품을 계속적으로 판매하고, 다른 쪽의 당사자가 그것을 전매하는 내용의 계약입니다. 전자를 대리점 계약(Agent Agreement), 후자를 판매점 계약(Distributorship Agreement)이라고 구별하지만 실제로는 두 가지 모두를 대리점 계약이라 합니다.

① 대리점과 판매점의 차이

대리점과 판매점의 차이는 다음과 같습니다.

대리점(Agent)	판매점(Distributor)
공급자를 대리하여 상품을 판매한다.	공급자로부터 상품을 구입하여 그것을 전매한다.
구입자에 대해 파는 사람의 입장에 서지 않는다(공급자가 직접 파는 사람이다).	구입자에 대해 파는 사람의 입장에 선다.
공급자로부터 받은 수수료가 이익이다.	전매에 의한 차익이 이익으로 된다.
공급자에게 종속하고 독립된 책임 및 리스크를 지지 않는다.	공급자와는 독립하여 자신이 책임과 리스크를 진다.

② exclusive에 관해서

대리점 계약에 등장하는 'exclusive'는 '공급자는 동일 지역에 다른 대리점을 지명하지 않는다'는 것을 의미합니다. 이 exclusive를 두고 대리점과 공급자는 각자의 입장에서 다음과 같은 오해를 하게 됩니다.

- **대리점의 오해** : 대리점은 exclusive를 '공급자가 자신이 동일 지역에서 판매활동을 해서는 안 될 것'이라 오해하면 안 됩니다. 공급자의 동일 지역에서 판매활동을 금지하기 위해서는 다음과 같이 계약서에 명시해야 합니다.

정해진 지역에서 공급자의 해당제품 판매 금지 의무에 관한 예문

The Supplier shall not sell the Products, either directly or indirectly, in the Territory.

공급자는 정해진 지역에서 직접 또는 간접적으로도 해당 제품을 판매해서는 안 됩니다.

- **공급자의 오해** : 공급자 측은 exclusive이므로 대리점이 당연히 경쟁 제품 취급 금지의 의무, 최소 구입 의무를 진다고 오해하면 안 됩니다. 이 같은 의무를 지우기 위해서는 계약서에 명시해 두어야 합니다.

경쟁 제품 취급 금지 의무에 관한 예문

The Distributor shell not sell any products which are identical or similar to the Products in the Territory.

대리점은 정해진 지역에서 해당 제품과 동일 또는 유사한 제품을 판매해서는 안 됩니다.

최소 구입 의무에 대한 예문

The Distributor shell purchase the Products of minimum annual quantity agreed between both parties as follows.

대리점은 아래와 같이 쌍방 간에 합의된 최소 연간 수량의 제품을 구매해야 합니다.

※ 'exclusive'와 유사한 용어로 'sole'이 있습니다. 그 의미는 exclusive와 거의 같지만, '공급자는 자신이 동일 지역에서 판매활동을 하면 안 된다'라는 의미를 포함하는 경우가 있습니다. 그러나 일률적으로 말하기는 어렵습니다.

SECTION 11

5 대리점 계약의 조문

가대리 대리점 계약서에 규정되는 조문(제목)에 관해 다음과 같이 소개합니다.

- Appointment(대리점 지명)
- Products(대상으로 되는 상품)
- Territory(대상 지역)
- Power of Agent(대리점의 권한)
- Agent to conform with Instruction of Company(본사의 지시에 따름)
- Sales between Company and Agent(본사와 대리점 간의 판매)
- List Price(가격표)
- Minimum Sales Quantity(최소 판매 수량)
- Sales Promotion(판매 프로모션)
- Agent to sell Products in Territory only(대상 지역에서만 대상 상품 판매)
- Agent not to handle competitive Products(경쟁 상품 취급 금지)
- Information and Report(보고)
- Sales Contract(판매계약서)
- Expenses and Offices etc.(비용 및 사무실 등)
- Commissions(수수료)
- Delivery, Installation and Maintenance Services for Products
  (대상품이 기계, 장비 System 등인 경우, 제품의 납기, 설치 및 유지 보수 서비스)

· Ownership(소유권)

· Use of Trademarks etc.(상표권 사용)

· Confidentiality(비밀유지)

· Warranty for Products by Company(본사의 보증)

· Prohibition of Sale for same Products by Company in Territory (독점대리점 계약의 경우 대상 지역에서 본사의 동일상품 판매 금지)

· Agreement not to be assigned by Agent(양도금지)

· Effect of Failure to enforce Agreement(계약서 각 조문의 규정 이행 위반에 대한 효력)

· Effective Period(유효기간)

· Force Majeure(불가항력)

· Settlement Disputes(분쟁해결)

· Method of giving Notice(통지방법)

· Governing Law(준거법)

· Entire Agreement(완전합의)

· Modification of Agreement(수정)

위 조문들은 어디까지나 참조로 소개하는 것이며, 대리점 계약서의 조문은 대리점 계약의 성격, 대상 품목 등에 따라 달라질 수 있습니다. 대리점 계약서의 조문도 수출입계약서와 마찬가지로 추후 문제의 소지가 있는 사항은 모두 망라해야 합니다. 특히 대리점 계약은 1회로 한정되는 관계가 아니고 계속적인 관계를 수립하는 것이므로 특유의 주요 포인트가 있음에 유의할 필요가 있습니다.

SECTION 11

6 Entire Agreement 조항에 관해서

배우리 Entire Agreement 조항은 어떤 의미를 가집니까?

가대리 완전합의조항으로 계약체결 이전의 합의는 모두 없는 것으로 한다는 의미입니다.

1 Entire Agreement 조항이란?

계약서에 Entire Agreement Clause(완전합의조항)가 있으면, 이 계약서 체결 이전의 모든 합의는 이 계약서에 집약되고, 이 계약서 내용과 그 이전의 합의 내용 간에 불일치가 있을 경우 또는 그 이전의 합의 내용으로 인해 문제가 발생할 경우에는 이 계약서가 우선하게 된다는 의미를 가지고 있습니다.

하나의 계약이 성립하는 과정에서는 당사자 간에 이메일이나 팩스 또는 전화 등으로 다양한 합의를 하게 되는 것이 일반적입니다. 특히 최종적인 합의까지의 기간이 길어질 경우에는 그 경향이 더 많아집니다.

그 같은 경우 그 합의들은 모두 유효한 것이지만 그 합의들 중에는 모순이 있는 것이나 합의를 하고서 당사자가 잊어버리고 있는 것, 또는 오해로 의한 해석 등이 포함되어 있을지도 모릅니다. 이를 그대로 두면 후에 문제가 발생할 수 있기 때문에 계약과정에 있었던 다양한 합의사항은 이 계약서에 집약된다는 취지를 명기해 둘 필요가 있습니다.

그것이 이 조항이며 포괄합의조항, 최종합의조항 등으로 불립니다. 이 조항을 명기함에 따라 어느 일방의 권익이 확보되어 유리하게 된다든가 하는 성격의 것은 아닙니다. 당사자 간에 있어서 불투명한 부분이 있을 경우 우선 그것을 배제해 두려는 의도에서 만들어진 조항입니다. 문제 발생이나 갈등 상황 억제에 공헌합니다.

따라서 계약서에 Entire Agreement Clause가 있을 경우, 당 계약서 이전에 합의한 것은 이 계약서에 기재되어 있지 않는 한, 만약 불일치가 발생했을 때는 모두 이 계약서에 기재된 내용이 우선합니다. 서명을 하기 전에 합의내용에 관해 과거의 경과를 다시 한 번 돌아보고 확인해 둘 필요가 있습니다. 또한, 계약서에 Entire Agreement Clause가 없는 경우라도 주의하여 살펴보는 것에 소홀해서는 안 됩니다.

2 완전합의조항 예문

Entire Agreement
This Agreement constitutes entire and only agreement between the parties hereto with respect to the subject matter hereof, and supersedes, cancels and annules all prior or contemporaneous negotiations or communications.

완전합의
본 계약은 본 계약의 주체에 관한 양당사자 간의 완전 유일한 합의를 구성하고 본 계약 체결 이전의 모든 교섭 또는 협의내용에 우선하고 이것을 취소하고 무효로 한다.

★ 이 단원의 주요 용어 정리

용어	설명
Case by Case Contract	개별계약
Master Contract	포괄계약
Exclusive Contract	독점계약
Agent Agreement	대리점 계약
Distributorship Agreement	판매점 계약
Entire Agreement Clause	완전합의조항

SECTION • 12

수출입상품 가격책정

무역거래에서 상품의 가격책정은 대단히 중요합니다. 국제간의 거래이므로 사용되는 통화에 따라 가격이 수시로 변할 수 있어 리스크가 따르며, 그때마다 가격을 바꿀 수 없습니다. 수출입상품의 가격책정 시 고려해야 할 항목 등에 관해 설명합니다.

SECTION 12

1 수출상품 가격책정

배우리 수출상품의 가격은 어떻게 정합니까?

가대리 수출상품의 가격은 물품가격에 수출에 따르는 부대비용과 수출관련자의 이익 등을 더해서 정합니다.

수출상품 가격책정

수출상품의 가격은 물품가격에 부대비용 그리고 수출관련자의 이익 등을 더해서 책정합니다. 물품가격은 인도조건으로 말하면 공장도가격(EXW, Ex-Works)이라 할 수 있습니다. 부대비용에는 물류비용, 은행관련 비용, 행정비용, 기타비용으로 구분됩니다.

수출상품의 가격을 책정할 때 감안해야 하는 항목은 아래의 〈수출상품 가격 구성 항목〉 표를 보면 알 수 있습니다.

수출상품 가격 구성 항목

물품가격 (공장도가격)	부대비용			수출관련자 이익
	물류비용	행정비용	은행 관련 비용	
• 제조원가 또는 물품 구입 가격 • 선적 전 검사 비용 • 수출포장비 등	• 내륙운송비 • 해상 또는 항공 운송비 • 보험료 : 적하보험, 화재보험, 수출보험, PL보험 •기타비용 : CY(CFS) Charge, 하역비, 창고료, 부두사용료, 체선료 등	• 수출추천비용 • 수출통관비용 • 각종 인허가 비용 • 제반서류 발급 비용 • 기타비용 : 샘플비용, 통신료, 우편료, Quota Charge 등	• 무역금융 등 자금 차입에 따른 이자 • 환가료 • 기타비용 : Cable Charge, 신용장 통지 수수료, 신용장 양도수수료, 내국신용장개설 수수료, Delay Charge, Less Charge, 수출보험료, 대체료 등	• 자사이익 • 국내외 대리점 수수료 • 중개수수료 등

SECTION 12

2 수입상품 가격책정

구매하 수입상품의 가격은 어떻게 책정합니까?

가대리 수입상품의 가격은 물품가격에 수입에 따르는 제반비용을 감안해서 정합니다.

수입상품 가격책정

수입상품의 가격은 물품대금, 수입에 따르는 제반경비, 수입자 및 판매관련자의 이익, 이자로 이루어집니다.

물품대금은 수입상품의 대금으로 선하증권(B/L) 결제대금을 말합니다. 여기에는 인도조건에 따라 해상(또는 항공) 운송비와 적하보험료가 포함되기도 합니다. 수입제반경비로는 물류비용, 행정비용, 은행 관련 비용 등으로 나누어 볼 수 있습니다. 수입상품의 가격을 책정할 때 감안해야 하는 항목은 아래의 〈수입상품 가격 구성 항목〉 표를 보면 알 수 있습니다.

수입상품 가격 구성 항목

물품가격	부대비용			수입관련자 이익 및 이자
	물류비용	행정비용	은행 관련 비용	
• B/L 결제대금 (은행 결제대금을 말함) • 수입대금	• 해상 또는 항공 운송비 • 내륙운송비 • 적하보험료 • 기타비용 : 화재보험료, 하역료, 입항료, THC, 입출고비용, 검정료, 재포장비 등	• 관세 • 부가가치세 • 통관에 따른 제반 세금(특별소비세, 교육세, 농어촌특별세 등) • 통관 수수료 • 기타 비용 : 수입 추천 비용, 검사 비용 등	• 신용장개설 수수료 • Cable Charge • L/G Charge • Usance 이자 등	〈수입관련자 이익〉 • 수입자 이익 • 국내외 대리점 이익 • 판매 대리점 이익 〈이자〉 • 재고이자 • 여신이자

★ 이 단원의 주요 용어 정리

용어	설명
Delay Charge	지연 이자. 수출의 경우 매입은행이 상환을 요구했지만 개설은행이 소정 기일 내에 상환하지 않은 자금에 대해 부과하는 수수료
Less Charge	신용장개설은행에서 신용장 대금을 지연 입금시킨 경우 또는 매입은행이 네고 시에 발견하지 못한 은행수수료가 해외은행으로부터 추가로 청구된 경우에 발생하는 비용으로 수출자에게 추가로 청구함
CY Charge	Container Yard Charge. CY(컨테이너 집하장)에서 발생하는 비용
CFS Charge	Container Freight Station Charge. CFS는 소량화물인 LCL 화물을 위해 컨테이너(혼적 또는 분류) 작업을 하는 곳을 말하며, 작업 시에 발생하는 비용. Consol Charge라고도 함
L/G Charge	Letter of Guarantee Charge. 보증서 발행 수수료
Usance	환어음의 지급기한
THC	Terminal Handling Charge. 터미널 사용료
PL 보험	Product Liability(제조물 책임) 보험
대체료(代替料)	in lieu of exchange commission. 외국환은행에서의 외환거래가 원화를 개재하지 않고 외화 간 대체거래가 일어날 때 징수하는 수수료

SECTION • 13
무역거래와 외국환

무역거래에서는 대부분 계약금액의 통화(通貨)가 외화로 되어 있습니다. 따라서 대금결제를 위해 원화를 외화로, 외화를 원화로 교환할 필요가 있습니다. 이 경우 환리스크가 따르기 마련입니다. 외국환과 환리스크를 경감하기 위한 방법 등에 관해서 설명합니다.

SECTION 13

1 외국환

구매하 외국환이란 무엇입니까?

가대리 외국거래처와의 대금결제에 사용하는 환을 말합니다.

1 외국환

환(換, exchange)이란 자금의 수수를 직접 현금을 사용하지 않고 금융기관을 통하여 계정 간의 이체방식으로 자금을 이동하는 수단을 의미합니다. 외국환(foreign exchange)이란 무역거래에서 대금결제로 현금을 사용하지 않고 환을 사용하는 것을 말합니다. 우리나라의 외국환거래법에서는 외국환을 대외지급수단, 외화증권, 외화채권으로 정의하고 있습니다.

2 외국환의 종류

외국환의 종류는 다음 표와 같습니다.

구분	내용
송금환 remittance bill	채무자(수입자)가 채권자(수출자) 앞으로 외국환은행을 통해 대금을 송금하는 것으로 순환이라 합니다.
추심환 collection exchange	채권자가 외국환은행에 추심을 의뢰하여 채무자로부터 대금을 회수하는 것으로 역환이라 합니다.

매도환 selling exchange	은행의 입장에서 외국환을 판매(매도)하는 것
매입환 buying exchange	은행의 입장에서 외국환을 구매(매입)하는 것
수출환 export exchange	수출과 관련하여 발생하는 외국환
수입환 import exchange	수입과 관련하여 발생하는 외국환
전신환 telegraphic transfer	전신을 이용하는 경우에 적용되는 것
보통환 mail transfer	우편을 통해서 보내는 것으로 우편환을 말합니다.
현물환 spot exchange	계약일로부터 2 영업일 이내에 외환의 결제가 이루어지는 것
선물환 forward exchange	2 영업일 이후 특정 만기일에 외환이 결제되는 것

SECTION 13

2 환율

구매하 환율은 어떻게 정해집니까?

가대리 대상 통화의 수요와 공급의 비율에 따라 결정됩니다.

1 환율

환율(exchange rate)이란 서로 다른 통화(通貨), 즉 우리나라 돈을 외국돈으로 바꿀 때 적용되는 교환비율을 말합니다. 환율은 대상통화의 수요와 공급의 비율에 따라 시시각각으로 변합니다.

은행 간 시장 환율은 외환시장에서 은행들 간의 실제 거래에서 결정되며, 대고객환율은 은행 간 외환시장에서 형성된 환율을 참조로 하여 각 외국환 은행이 자율적으로 결정합니다.

2 환율의 종류와 대고객매매율

① 환율의 종류

- **기준환율**(basic exchange rate) : 우리나라 돈과 기축통화(USD) 간에 외환시세의 기준이 되는 환율입니다. 시장평균환율 또는 매매기준율이라고도 합니다.
- **교차환율**(cross rate) : 기축통화와 타국통화 간의 환율입니다.
- **재정환율**(arbitration rate) : 기준환율과 크로스레이트(cross rate)에 의하여 간접적으로 산정된 것으로, 우리나라에서는 원화의 대미(對美) 달

러 시세와 제삼국 통화의 달러에 대한 실제 시세를 기준으로 삼아서 통화의 환율을 재정합니다.

② **대고객매매율(우리나라 외국환은행에서 고시)**

- **현찰매입율**(cash buying) : 고객이 은행에 현찰을 팔 때 적용하는 환율
- **현찰매도율**(cash selling) : 고객이 은행에서 현찰을 구입할 때 적용하는 환율
- **전신환매입율**(TTB) : 고객이 외국에서 송금되어 온 돈을 지급받을 때의 환율
- **전신환매도율**(TTS) : 고객이 외국으로 송금할 때 적용하는 환율
- **여행자수표**(T/C) **매입율**(buying) : 고객이 은행에 여행자수표를 팔 때의 환율
- **여행자수표**(T/C) **매도율**(selling) : 고객이 은행에서 여행자수표를 구입할 때의 환율
- **매매기준율** : 최근 거래일의 외국환 중개회사를 통하여 거래가 이루어진 미화의 현물환매매 중 익일영업일 결제거래에서 형성되는 율(率)과 그 거래량을 가중 평균하여 산출되는 시장평균환율을 말합니다. 은행이 고객을 상대로 외환을 거래할 때 적용하는 환율 기준이며 정부에서 고시합니다.

3 환리스크

구매하 환리스크란 무엇입니까?

가대리 얘기치 못한 환율변동에 따라 발생하는 위험을 말하는 것으로 환위험이라고도 합니다.

1 환리스크

환율이 변동함에 따라 자국의 통화가 아닌 다른 통화를 보유하거나 결제에 사용할 때 발생하는 위험을 말합니다. 즉 환리스크는 장래의 예기치 못한 환율변동의 발생으로 인해 외화표시 순자산의 원화 환산액이 변동될 수 있는 가능성을 의미합니다.

2 환리스크 관리

기업이 예상치 못한 환율의 변동으로 인하여 발생하는 위험을 적절히 방지하여 기업의 자산손실을 방지하고자 하는 활동을 '환리스크 관리' 또는 '환리스크 헷지(Hedge)'라고 합니다. 환리스크 관리 방법의 종류는 다음과 같습니다.

① 기업 자체 내부적 관리 방법

- **매칭**(matching) : 매칭이란 외화자금의 유입과 지급을 통화별, 만기별로 일치시킴으로써 환위험을 제거하는 기법으로 수출과 수입을 동시에 하는 업체에서 활용할 수 있습니다. 수입대금의 결제시점과 수출의

네고 시점을 서로 일치시켜 환율변동에 따른 위험을 제거하는 기법입니다.

- **리딩과 래깅**(leading & lagging) : 외화자금의 결제시기를 의도적으로 앞당기거나(leading) 지연시킴으로써(lagging) 환율변동에 따른 환차손을 극소화하거나 환차익을 극대화하기 위한 기법으로 거래 상대방의 협조가 필요한 기법입니다.

- **네팅**(netting) ; 주로 다국적기업의 본 · 지점 또는 지사 상호 간에 발생하는 채권, 채무관계를 개별적으로 결제하지 않고 일정기간 경과 후에 서로 상계한 후 그 차액만을 정기적으로 결제하는 기법입니다.

② 금융상품을 이용한 외부적 관리 방법

- **선물환 거래**(forward transaction) : 거래일로부터 2 영업일을 경과한 장래의 일정시기에 미리 약정한 환율(선물환율)에 의하여 거래 당사자 간에 외화를 매매하는 거래입니다.

- **환변동 보험**(insurance) : 환율변동의 불확실성으로부터 수출기업을 보호하는 보험상품으로 한국무역보험공사에서 운영하는 환리스크 헷지 수단입니다. 구체적인 내용에 관해서는 한국무역보험공사(www.ksure.or.kr) 홈페이지를 방문하면 알 수 있습니다.

- **통화옵션**(foreign exchange option) : 외환을 특정일자 또는 일정기간 이내

에 행사가격(환율)으로 매입 또는 매도할 수 있는 권리를 부여하는 계약입니다.
옵션매입자(고객)는 권리취득의 대가로 보험료 성격을 지닌 option premium을 옵션의 매도자(은행)에게 지급하며, 옵션매도자는 option premium을 수취하는 대가로 옵션의 매입자가 옵션을 행사할 경우 매매에 응할 의무가 따릅니다.

- **외환스왑**(foreign exchange swap) : 현물환(spot exchange)을 매도함과 동시에 이와 동일한 금액을 선물환(forward exchange)으로 매입하거나 반대로 현물환을 매입함과 동시에 선물환을 매도하는 외환 매매거래입니다.

TIP BOX

수출실적증명서 발급에 관해서

● 소프트웨어 등과 같은 전자적 무체물에 대한 수출의 경우

① 바이어에게 온라인상으로 소프트웨어를 전송하고 대금을 외화계좌로 수령한 경우에는 필요한 서류를 구비하여 한국무역협회에서 수출확인서를 받습니다. 구비서류는 한국무역협회에 문의하면 알 수 있습니다.

② 수출실적 증명서는 수출확인서를 발급받아 대금을 송금받은 외국환은행에서 발급받으면 됩니다. 구비서류는 외국환은행에 문의하면 알 수 있습니다.

● 앱스토어를 통한 수출의 경우

인터넷상 거래 사실을 확인할 수 있는 자료를 출력해 사업자등록증, 외화 입금 영수증 사본, 수출입확인 신청서를 한국무역협회에 제출하면 신청자가 접속한 오픈마켓 화면 확인 등을 통해 제출 서류의 사실 여부를 확인 후 수출확인서류를 발급해 줍니다.

● 유체물(일반상품) 직수출의 경우

세관에 수출신고를 하면 자동으로 전산처리 되므로 무역협회 또는 수출대금을 수령한 거래은행에서 받을 수 있습니다.

● 아래와 같은 기타 수출의 경우

수출실적의 확인 및 증명발급은 그 대금을 결제한 외국환은행에 신청해 발급받습니다(구매확인서 공급분의 경우 당사자 간 대금을 결제했다면 그 구매확인서를 개설한 외국환은행에서 발급받으면 됩니다).

· 중계무역수출(수출가격에서 수입가격을 뺀 금액)
· 외국인도수출(은행입금액)
· 위탁가공수출(은행으로 입금된 판매액에서 원자재 통관금액과 가공금액을 뺀 금액)
· 해외박람회 등을 위한 무상반출한 물품의 현지매각(은행입금액)
· Local L/C 또는 구매확인서에 의한 외화획득용 원료나 물품의 공급(은행결제액 또는 확인액) 등

★ 이 단원의 주요 용어 정리

용어	설명
Exchange Rate	환율
foreign exchange	외국환
Telegraphic Transfer middle Rate	대고객기준율
T.T.Selling Rate	전신매도율. 해외로 송금할 때의 환율
T.T.Buying Rate	전신매입율. 은행에 외화를 받을 때의 환율
Cash Selling Rate	현금매도율. 은행에서 외화를 현금으로 살 때의 환율
Cash Buying Rate	현금매입율. 은행에 외화를 현금으로 팔 때의 환율
remittance bill	송금환(collection exchange : 추심환)
selling exchange	매도환(buying exchange : 매입환)
forward exchange	선물환(spot exchange : 현물환)
basic exchange rate	기준환율
cash selling	현찰매도율(cash buying : 현찰매입율)
TTB	전신환매입율(TTS : 전신환매도율)
T/C	Traveller's check, 여행자수표
matching	외화자금의 유입과 지급을 통화별, 만기별로 일치시켜서 환위험을 제거하는 기법
leading & lagging	외화자금의 결제시기를 의도적으로 조정해서 환차손익을 극대화하는 기법
forward transaction	선물환거래
foreign exchange option	통화옵션
foreign exchange swap	외환스왑

SECTION・14

클레임

무역거래에는 수량의 잘못, 주문품의 품질상위 등의 이유로 바이어로부터 클레임이 발생하는 경우가 있습니다. 클레임에는 신속한 대응이 필요합니다. 그러면 어떻게 대응하면 좋을까요? 배우리 사원이 클레임에 대응하는 사례를 보며 알아봅시다.

SECTION 14

1 클레임의 종류와 해결 방법

배우리 Clark 씨로부터 수량이 부족하다는 내용의 클레임 이메일이 왔습니다.

가대리 클레임에는 신속하게 대응해야 합니다.

1 클레임이란?

클레임(Claim)이란 무역거래에서 매매 당사자의 일방이 계약내용을 이행하지 않았을 때 상대방이 이로 인한 손해를 계약을 위반한 상대방에게 청구하는 것을 말합니다.

2 클레임의 종류

클레임은 계약의 이행위반 행위나 구매자의 지불거절 등에 의한 매매 당사자 간의 문제와 같은 무역클레임과 운송 또는 보관 중에 사고로 화물에 손해가 발생했을 때 보험회사에 손해배상을 청구하는 운송클레임 및 보험클레임이 있습니다.

3 클레임의 내용

클레임의 내용으로는 다음과 같은 것이 있습니다.

① 품질에 관련한 클레임

- 품질불량(Inferior Quality) : 화물에 불량품이 있을 경우

• 품질상위(Different Quality) : 물품이 계약내용과 다를 경우

② **수량에 관련한 클레임**

• 수량 부족(Shortage) : 물품의 수량이 부족할 경우

③ **포장에 관련한 클레임**

• 불완전한 포장(Bad Packing) : 포장이 불완전하여 물품에 문제가 발생할 경우

④ **선적에 관련한 클레임**

• 선적지연(Delayed Shipment) : 선적이 늦어지는 경우
• 선적상위(Different Shipment) : 물품이 다를 경우
• 선적불이행(Non-Delivery) : 선적을 이행하지 않을 경우

⑤ **결제에 관련한 클레임**

• 대금지급거절(Refusal of Payment) : 수입자가 물품대금을 지급하지 않을 경우 수출자가 제기하는 클레임입니다.

⑥ **계약 자체에 관련한 클레임**

• 해약(Cancellation) : 계약을 백지화하는 경우
• 계약불이행(Default) : 계약을 지키지 않는 경우

4 클레임의 해결 방법

클레임이 제기되었을 때는 신속하고 확실하게 대응하는 것이 중요합니다. 주요 해결방법으로는 다음과 같은 방법이 있습니다.

① 화해(Compromise, Amicable Settlement)

당사자 간에 합의로 해결하는 방법입니다.

② 알선(Mediation, Intermediation)

당사자의 어느 일방 또는 쌍방의 의뢰에 따라 제삼자가 개입하여 타협안을 제시하여 원활하게 해결하도록 하는 방법입니다. 법적 구속력은 없습니다.

③ 조정(Conciliation)

당사자의 어느 일방 또는 쌍방의 합의에 의해 선정한 제삼자(조정인)가 쌍방이 제출한 해결방안을 참고로 해서 조정인의 해결안을 제시하여 쌍방이 동의하게 하는 해결방법입니다.

조정이 성립되면 조정안은 확정판결과 같은 효력을 갖지만 당사자 중 어느 일방이라도 동의하지 않으면 조정이 성립되지 않습니다.

④ 중재(Arbitration)

당사자 간의 합의에 의해서 미리 제삼

자를 중재인(Arbitrator)으로 선정하고 그 중재인의 판단(중재판단, Award)에 따라서 문제를 해결하는 방법입니다. 조정은 당사자의 어느 일방의 요청이 있을 때에도 가능한데 반해, 중재는 당사자 간에 합의가 있어야 합니다. 또한 조정은 양쪽 당사자의 자유의사에 의해 해결하지만 중재는 중재인의 중재판정에 복종해야 하는 강제성이 있으며 그 효력이 법원의 확정판결과 동일합니다.

외국중재판정의 승인(우리나라의 중재기관은 대한상사중재원이 있습니다) 및 집행에 관한 국제연합협약(the United Nations Convention on the Recognition and Enforcement of Foreign Arbitral Awards, 일명 '뉴욕협약'이라 함)에 가입한 국가에서는 집행이 보장되어 소송보다 그 효력의 범위가 더 넓습니다.

⑤ 소송(Litigation, Lawsuit)

법원에 제소해서 문제를 최종적으로 해결하는 방법입니다.

재판과 중재의 비교

재판	중재
· 당사자의 합의는 필요치 않습니다. · 법적해석(법률전문가)에 의한 해결 · 재판관(당사자는 선택할 수 없음) · 공개가 원칙 · 삼심제(상소가 가능하며, 장기화하면 비용도 불어납니다) · 외국에서의 집행이 거의 불가능합니다.	· 당사자의 합의가 필요합니다(중재합의). · 법적해석 플러스 거래를 근거로 한 해석 (그 분야의 전문가) · 중재인(당사자가 선택하는 것이 가능) · 비공개 · 일심제(방소항변이 있고, 비교적 조기에 해결될 수 있습니다) · 조건채택 국가 간에 있어서는 강제집행이 가능합니다.

SECTION 14

2 수량 부족에 대한 클레임 서신을 작성합니다

가대리 수량 부족에 대한 클레임 서신에 관해서 작성의 포인트와 예문을 살펴보도록 합시다.

1 작성 포인트

수량 부족(Shortage)에 관한 클레임 서신입니다. 제너럴 코퍼레이션에서는 디지털 컨트롤러(DC-700) 210세트를 주문했는데 실제로 선적된 것은 205세트였으므로 클레임 서신을 발송합니다.

① **클레임의 내용**

상황을 설명합니다. 이번 선적에서 디지털 컨트롤러 5세트가 부족함을 알립니다. 이때 해당 제품을 정확하게 할 필요가 있으므로 인보이스 번호나 주문서 번호를 명기합니다.

② **클레임에 대한 요구사항**

클레임에 관해서 어떻게 해줄 것을 바란다는 요구사항을 적습니다. 고객에게 30일 이내에 납품해야 하기 때문에 5세트를 최대한 빨리 송부해 줄 것을 요구합니다.

2 예문

① **한글 문안** – 수량 부족에 대한 클레임 서신

제목 : **디지털 컨트롤러 5세트 부족에 대한 클레임**

주문번호 GC-123의 물품 디지털 컨트롤러를 수령했습니다. 그런데 디지털 컨트롤러 5세트가 부족한 것을 확인했습니다. 210세트를 주문했는데 실제로는 205세트만 선적되었음이 판명되었습니다.

30일 이내에 고객에 납품해야 하므로 나머지 5세트에 관해서 최대한 빨리 항공편으로 송부해주시길 바랍니다.

귀사로부터 빠른 회신을 기다리고 있습니다.

로렌 클라크

포인트 설명
5세트가 부족한 것을 확인하다 : found that 5sets are missing
납품하다 : deliver
나머지 : remaining
최대한 빨리 : urgently
항공편 : by air
빠른 회신 : prompt reply

② **영어 번역** – 수량 부족에 대한 클레임 서신

From : Lauren Clark

To : WooRee Bae

Sent : September 20, 2013

Subject : Claim for missing 5sets of Digital Controller(DC–700)

Dear Miss Bae,

We received Digital Controller(DC–700) covering Order No. GC–123. We ordered you 210sets of Digital Controller(DC–700), but we found 205sets of that and 5sets are missing.

Since we have to deliver 210sets of Digital Controller to our customers within 30days, we would like to ask you to send us the remaining 5sets of Digital Controller(DC–700) by air urgently.

We look forward to receiving your prompt reply.

Best regards,
Lauren Clark
General Corporation
0010 Broadway., New York, N.Y. 10010, U.S.A.
Tel : (123)331–5678, e-mail : clark@general.com

SECTION 14

3 수량 부족 클레임에 대한 대응서신을 작성합니다

가대리 수량 부족 클레임에 대한 대응서신에 관해서 작성 포인트와 예문을 살펴보도록 합시다.

1 작성 포인트

제너럴 코퍼레이션으로부터 디지털 컨트롤러 5세트가 부족하다는 클레임 서신을 수령했습니다. 조사한 후에 대응방법을 검토합니다.

① 조 사

왜 5세트가 부족했는지 원인을 조사합니다. 그 결과 창고에서 배송할 때 누락된 것이 원인이었음을 알아냈습니다.

② 대응 방법

제너럴 코퍼레이션은 부족분 5세트를 최대한 빨리 항공편으로 송부해달라고 요구하였으므로 그 요구에 따라서 송부할 항공편을 알아봅니다. 그리고 편명도 알려줍니다. 또한 이번의 실수에 대해 사과하고 앞으로는 확실하게 할 것임을 명기합니다.

2 예 문

① **한글 문안** – 수량 부족 클레임에 대한 대응서신

제목 : **디지털 컨트롤러 5세트 부족에 대한 클레임**

디지털 컨트롤러 5세트가 부족하다고 지적한 내용의 9월 20일자 이메일 서신을 수령했습니다.
당사에서 조사한 결과 당사의 창고에서 물품을 발송할 때 5세트를 싣지 않았다는 것이 판명되었습니다. 따라서 그 5세트를 9월 25일 항공편으로 송부하겠습니다. 비행기 편명은 다음과 같습니다.

* 편명 : Korean Air XXX
* 인천공항 출발 예정일시 : 9월 25일 11:50
  뉴욕공항 도착 예정일시 : 9월 25일 01:50

귀사에 폐를 끼치게 된 점 대단히 죄송합니다.
금후 이 같은 문제가 발생하지 않도록 유의하겠습니다.
감사합니다.

무역팀 배우리

포인트 설명
부족하다 : be missing
지적하다 : point out
항공편으로 : by Air
폐를 끼치다 : your inconvenience that this trouble may have caused you.
이 같은 문제 : trouble like this
발생하다 : occur
~한 것을 유의하다 : care that~

② **영어 번역** – 수량 부족 클레임에 대한 대응서신

From : WooRee Bae

To : Lauren Clark

Sent : September 23, 2013

Subject : Claim for missing 5 Digital Controllers(DC–700)

Dear Miss Clark,

We have received your e–mail dated September 20, 2013, that you pointed out 5sets Digital Controller were missing.

As a result of investigation, we have found that we did not load 5sets of Digital Controller from our warehouse. Therefore, we are going to send 5sets of Digital Controller to you by Air on September 25, 2013. Air flight schedule is as follows,

* Flight No. : Korean Air XXX
* ETD Incheon Airport, Korea : September 25 11:50
  ETA New York Airport : September 25 01:50

We apologize for your inconvenience that this trouble may have caused you. Also we care that trouble like this will not occur again.

Best regards,

WooRee Bae, Trade team

Global Inc

XX, Nonhyeon–Ro 5gil, KangNam–Ku,

Seoul, Republic of Korea

Tel. : +82–10–3215–5XXX, e–mail : baewooree@global.co.kr

SECTION 14

4 품질상위에 대한 클레임 서신을 작성합니다

가대리 품질상위 클레임에 대한 서신의 작성 포인트와 예문을 살펴보도록 합시다.

1 작성 포인트

품질상위(品質相違, Different Quality)에 관한 클레임입니다. 제너럴 코퍼레이션에서는 디지털 컨트롤러의 품번 DC-700을 주문했는데, 실제로는 DC-600이 도착했기 때문에 클레임 서신을 발송하는 것입니다.

① 클레임 내용

먼저 다른 상품이 도착한 것에 관해 설명합니다. 이번에 디지털 컨트롤러 DC-700을 주문했는데 실제는 DC-600이 도착했음을 전합니다. 이때 대상 물품을 명확하게 할 필요가 있으므로 인보이스 번호나 주문서 번호를 정확하게 알려줍니다.

② 클레임에 대한 요구사항

클레임에 대해서 어떻게 하는 것이 좋은지 요구사항을 명기합니다. 주문한 물품은 언제쯤 받을 수 있는지 확인함과 동시에 잘못 보낸 물품의 반송방법에 관해서 문의합니다.

2 예 문

① **한글 문안** – 품질상위에 대한 클레임 서신

제목 : **품번이 다른 디지털 컨트롤러를 보낸 데 대한 클레임**

주문번호 GC-123(인보이스 번호 GI-810/2013)의 물품을 수령했습니다. 그런데 당사에서 주문한 디지털 컨트롤러와 품번이 다른 물품인 것으로 판명되었습니다. 당사는 디지털 컨트롤러 DC-700을 주문했는데 실제 수령한 것은 디지털 컨트롤러 DC-600입니다.

디지털 컨트롤러 DC-700이 가능한 한 빨리 필요하므로 당사의 주문품인 디지털 컨트롤러 DC-700은 언제 발송가능한지 연락바랍니다. 또한 당사가 수령한 다른 물품은 어떻게 반송하면 좋은지 알려주십시오.

귀사의 빠른 회답을 기다리고 있습니다.

로렌 클러크

포인트 설명

품번이 다른 물품 : different goods of model No.

가능한 한 빨리~ : as soon as possible~

언제 발송가능한지 연락바랍니다. : Please advise us sending schedule.

어떻게 반송하면 좋은지 알려주십시오.
: Please let us know how can we ship back different goods.

② **영어 번역** – 품질상위에 대한 클레임 서신

From : Lauren Clark

To : WooRee Bae

Sent : September 20, 2013

Subject : Claim for different model Digital Controller sent

Dear Miss Bae,

We received our Order No. GC-123(Invoice No. GI-810/2013). However we have found Digital Controllers were different from our order.

We ordered Digital Controller DC-700. But Actually we have received Digital Controller DC-600.

We need your products, Digital Controller DC-700 as soon as possible. So please advise us the shipping schedule. And also can we ship back the goods to you.

We look forward to receiving your prompt reply.

Best regards,

Lauren Clark

General Corporation

0010 Broadway, New York, N.Y. 10010, U.S.A.

Tel : (123)331-5678, e-mail : clark@general.com

SECTION 14

5 품질상위 클레임에 대한 대응서신을 작성합니다

가대리 품질상위 클레임에 대한 대응서신의 작성 포인트와 예문을 살펴보도록 합시다.

1 작성 포인트

제너럴 코퍼레이션으로부터 주문품인 디지털 컨트롤러 DC-700이 아닌 DC-600을 받았다는 클레임 서신을 받았습니다. 조사결과와 대응방법에 관해 명확하게 설명합니다.

① 조 사

왜 주문품과 다른 품번의 디지털 컨트롤러가 송부되었는지 조사한 사실을 명기합니다. 조사 결과는 포장 실수인 것이 판명되었습니다.

② 대응 방법

제너럴 코퍼레이션으로부터 주문한 물품은 언제쯤 받을 수 있는지, 그리고 잘못 보낸 물품의 반송방법에 관해서 문의하고 있습니다. 이 질문에 관해서 적절하게 답을 합니다. 이번의 경우는 글로벌 아이엔씨의 잘못이며 앞으로 유의하겠다는 사과의 말을 덧붙입니다.

2 예 문

① 한글 문안 – 품질상위 클레임에 대한 대응서신

제목 : **품번이 다른 디지털 컨트롤러를 보낸 데 대한 클레임**

9월 20일자 서신을 받고 매우 놀랐습니다. 그것에 따르면 주문품과 품번이 다른 디지털 컨트롤러가 도착되었다는 것입니다.
당사에서 조사한 결과, 당사의 포장 부문에서 실수가 발생한 것이 판명되었습니다.
주문하신 품번의 물품을 아래의 일정에 보내드리겠습니다.

* 선적 일정 : 대한항공 XXX편
* 한국 인천출발시간 : 2013년 9월 25일 11:50
  미국 뉴욕도착시간 : 2013년 9월 25일 01:50

잘못 보낸 물품은 포워더가 가지러 갈 때까지 보관을 부탁합니다.
당사의 실수로 귀사에 폐를 끼치게 되어 대단히 죄송합니다. 앞으로 이 같은 문제가 발생하지 않도록 유의하겠습니다.
감사합니다.

포인트 설명
~에 따르면 : According to~
포장 부문에서 실수가 발생하다. : Mistake is made in packing section.
포워더가 가지러 갈 때까지 보관을 부탁합니다. : Ask to keep until forwarder take them back.

② **영어 번역** – 품질상위 클레임에 대한 대응서신

From : WooRee Bae
To : Lauren Clark
Sent : September 23, 2013
Subject : Claim for different model Digital Controller sent

Dear Miss Clark,
We were very surprised to learn from your letter dated September 20, 2013. According to the said letter, you received different model Digital Controller which you did not order us.

As a result of investigation, we have found that the mistake was made in our packing section. Consequently, we arrange to deliver the goods which you ordered us as following schedule.

* Flight No. : Korean Air XXX
* ETD Incheon Airport, Korea : September 25 11:50
  ETA New York Airport : September 25 01:50

We would ask you to keep wrong goods until our forwarding agent take them back. We apologize for your inconvenience that this trouble may have caused you. Also we care that trouble like this will not occur again.

Your kind attention to the above matter would be much appreciation.

Best regards,
WooRee Bae, Trade team
Global Inc
XX, Nonhyeon–Ro 5gil, KangNam–Ku,
Seoul, Republic of Korea
Tel. : +82–10–3215–5XXX, e–mail : baewooree@global.co.kr

★ 이 단원의 주요 용어 정리

용어	설명
Claim	클레임, 배상청구
Inferior Quality	품질불량
Breakage	파손
Different Quality	품질상위
Shortage	수량 부족
Cancellation	취소, 해약
Default	계약불이행
Delayed Shipment	선적지연
Compromise	화해, Amicable Settlement
Mediation	알선, Intermediation
Conciliation	조정
Arbitration	중재
Litigation	소송, Lawsuit
Missing	분실하다, 행방불명의
Apologize	사죄하다
Wrong	잘못되다
Ship back	반송하다
Rest	남은
Inconvenience	불편
Bad Packing	불완전한 포장
Different Shipment	선적상위
Non-Delivery	선적불이행
Refusal of Payment	대금지급거절

SECTION • 15

FTA, 전자무역, 특수무역거래

우리나라는 많은 국가와 FTA를 체결하였습니다. 우리나라의 FTA 체결현황 및 FTA 활용 방안 등에 관해 설명합니다. 전자무역은 정부에서 지원하고 있으므로 이와 관련하여 전자무역서비스를 위한 사이트인 u트레이드허브를 소개합니다. 또한 특수무역거래의 종류에 관해서도 간략히 설명합니다.

SECTION 15

1 FTA를 잘 활용하려면

배우리: FTA란 무엇입니까?

가대리: FTA란 국가 간의 상품과 서비스의 자유로운 이동을 위해 모든 무역 장벽을 제거 또는 완화하는 협정입니다.

1 FTA란?

FTA란 Free Trade Agreement의 약자로 자유무역협정을 말합니다. 회원국 간 상품, 서비스, 투자, 지적재산권, 정부조달 등에 대한 관세·비관세 장벽을 완화함으로써 상호 간 교역 증진을 도모하는 특혜무역협정을 의미하며 특히 관세철폐에 주요 초점이 맞춰져 있습니다. 이러한 FTA는 양자주의 및 지역주의적인 특혜무역체제로 회원국에 한하여 무관세 또는 낮은 관세를 적용합니다.

우리나라는 2004년에 칠레와 첫 FTA를 체결한 후, 2016년 1월 현재 FTA 발효국가는 52개국이며 타결국가는 2개국입니다. 〈우리나라 FTA 체결현황〉 표를 참조하기 바랍니다.

우리나라 FTA 체결현황 (2016년 1월 31일 현재)

구분	대상국가
발효국가(14건)	칠레, 싱가포르, EFTA(4개국), 인도, ASEAN(10개국), EU(28개국), 페루, 미국, 터키(기본·상품무역), 호주, 캐나다, 중국, 뉴질랜드, 베트남
타결국가(2건)	콜롬비아, 터키(서비스·투자)

협상진행국가(4건)	한중일(3자), 중미(6개국), 에콰도르(SECA), RCEP
협상재개 여건조성(4건)	일본, 멕시코, 걸프협력회의(GCC, 6개국), 인도네시아
협상준비, 공동연구(3건)	MERCOSUR(5개국), 이스라엘, 말레이시아

· EFTA 4개국 : 스위스, 노르웨이, 아이슬란드, 리히텐슈타인
· ASEAN 10개국 : 말레이시아, 싱가포르, 베트남, 미얀마, 인도네시아, 필리핀, 브루나이, 라오스, 캄보디아, 태국
· EU 28개국 : 오스트리아, 벨기에, 영국, 체코, 키프로스, 덴마크, 에스토니아, 핀란드, 프랑스, 독일, 그리스, 헝가리, 아일랜드, 이탈리아, 라트비아, 리투아니아, 룩셈부르크, 몰타, 네덜란드, 폴란드, 포르투갈, 슬로바키아, 슬로베니아, 스페인, 스웨덴, 불가리아, 루마니아, 크로아티아
· GCC 6개국 : 사우디, 쿠웨이트, 아랍에미레이트, 카타르, 오만, 바레인
· MERCOSUR 5개국 : 브라질, 아르헨티나, 우루과이, 파라과이, 베네수엘라
· 중미 6개국 : 파나마, 코스타리카, 과테말라, 온두라스, 엘살바도르, 니카라과
· 위의 발효 국가 중에 인도와는 포괄적경제동반자협정(CEPA, Comprehensive Economic Partnership Agreement)을 맺고 있습니다. CEPA는 상품 및 서비스의 교역, 투자, 경제협력 등 경제관계 전반을 포괄하는 내용을 강조하기 위해 사용하는 용어로 실질적으로는 FTA와 동일한 성격입니다.
· 에콰도르와는 SECA(Strategic Economic Cooperation Agreement, 전략적 경제협력 협정)에 관해 협상을 진행 중입니다.
· RCEP(역내포괄적경제동반자협정) : 한국, 중국, 일본, 호주, 뉴질랜드, ASEAN
〈자료출처 : 'FTA 강국, KOREA' 사이트 www.fta.go.kr (우리나라 FTA 현황)〉

2 FTA 원산지증명서의 종류

FTA 원산지증명서의 종류에는 다음과 같은 것이 있습니다.

원산지증명서의 종류 (2014년 4월 현재)

종류	적용국가
원산지증명서 (Certificate of Origin, C/O)	칠레, 싱가포르, ASEAN, 인도, 미국, 페루, 터키(상품), 호주, 캐나다, 중국
원산지신고서 (Origin Declaration)	EU, EFTA, 페루, 터키
연결 원산지증명서 (Back to Back C/O)	ASEAN(역내 경유국에서 발급)

※ 원산지증명서는 협정내용이 변경되면 그에 따라 발급방식 등도 변경될 수 있으므로 사전에 확인이 필요합니다.

3 FTA 사후검증

FTA에서의 검증(Verification)이란 수입 당사국에 통관된 수입물품이 해당 FTA가 정한 원산지 상품인지 여부를 확인하는 절차와 위반자에 대하여 일정한 제재조치를 취하는 일련의 절차라 할 수 있습니다.

원산지 검증은 검증의 주체에 따라 아래와 같은 방식이 있습니다.

- 관세당국이 주체가 되어 직접 수행하는 직접검증
- 관세당국이 체약상대국의 관세당국에게 원산지검증을 의뢰하여 검증을 수행하는 간접검증
- 간접검증의 결과 부족한 부분이 있을 시 직접검증하는 선(先)간접검증-후(後)직접검증

FTA교역의 확산에 따라 사후검증은 상시적으로 대비해야 하는 과제가 되었으며, 수출자·수입자 및 생산자는 원산지 판정과 관련된 서류를 반드시 5년간 보관하여야 합니다.

FTA무역종합지원센터에서는 이 같은 사후검증에 대한 대응을 안내하고 대비체제의 진단을 지원하기 위해 'FTA 사후검증 지원센터'를 개설하고 있으므로 활용하면 많은 도움이 될 것입니다. 아래 각 항에 해당하는 기업은 꼭 신청해서 지원을 받도록 안내하고 있습니다.

- 상대국 세관 또는 우리나라 세관으로부터 수출물품에 대한 서면질의서를 수령한 기업
- 원산지 증명서 사후제출 등 사후검증 가능성이 높은 기업
- 특혜관세 적용 수출에 따른 회사의 대응 체계 진단 희망 기업

※ 자료출처 : 'FTA강국, KOREA' 사이트 www.fta.go.kr/FTA활용-대책/원산지 정보)

4 FTA를 잘 활용하려면

FTA는 관세 인하 또는 철폐로 인해 해외시장에서 가격경쟁력을 확보할 수 있는 기회입니다. 그런데 우리가 알아야 할 것은 FTA가 발효된다고 해서 모든 기업이 혜택을 누리는 것은 아니라는 점입니다.

FTA 혜택을 받기 위해서는 해당제품의 원산지증명서가 있어야 그 자격이 갖추어집니다. 따라서 각 FTA 협정 내용을 잘 파악하고 그 규정에 따라서 자격요건을 갖추는 것이 FTA 활용의 첫걸음입니다.

원산지증명서 발급방식은 각각의 FTA 협정 내용에 따라 다르므로 어떤 종류의 원산지증명서를 준비해야 하는지 확인한 후, 기관발급일 경우에는 해당기관에서 발급을 받고 자율발급일 경우에는 수출자가 발급해야 합니다.

FTA 원산지증명서 발급방식에 따라 대상 FTA 협정, 특이사항 등이 각각 다르므로 FTA 체결국으로 수출할 경우에는 해당 FTA 협정 내용을 확인하고 그 기준에 맞는 원산지증명서를 준비해야 합니다.

FTA를 맺고 있는 국가와의 무역거래 시에는 FTA 내용을 잘 활용하는 것이 중요합니다. 협정문의 내용을 활용하기 위해서는 FTA 무역종합지원센터(okfta.or.kr)를 이용하면 많은 도움을 받을 수 있습니다.
특히 산업통상자원부와 FTA 무역종합지원센터가 공동으로 개설한 'FTA 콜 센터 1380'은 FTA 활용과 관련하여 애로요인별, 업종별, 협정별 전문관세사를 배치하고, 중소기업들의 FTA 활용 애로사항을 원스톱으로 해결해 주고 있습니다.

SECTION 15

2 전자무역

배우리 전자무역이란 어떻게 하는 것입니까?

가대리 전자무역이란 무역실무의 일부 또는 전부가 전자문서에 의해 처리되는 거래를 말합니다.

1 전자무역이란?

전자무역(e-Trade)이란, 〈전자무역촉진에 관한 법률〉에 의하면 〈대외무역법〉 제2조 제1호의 규정에 따른 무역의 일부 또는 전부가 전자무역문서로 처리되는 거래를 말합니다.

전자무역은 무역량이 많은 대기업을 중심으로 활용되고 있으나 무역기업의 참여율은 아직 저조한 편입니다. 따라서 정부는 전자무역을 활성화하기 위해 수년 전부터 대기업을 중심으로 선도기업을 선정하여 지원하고 있습니다.

2 전자무역서비스 사이트와 전자문서센터

① 전자무역 통합시스템 u트레이드 허브

u트레이드 허브(ubiquitous Trade Hub)는 전자무역서비스를 위한 사이트(www.utradehub.or.kr)로 모든 기업이 언제 어디서나 인터넷을 통해 세계를 대상으로 마케팅에서부터 외환, 요건확인, 통관, 물류, 대금결제에 이르는 모든 무역업무를 단절 없이 처리할 수 있는 인터넷 기반 전자무역 플랫폼이라 할 수 있습니다.

전자무역서비스를 이용하면 모든 정보가 공인 전자문서센터에 통합 저장되기 때문에 동일한 서류를 중복으로 제출하거나 종이 원본을 낼 필요가 없어지게 됩니다.

② **공인 전자문서센터**

〈전자문서 및 전자거래기본법〉의 규정에 따른 기관으로, 미래창조과학부 장관이 전자문서보관 등에 관해 전문성이 있는 자를 지정하여 전자문서 보관 등을 할 수 있게 한 공신력 있는 제3의 기관입니다.

무역업무 처리과정에서 발생되는 각종 전자무역문서를 안전하고 신뢰성 있게 보관하는 전자무역의 기반시설이라 할 수 있습니다. 저장된 문서는 〈전자무역 촉진에 관한 법률〉 제16조에 의거해 효력을 인정받습니다.

공인 전자문서센터를 활용할 경우에는 다음과 같은 기대효과를 얻을 수 있습니다.

- 종이문서 반복제출 생략
- 무역프로세스 간소화 및 프로세스 단절 개선
- 무역 전 업무의 e-비즈니스화
- 전자무역문서보관에 따른 비용절감

SECTION 15

3 특수무역거래

배우리 특수무역거래는 어떤 것이 있습니까?

가대리 위탁판매수출, 위탁가공무역, 중개무역, 중계무역 등이 있습니다.

특수무역거래

특수무역거래에는 다음과 같은 것이 있습니다.

① **위탁판매수출(Consignment Sale Export)**

수출자가 소유권을 이전하지 않고 자기 책임 하에 물품을 수입자에게 수출한 후 판매된 것에 대해서만 대금을 받는 수출형태입니다. 따라서 위탁자인 수출자는 자금부담과 금리 그리고 판매에 따르는 위험부담을 지게 됩니다.

수입자는 수출자가 정한 판매조건에 따라 물품을 판매하고 물품대금을 수출자에게 송금하면 됩니다.

② **위탁가공무역(Processing Trade)**

해외의 수탁자에게 가공임을 지급하는 조건으로 원자재나 부품 등의 전부 또는 일부를 무상으로 보내 그것을 가공시켜, 완성된 상품을 수입하든가 제삼국으로 수출하는 형태를 말합니다.

이 방식은 인건비가 싼 나라의 숙련된 노동력을 이용하거나 고도의 기술을 이용하고자 할 경우 이용하는 수출입거래입니다.

③ 중개무역(仲介貿易, Merchandising Trade)

중개자가 해외의 수출자와 해외의 수입자 간에 직접 거래할 수 있도록 중개하고 그 대가로 중개수수료를 받는 무역의 형태입니다. 물품과 선적서류가 최초 수출자로부터 최종 수입자에게 직접 인도됩니다.
이 경우 중개자는 직접적인 거래당사자는 아니며 분쟁발생 시 직접적인 분쟁당사자도 아닙니다.

④ 중계무역(中繼貿易, Intermediary Trade)

수출을 목적으로 제품을 수입하여 원상태 그대로 제삼국으로 수출하는 무역거래방식을 말합니다. 수출상은 수입가격(CIF)과 수출가격(FOB)의 차익을 취하게 됩니다.
이와 같이 중계무역을 행하기 위해서는 관세상의 이점이 있고 또한 금융·창고보관 등의 측면에서 직접무역보다 간편한 항구가 있어야 합니다.
이 경우 중계자는 직접적인 거래당사자이면서 분쟁의 당사자입니다.
우리나라 대외무역법상에서 인정하고 있는 중계무역은 물품이 중개무역의 형태로 우리나라를 경유하지 않고 수출자로부터 직접 수입자에게 인도되는 경우까지 포함하고 있습니다.

⑤ 스위치 무역(Switch Trade)

수출자와 수입자가 직접 거래계약을 체결하고 약정된 물품도 직접 수출지에서 수입지로 직송되지만, 대금결제에 제삼국의 중개자가 개입하고 그에 따른 수수료를 취하는 무역형태를 말합니다.

⑥ **통과무역(Transit Trade)**

물품이 수출국에서 제삼국을 거쳐서 수입국으로 전해지는 형태의 무역을 말합니다. 이때 제삼국은 이에 따른 노임과 통과수수료 등을 획득할 수 있습니다.

선적서류가 수출자로부터 수입자에게 직접 전달되므로 통과무역은 중계무역과 구별됩니다. 또한 제삼국의 중개인이 스스로 개입을 하는 것이 아니라는 점에서 중개무역과도 구별된다고 할 수 있습니다.

⑦ **연계무역(Counter Trade)**

동일한 거래대상자와 수출물품과 수입물품을 교환하는 방식으로 수출과 수입을 연계하는 무역거래형태입니다.

수출자가 상품, 기계, 기술, 노하우 등을 수출하고 이와 관련하여 수입자로부터 수출가액의 일정비율의 대응제품을 구입하는 무역으로, 상품과 기술의 수출입가액의 전부 또는 일부를 현금결제 이외의 형태로 연계하는 무역이라 할 수 있습니다. 연계무역에는 바터무역, 구상무역, 대응구매 등이 있습니다.

★ 이 단원의 주요 용어 정리

용어	설명
FTA	Free Trade Agreement, 자유무역협정
EFTA	European Free Trade Association, 유럽자유무역연합
ASEAN	Association of Southeast Asian Nations, 동남아시아 국가연합
CEPA	Comprehensive Economic Partnership Agreement, 포괄적경제동반자협정
e-Trade	전자무역
ubiquitous Trade Hub	u트레이드 허브는 전자무역서비스를 위한 사이트
위탁판매수출	Export for Consignment(Commission) Sale
위탁가공무역	Processing Trade
중개무역(仲介貿易)	Merchandising Trade
중계무역(中繼貿易)	Intermediary Trade
스위치 무역	Switch Trade
통과무역	Transit Trade
연계무역	Counter Trade

SECTION • 16

우리나라 무역 관련 법규 및 수출입품목 관리제도

무역비즈니스에 직접적으로 관계있는 대외무역법, 외국환거래법, 관세법의 개요를 소개합니다. 그리고 수출입품목 관리제도에 관해서도 설명합니다.

SECTION 16

1 무역 관련 법규

배우리 우리나라 대외무역과 관련하여 법규는 어떤 것이 있습니까?

가대리 대외무역법, 외국환거래법, 관세법 등이 있습니다.

무역 관련 법규

우리나라는 대외무역과 관련하여 기본법규로 〈대외무역법(Foreign Trade Law)〉이 있으며, 수출입대금의 결제 방법을 관리하는 〈외국환거래법(Foreign Exchange Law)〉, 수출입물품의 국내외 간 이동을 통제하기 위한 통관절차와 과세절차를 규정하고 있는 〈관세법(Customs Law)〉이 있는데, 이를 3대 무역기본법이라 합니다.

그리고 수출보험법, 외국인투자촉진법, 전자무역에 관한 촉진법 등과 같은 〈기타 무역관계법규〉와 약사법, 식품위생법, 마약법, 문화재보호법 등과 같은 무역 관련 〈개별법〉이 50여 개 있습니다.

무역 관련 법규

구분	개요
대외무역법	· 무역관리의 기본법으로 대외무역을 진흥하고 공정한 거래질서를 확립하여 국제수지의 균형과 통상의 확대를 도모함으로써 국민경제의 발전에 이바지함을 목적으로 한 법률입니다. · 무역관리는 물품의 수출입만을 대상으로 하고 있습니다. · 대외무역법령은 대외무역법 → 대외무역법시행령 → 대외무역관리규정으로 체계화되어 있습니다.

외국환거래법	· 외국환거래를 적절하게 관리함으로써 대외거래의 원활화 및 국제수지의 균형과 통화가치의 안정을 도모하여 국민경제의 건전한 발전에 이바지함을 목적으로 한 법률입니다. · 외국환관리의 법제는 외국환거래법 → 외국환거래법시행령 → 외국환거래규정으로 체계화되어 있습니다.
관세법	· 관세의 부과 · 징수 및 수출입물품의 통관을 적정하게 하고 관세수입을 확보함으로써 국민경제의 발전에 이바지함을 목적으로 하는 법률입니다. · 통관절차 및 수입물품에 대한 과세절차 등을 정하고 있습니다. · 관세에 관한 기본법령은 관세법 → 관세법시행령 → 관세법시행규칙의 체계와 관세청고시 및 관세청훈령으로 되어 있습니다.
특별법	· 개별법 : 약사법, 마약법, 의약품관리법, 식품위생법, 검역법, 영화법, 문화재보호법, 음반에 관한 법률 등과 같은 50여 개의 법률이 있습니다.
	· 기타 무역관계법규 : 수출보험법, 외국인투자촉진법, 전자무역에 관한 촉진법 등과 같은 법규

무역 관련 법

무역 관련 법규는 대외무역법, 외국환거래법, 관세법, 그리고 약사법 등과 같은 무역관련 개별법 50개, 수출보험법 등과 같은 기타 무역관계법규가 있습니다.

SECTION 16

2 수출입품목 관리제도

배우리 수출입품목 관리제도란 무엇입니까?

가대리 개별품목의 수출입 제한여부를 종합적으로 관리하는 제도입니다.

1 수출입품목 관리제도란?

수출입품목 관리제도란 개별품목의 수출입 제한 여부를 종합적으로 관리하는 제도입니다. 무역에 대한 최소한의 규제와 지원을 하기 위하여 각종 법규 및 제도를 통하여 수출입관리를 하고 있습니다.

2 수출입공고와 통합공고

수출입품목 관리는 대외무역법에 근거하여 수출입공고, 전략물자수출입공고와 개별법(특별법)에 의한 제한내용을 취합해 공고한 통합공고로 이루어져 있습니다.

수출입공고는 경제목적 달성을 위한 공고체계이며, 통합공고는 경제 외적 목적을 달성하기 위한 공고체계라고 볼 수 있습니다. 주의할 점은 수출입공고와 통합공고는 독립적으로 적용되지만, 공고체계에 의한 제한내용을 반드시 동시에 충족시켜야 한다는 것입니다.

3 특별법에 해당되는 물품의 수출입

특별법에 해당되는 물품의 수출입은 산업통상자원부 장관이 별도로 〈수출입요령〉을 고시하며, 당해 물품을 수출입하고자 하는 경우에는 산업통상자원부 장관의 별도고시에서 정하는 제한조건을 충족한 경우에 한하여 수출하거나 수입할 수 있습니다. 특별법에서 사전허가를 받도록 규정된 물품은 동 사전허가를 받아야 합니다.

우리나라는 무역관리를 위해 수출입의 허용품목과 금지품목을 정하는 방법으로 수출입이 제한되거나 금지되는 품목만 표시하고 그 외에는 수출입을 허용하는 'Negative List System'을 채용하고 있습니다.

수출입품목 관리체계

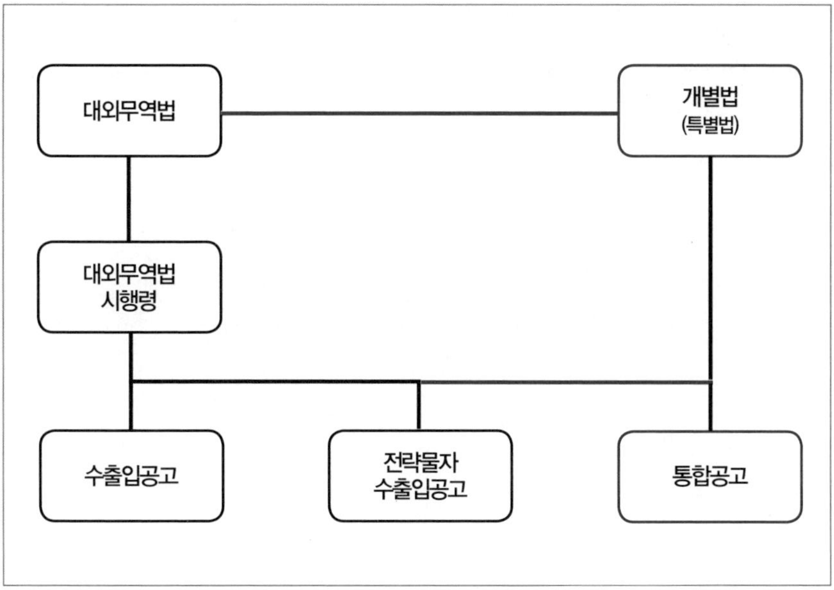

※ 개별법은 약사법, 식품위생법, 마약법 등 50여 개가 있다.

★ 이 단원의 주요 용어 정리

용어	설명
대외무역법	Foreign Trade Law
대외무역법 시행령	Foreign Trade Enforcement Decree(Ordinance)
외국환거래법	Foreign Exchange Law
관세법	Customs Law
전략물자	strategic materials(goods)
공고	public announcement
Negative List System	수출입이 제한되거나 금지되는 품목만 표시하고 그 외에는 수출입을 허용하는 제도

EPILOGUE

무역업 창업 및 해외직구

정부는 청년실업, 은퇴자 실업을 해결하기 위해 일자리 창출에 온 힘을 기울이고 있습니다. 이 시기에 무역업 창업은 누구나 소자본으로 집에서도 할 수 있는 양질의 일자리입니다.

여기에서는 무역업 창업절차 등에 관해 설명하고, 최근 많은 사람들이 관심을 보이고 있는 해외직구에 관해서 알아봅니다. 해외직구의 흐름, 해외직구에 필요한 간단한 용어, 해외직구품의 국내 통관 등을 설명합니다.

EPILOGUE 1

무역업 창업

1 무역업 창업의 좋은 점

무역업 창업은 희망하는 사람은 누구나 할 수 있습니다. 무역업 창업은 이런 점에서 좋습니다.

- 소자본 창업이 가능합니다.
- 마음만 먹으면 누구나 할 수 있는 분야입니다.
- 글로벌 시대에 적합한 업종입니다.
- 소자본 창업이므로 실패했을 때에도 손실이 적습니다.

2 무역업 창업의 유의점

① **제품을 안정적으로 공급받을 수 있는 공급처 선정에 유의해야 합니다.**

제품의 가격은 물론 품질, 수량, 납기 등에서 안정적으로 공급받을 수 있는 공급처 선정이 대단히 중요합니다.

② **불량 거래처를 조심해야 합니다.**

대량의 오더를 한다고 하든가, 아니면 구미에 당기는 온갖 제안으로 현혹하는 불량 거래처를 만나면 국제사기를 당할 수 있으므로 조심해야 합니다.

③ **신뢰를 잃지 않아야 합니다.**

무역은 신뢰를 바탕으로 하는 비즈니스이므로 거래 상대방에게 신뢰를 쌓아야 합니다. 신뢰가 무역비즈니스의 기본임을 명심해야 합니다.

④ **욕심을 버려야 합니다.**

위험할수록 이익이 크다는 말도 있지만 지나친 욕심은 금물입니다.

3 무역업 창업절차

처음 무역업을 창업하려는 분들을 위해 창업절차에 관해 설명합니다.

① 수출을 할 것인가, 수입을 할 것인가, 아니면 수출입을 다할 것인가를 결정합니다.

② 수출 아이템을 선정합니다. 수출 아이템에 따라 ①을 결정하기도 합니다.

③ 사무실을 정합니다. 사무실은 자택을 활용하는 것도 가능합니다.

④ 회사를 개인사업자로 할 것인가, 법인으로 할 것인가를 결정합니다.

⑤ 약사법 등과 같은 개별법에 규정된 허가(등록, 신고) 업종일 경우 그 규정에 따라 허가(등록, 신고)증을 취득합니다.

⑥ 사업장 소재지 관할 세무서에 사업자등록증을 신청합니다.

⑦ 한국무역협회에 무역업 신고를 하고 고유번호를 받습니다.

⑧ 사업을 개시합니다. 먼저 사업을 개시한 후 ③, ④를 정하고 ⑥, ⑦을 하는 것도 가능합니다. 사업자등록증은 사업개시 후 20일 이내에만 하면 됩니다.

※ 회사의 형태를 법인으로 할 경우에는 ⑤의 허가(등록, 신고)증을 취득하기 전에 법인설립을 합니다.

4 법인설립요건 및 절차

법인설립요건 및 절차에 관해서는 인터넷 검색 및 법무사 사무실에 문의하면 알 수 있습니다. 그 절차를 개인이 하기에는 다소 복잡하고 어려움이 있으므로 회사명(상호), 사업목적 등을 정한 후 필요서류를 구비하여 법무사에게 의뢰하는 것이 일반적입니다.

① **회사명(상호)** : 동일상호는 사용금지이므로 상업등기소에서 확인이 필

요합니다.

② **사업목적** : 하고자 하는 사업을 전부 기재

③ **자본금** : 최소제한규정이 없으므로 법인설립요건이 되지 않습니다.

④ **1주의 금액** : 100원 이상이어야 하며, 주식의 액면가는 동일해야 합니다(설립 시 대부분 5,000원으로 하는 것이 일반적).

⑤ **발기인 명부** : 발기인은 1인 이상이고 반드시 1주라도 인수해야 합니다.

⑥ **대표이사, 이사 그리고 감사 명부**(임원의 최소인원은 이사 1인 이상)

⑦ **1인 주식회사 설립도 가능**

- 〈소기업 및 소상공인 지원을 위한 특별조치법〉에 의거하며, 중소기업청에서 〈소기업 확인서〉를 발급받아야 설립할 수 있습니다.
- 〈소기업 확인서〉는 신분증과 도장을 지참하고 해당지역 중소기업청에 가면 받을 수 있습니다.
- 최소 자본금 제한은 없으므로 300만 원, 500만 원으로도 설립이 가능하나, 실제로는 1,000~2,000만 원 사이가 일반적입니다.
- 1인 주식회사의 경우 등기부등본 하단에 특별법에 의해 설립된 법인이라 나타납니다.

사업자등록증 신청 시 구비서류

구분	사업자등록증 신청 시 구비서류
개인사업자	· 사업자등록신청서 1부 · 임대차계약서 사본(사업장을 임차한 경우에 한함) 단, 전대차계약인 경우는 '전대차계약서 사본' (계약서 사본에 건물주의 동의 또는 승낙 표시) · 허가(등록, 신고)증 사본(해당 사업자) 허가(등록, 신고) 전에 등록하는 경우 : 허가(등록)신청서 등 사본 또는 사업계획서 · 동업계약서(공동사업자인 경우) · 재외국민 · 외국인 입증서류(해당자) 여권 사본 또는 외국인등록증 사본 국내에 통상적으로 주재하지 않는 경우 : 납세관리인 설정 신고서
법인사업자	· 법인설립신고 및 사업자등록신청서 1부 · 법인등기부 등본 1부 (담당 공무원의 확인에 동의하지 아니하는 경우 신청인이 직접 제출하여야 하는 서류) · 법인 인감증명서 1통 · (법인명의) 임대차계약서 사본 1부(사업장을 임차한 경우에 한함) · 주주 또는 출자자명세서 1부 · 정관사본 1부 · 사업허가 · 등록 · 신고필증 사본(해당 법인에 한함) 1부 허가(등록, 신고) 전에 등록하는 경우 : 허가(등록)신청서 등 사본 또는 사업계획서 · 현물출자명세서 (현물출자법인의 경우에 한함) 1부

TIP BOX

시차에 관해서

일반적으로 국내회사의 업무시간은 대부분 9시부터 오후 6시까지입니다. 그러나 무역업을 할 경우 시차(時差)의 영향으로 근무시간이 연장될 때가 많습니다. 예를 들면 유럽과의 시차는 8시간에서 9시간 정도입니다. 유럽의 아침 시간이 우리나라의 저녁 시간입니다. 우리나라의 근무시간이 끝날 때쯤이면 유럽은 출근 시간입니다. 유럽에서 아침에 내린 오더는 우리나라에 저녁에 도착하게 되고 우리는 이에 대응해야 합니다.

반대로 대만은 우리나라보다 1시간 정도 늦습니다. 우리나라의 오전 9시는 대만의 오전 8시입니다. 대만에 오전 9시쯤 이메일을 보내야 한다면, 우리나라 시간으로 10시까지 이메일을 보내면 됩니다.

한국에서 미국으로 화물을 보낼 때도 같습니다. 미국의 동부(뉴욕 등)는 비행시간이 13시간 정도 걸립니다. 그러나 날짜변경선을 지나가기 때문에 출발 시각보다 도착 시각이 빠른 경우도 있습니다.

나라(주요도시)	세계표준시간과의 시차	우리나라와 시차
미국 동부(워싱턴DC, 뉴욕, 댈러스)	−5	−14
미국 중부(시카고)	−6	−15
미국 서해안(시애틀, LA, 산호세, 샌프란시스코, 라스베이거스)	−8	−17
일본(도쿄, 오사카)	9	0
중국(베이징, 홍콩, 상하이, 다롄, 칭다오)	8	−1
중국(톈진)	7	−2
인도(델리, 뉴델리, 방갈로르)	5.5	−3.5
러시아(모스크바)	3	−6
이탈리아, 이스라엘, 터키, 남아프리카	2	−7
독일, 스위스, 프랑스	1	−8
영국, 아일랜드	0	−9

EPILOGUE

2 해외직구

1 해외직구란?

해외직구란 해외직접구매의 줄임말입니다. 개인이 집에서 해외 온라인 쇼핑몰에 직접 접속하여 필요한 상품을 구매하는 것을 말합니다.

① 해외직구의 장점

- 유명 브랜드 제품을 국내 수입가격보다 훨씬 저렴하게 구입할 수 있습니다.
- 국내에서는 구하기 힘든 제품을 구입할 수 있습니다.

해외직구의 장점 때문에 최근 젊은 층을 중심으로 급속히 퍼져나가고 있습니다. 따라서 해외직구 대행 회사를 창업하는 사람들도 늘어나는 추세입니다. 해외직구는 시작하기 전에 전문가에게 문의하거나 인터넷 관련 사이트를 검색해서 해외직구에 관련된 지식을 숙지할 필요가 있습니다. 해외직구를 위해 해외쇼핑몰 선정 시에는, 유명 브랜드의 짝퉁만 전문으로 취급하는 쇼핑몰이 있을 수 있으므로 이 점에 유의해야 합니다.

② 해외직구의 흐름

ㄱ 해외쇼핑몰 찾기(유명한 해외쇼핑몰로는 amazon, 6pm, rakuten, diapers, drugstore, SHOPBOP 등이 있습니다)

ㄴ 해당국에 있는 배송업체 선택 및 사이트 가입하기(배송대행업체)

ㄷ 해당국 쇼핑몰에서 상품을 주문 → 이때 배송대행지(일명 배대지) 및 주소 입력

ㄹ 해당국 내에서 현지 배송(쇼핑몰에서 배대지로 배송)

ㅁ 배송대행업체에 배송대행 신청서 작성(상품 수령할 국내 집 주소 입력)

ㅂ 배송대행업체에 상품 입고 및 국제배송비 결제

ㅅ 배송대행업체에서 상품 출고 및 한국으로 배송

ㅇ 국내에서 상품 수령

※ 해외쇼핑몰은 자국 이외의 다른 국가로 직(접)배송을 해주는 쇼핑몰도 있지만 대부분 다른 국가로는 직배송을 해주지 않습니다. 따라서 해당국에 있는 배송업체를 선택한 후 사이트에 가입하고 그 배송업체가 국제배송대행을 해주도록 의뢰하는 것입니다.

③ 해외직구에 필요한 간단한 용어

대부분의 유명 해외쇼핑몰은 영어 또는 자국어로 되어 있으므로 해외직구를 하고 싶어도 영어 또는 해당국의 언어를 잘 몰라서 도전하지 못하는 사람들이 많습니다. 최근에는 한국어를 지원하는 사이트가 늘어나고 있으며, 상품만 선택하면 결제부터 배송까지 대신해주는 '결제대행업체'도 늘어나고 있으므로 마음만 먹으면 누구든 해외직구를 할 수 있습니다.

해외직구에 필요한 간단한 용어

용어	번역	용어	번역
sign in	로그인	billing address	카드 청구 주소
create an account	회원가입	place order/ checkout	결제하기
first name	(영문) 이름	in stock	재고 있음
last name	(영문) 성	out of stock	재고 없음

zip code/ postal code	우편번호	remove item	목록에서 상품 제거하기
shipping address	배송 받을 주소	invoice	구매상품 내역서

2 해외직구품의 국내 통관

물품은 '목록통관'과 '목록통관배제' 품목으로 구분합니다.

① 목록통관배제 품목

의약품, 한약재, 검역대상 물품(동식물), 건강기능식품, 지적재산권 위반 의심 품목, 식품류(과자류), 일부 화장품(향수, 기능성, 태반 함유), 스테로이드제 함유 및 성분 미상 등 유해 화장품, 차량 및 선박, 무기, 통관목록 중 품명, 규격, 수량, 가격 등이 부정확하게 기재된 물품 등

② 통관 시 관세면제 기준금액

- **목록통관 품목** : 물품가액(물품가격+해당국 내 운송비+tax)이 200미국달러 이하
- **목록통관배제 품목** : 물품가액(물품가격+해당국 내 운송비+tax)에 국세청 지정의 선편요금을 더해서 한화로 15만 원 이하

※ 해외직구 한 물건이 같은 날 한 사람에게 2개 이상 통관될 경우 관세적용 대상이 됩니다(품목이 다르면 상관없습니다).

③ 관세·부가가치세 계산

- **과세가격** : (상품 총 결제금액×관세청 고시환율)+선편요금

- **관세** : 과세가격×구입한 품목의 관세율
- **부가가치세** : (과세가격+관세)×10%

※ 상품에 따라 과세가격 산출 시에 특소세, 농특세, 교육세 등이 추가됩니다.

해외직구는 국내 상황에 따라 국내통관 및 적용 관세 등의 정부 정책이 변경될 수 있으므로 자세히 알아본 후 구매하는 것이 좋으며, 관세청이 제공하는 〈국제우편물 예상세액 조회서비스〉를 이용하면 쉽게 세액을 알 수 있습니다.

3 해외직구 대행 창업

해외 유명 브랜드를 해외직구하기 힘든 소비자들을 위해 구매대행을 해주는 창업입니다. 다시 말해서 소비자들의 해외직구에 편의를 제공해주는 비즈니스입니다.

최근에 해외직구 대행을 희망하는 소비자들이 늘어남에 따라 창업도 많이 하고 있습니다. 별도 사이트를 가지지 않고도 창업할 수 있는 분야입니다. 처음에는 자신의 카페나 블로그를 활용해도 가능합니다.

해외직구 대행을 창업하기 위해서는 사업자등록증 신청은 물론 통신판매업을 신고해야 하며 건강기능식품, 의약품 등과 같은 품목에 대해서는 판매관련 허가증을 받아야 합니다.

해외직구 대행 창업에서 한 발 더 나아가서는 자신이 국내외의 유명 쇼핑몰에 입점한 후 유명 브랜드나 각국의 특산품 등을 해외쇼핑몰에서 구매해서 다시 입점해 있는 자신의 몰을 통해 국내 소비자뿐만 아니라 전 세계의 소비자를 상대로 판매하는 글로벌적 비즈니스를 창업하는 사람들도 늘어나고 있는 추세입니다.

이러한 해외직구 대행 창업은 아이템 선정과 온라인 마케팅이 사업성공의 필수요건이므로 관련 정보를 입수하기 위한 부단한 인터넷 검색 및 철저한 고객관리 노력이 따라야 합니다.

TIP BOX

대한상사중재원에서 권장하는 표준중재조항 예문

Arbitration :

Any disputes arising out of or in connection with this contract shall be finally settled by arbitration in accordance with the International Arbitration Rules of the Korean Commercial Arbitration Board. The award rendered by the arbitrator(s) shall be final and binding upon both parties concerned.

The number of arbitrators shalls be [one/three]

The seat, or legal place, of arbitral proceedings shall be [Seoul/South Korea]

The language to be used in the arbitral proceedings shall be [language]

중재 :

본 계약으로부터 발생되는 모든 분쟁은 대한상사중재원에서 국제중재규칙에 따라 중재로 해결한다. 중재인에 의해 내려진 판결은 최종적이며 관련 양 당사자를 구속한다.

중재인의 수 [1/3]

중재지 [서울/대한민국]

중재에 사용될 언어 [언어]

TIP BOX

소자본 무역업 창업과 세금

무역업에 관련한 세금으로는 일반적으로 소득에 대해 과세하는 소득세와 재화나 용역이 생산, 유통되는 모든 단계에서 창출되는 부가가치에 대하여 과세하는 부가가치세가 있습니다.

● 소득세

소득세에는 법인(주식회사)사업자에게는 법인(소득)세, 개인사업자에게는 (개인)소득세가 있습니다. 각각의 세율에 관해서는 세무서, 세무사 (또는 회계사) 사무실에 문의하거나 인터넷 검색으로 알 수 있습니다. 신고 및 납부는 다음과 같습니다.

– 법인세

확정신고 및 납부는 12월 말 결산법인인 경우 이듬해 3월 말까지이며 중간예납은 당해 연도 8월 말까지입니다. 법인의 경우 결산기일을 최초에 1월부터 12월 중 임의로 선택이 가능합니다. 주민세(법인세액의 10%)는 별도입니다.

– 소득세

개인사업자는 소득세의 귀속기간을 임의로 선택할 수 없으며 확정신고 기한은 이듬해 5월 말까지, 중간예납기한은 당해 연도 11월 말까지입니다. 주민세(소득세액의 10%)는 별도입니다.

● 부가가치세

부가가치세는 세부담자와 세납부자가 동일한 소득세와는 달리 세부담자와 세납부자가 서로 다르므로 간접세라고 하며 세율은 10%입니다. 기업이 최종적으로 납부할 부가가치세는 매출세액에서 매입세액을 차감공제한 부분만 납부하면 됩니다.

– 신고기한

부가가치세의 1과세기간은 각 6개월이나, 신고 및 납부방식은 매 분기로 예정과 확정으로 나누어 한 과세기간에 두 번 신고하도록 다음과 같이 규정되어 있습니다.

· 1월~3월까지는 1기 예정신고기간이며 신고기한은 4월 25일
· 4월~6월까지는 1기 확정신고기간이며 신고기한은 7월 25일
· 7월~9월까지는 2기 예정신고기간이며 신고기한은 10월 25일
· 10월~12월까지는 2기 확정신고기간이며 신고기한은 다음 해 1월 25일

다만, 개인사업자의 경우 예정 신고기간에는 별도의 신고가 필요 없으며 전기 납부액의 50% 금액이 고지됩니다. 예정고지로 납부된 금액은 확정신고 시점에 최종 정산됩니다. 단, 예정신고기간의 공급가액 또는 납부세액이 직전 과세기간의 공급가액 또는 납부세액의 1/3에 미달하는 자와 조기환급을 받고자 하는 자는 예정신고를 할 수 있습니다.

★ 이 단원의 주요 용어 정리

용어	설명
해외직구	direct purchase(buy) from abroad
create an account	회원가입
zip code/postal code	우편번호
shipping address	배송 받을 주소
billing address	카드 청구 주소
place order/checkout	결제하기
in stock	재고 있음
out of stock	재고 없음
remove item	목록에서 상품 제거하기

참고문헌

국내

- 《개인 수출입을 위한 무역실무 읽는 법》, 권영구, 중앙경제평론사, 2013
- 《이기찬 무역실무》, 이기찬, 중앙경제평론사, 2012
- 《그림으로 쉽게 배우는 무역실무(개정판)》, 기무라 마사하루 지음, 권영구 편역, 중앙경제평론사, 2011
- 《수출입대금결제》, 한국무역협회 무역아카데미, 2008
- 《무역운송·보험》, 한국무역협회 무역아카데미, 2004
- 《무역계약》, 한국무역협회 무역아카데미, 2003
- 《샘플 무역영어》, 오시학, 중앙경제평론사, 2002
- 《환리스크 대응방안》, 김성훈, 도서출판 두남, 2002
- 《신용장 네고서류 작성요령》, 김성훈, 도서출판 두남, 2001
- 《도해 수입실무》, 전창원, 무역연구원, 1998
- 《수출입실무 매뉴얼》, 박종수, 도서출판 두남, 1998
- 《최신 수출영어》, 염홍기, 우아당, 1992
- 《무역영작문》, 전영학, 시사영어사, 1974
- 《인코텀즈 2020》(한국어 공식번역본), 대한상공회의소, 2019

기타자료

- 한국무역협회, kotra, 한국무역보험공사, 관세청 등 무역 유관기관 홈페이지
- 자료제공(수출입신고필증 양식 및 미국과의 FTA협정에 따른 원산지증명서의 서식) : 관세법인 씨티엘 & 파트너스(www.e-customs.co.kr)

국외

- 《貿易英語の基本と實務がよ～くわかる本》, 橋本 かおる, 株式會社 秀和システム, 2012
- 《(新版) 貿易實務がわかる本》, 宮下忠雄, PHP研究所, 2005
- 《圖解で入門! よくわかる貿易の實務》, 木村雅晴, PHP研究所, 2004
- 《基本貿易實務(9訂版)》, 來住哲二, 同文館出版株式會社, 2002
- 《よくわかる貿易の實務》, 藏 和彌, 同文館出版株式會社, 2002
- 《契約の英語(1)》, 小中信幸 仲谷榮一郎, 株式會社 日興企劃, 2000
- 《國際取引契約の理論と實際(改訂版)》, 田福一, 同文館出版株式會社, 1999
- 《契約の英語 よくわかる契約書》, 仲谷榮一郎, 荒竹出版, 1994

찾아보기

(ㅂ)

(ㅅ)

(ㅇ)

(A)

(B)

(C)

(D)

(L)

(M)

(N)

(O)

현장에서 활용하는 수출입업무 흐름도

수출업무의 흐름

▶ 해외시장조사에서 계약체결까지

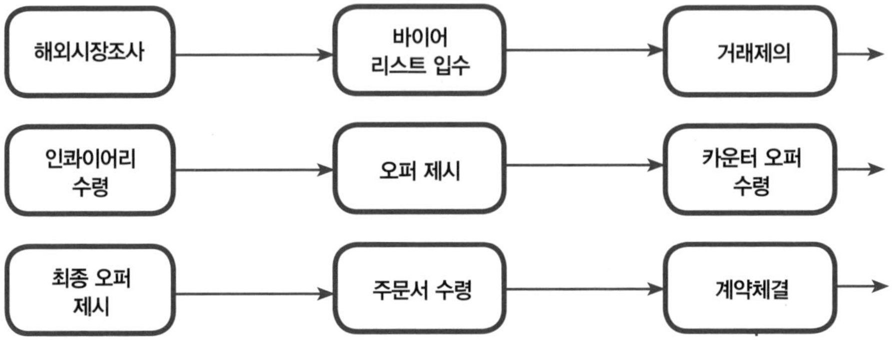

▶ 신용장 수령에서 수출대금 수령까지

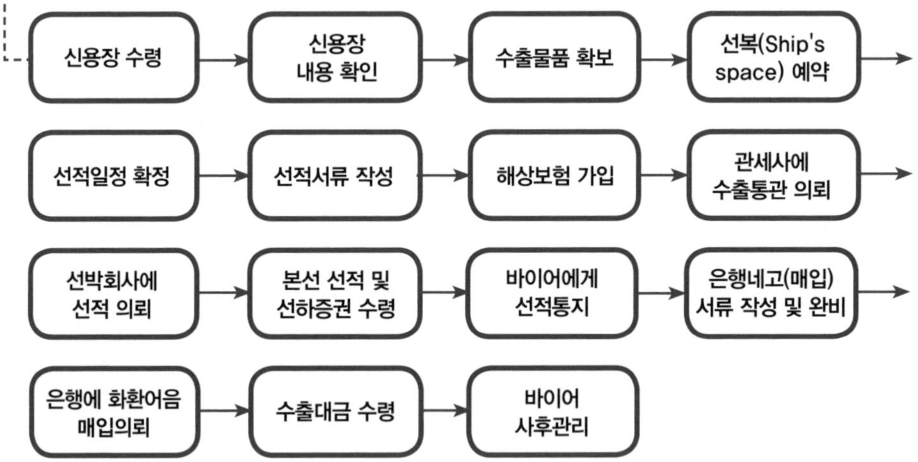

주)

★ 계약체결을 하기 전에 바이어에 대한 신용조사를 의뢰할 필요가 있음

★ 해상보험은 무역거래조건이 CFR 또는 CIF일 경우에 수출자가 가입하며 FOB 경우는 수입자 부담임.

수입업무의 흐름

▶ 수입비즈니스 시작에서 계약체결까지

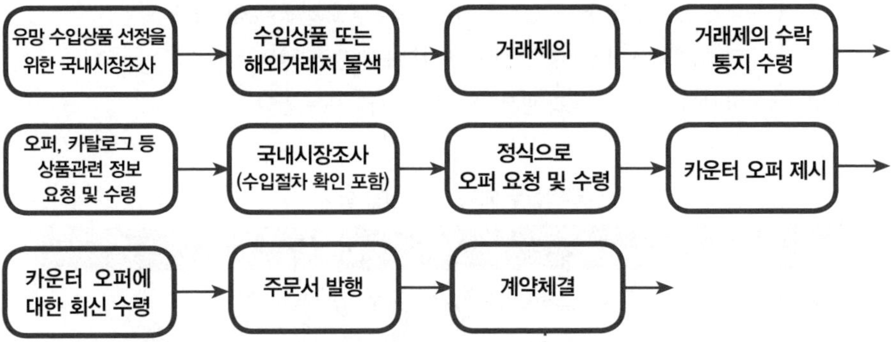

▶ 신용장 개설의뢰에서 국내 판매까지

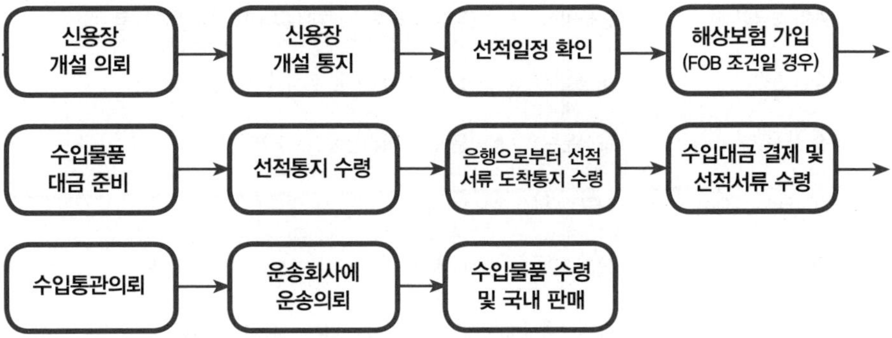

주)
★ 계약체결을 하기 전에 해외거래처에 대한 신용조사를 의뢰할 필요가 있음
★ 수입신고수리 시에 조건이 부과된 품목은 그 의무를 이행한 후 국내 판매를 해야 함
★ 신용장을 개설한 시점부터 수입통관 절차를 확인하고 필요한 경우 사전에 조치를 취함. 또한 사전 국내 마케팅 및 영업활동을 개시함.

※ 본 〈수출입업무 흐름도〉는 신용장조건 거래에 따른 수출입업무의 기본적인 절차이며, 실제 수출입을 이행하는 과정에서는 일부 과정이 생략 또는 동시에 진행될 수도 있고, 상품의 유형에 따라 복잡하게 진행되는 경우도 있으므로 실무를 하다 막히는 경우에는 전문가에게 자문을 구하는 것이 좋습니다.

독자 여러분의 질문을 환영합니다!!

- 무역비즈니스에 관련한 사항 전반 및 무역실무 현장에서의 애로사항
- 무역 초보자, 무역업 창업자를 위한 무역실무 교육에 관련한 사항
- 무역비즈니스에 관련한 컨설팅 및 코칭에 관련한 사항
- 이 책을 보다가 내용과 관련하여 궁금한 사항 또는 건의 사항

(무역실무 교육 및 컨설팅 항목)

테마	항목
무역업 창업실무	· 수출입 비즈니스의 계획 · 창업절차 등
바이어 발굴 실무	· 바이어 발굴 방법 · 수출상품 개발방법 · 수출입 협상기법 등
무역계약	· 무역계약의 기본조건 · 계약의 성립 · 수출입계약의 포인트 등
수출입 대금결제	· 송금방식 · 신용장(L/C) 방식 · 추심결제(D/A, D/P) 방식 등
수출입 통관	· 통관실무/HS Code에 관해서 · 관세 지식 · FTA 활용 등
운송 및 보험	· 해상운송 · 항공운송 · 복합운송 · 무역보험 등
INCOTERMS 2020	· INCOTERMS 2020의 내용 및 이용 시 유의사항 등
수출실무	· 물품 확보 · 선적서류 작성 · 통관/선적 · 대금수령 등
수입실무	· 해외거래처/상품개발 · 신용장 개설 · 대금결제/통관/국내판매 등
무역클레임	· 클레임의 종류 및 주요내용 · 클레임의 해결방법
수출입상품 가격책정	· 가격책정과 환률(환리스크 대처방법 포함)
국제무역사기	· 무역사기 유형과 예방책 등

※ 이외에도 무역비즈니스와 관련한 전반적인 사항

질문 보내는 방법 : 이메일 또는 문자메시지
출판사 japub@naver.com 02-2253-4463
저자(권영구) 09know@hanmail.net 010-3215-5228

중앙경제평론사 Joongang Economy Publishing Co.
중앙생활사 | 중앙에듀북스 Joongang Life Publishing Co./Joongang Edubooks Publishing Co.

중앙경제평론사는 오늘보다 나은 내일을 창조한다는 신념 아래 설립된 경제 · 경영서 전문 출판사로서
성공을 꿈꾸는 직장인, 경영인에게 전문지식과 자기계발의 지혜를 주는 책을 발간하고 있습니다.

쉽게 배우는 **무역영어 기본 실무** 〈최신 개정판〉

초판 1쇄 발행 | 2016년 10월 20일
개정초판 1쇄 발행 | 2017년 7월 15일
개정초판 2쇄 발행 | 2018년 11월 15일
개정2판 1쇄 발행 | 2020년 1월 23일
개정2판 3쇄 발행 | 2021년 4월 15일
개정3판 1쇄 인쇄 | 2024년 3월 15일
개정3판 1쇄 발행 | 2024년 3월 20일

지은이 | 권영구(YoungKu Kwon)
펴낸이 | 최점옥(JeomoOg Choi)
펴낸곳 | 중앙경제평론사(Joongang Economy Publishing Co.)

대 표 | 김용주
편 집 | 한옥수 · 백재운 · 용한솔
디자인 | 박근영
인터넷 | 김회승

출력 | 케이피알 종이 | 에이엔페이퍼 인쇄 | 케이피알 제본 | 은정제책사

잘못된 책은 구입한 서점에서 교환해드립니다.
가격은 표지 뒷면에 있습니다.

ISBN 978-89-6054-330-0(03320)

등록 | 1991년 4월 10일 제2-1153호
주소 | ㊥04590 서울시 중구 다산로20길 5(신당4동 340-128) 중앙빌딩
전화 | (02)2253-4463(代) 팩스 | (02)2253-7988
홈페이지 | www.japub.co.kr 블로그 | http://blog.naver.com/japub
네이버 스마트스토어 | https://smartstore.naver.com/jaub 이메일 | japub@naver.com
♣ 중앙경제평론사는 중앙생활사 · 중앙에듀북스와 자매회사입니다.